HERMES

在古希腊神话中,赫耳墨斯是宙斯和迈亚的儿子,奥林波斯神们的信使,道路与边界之神,睡眠与梦想之神,亡灵的引导者,演说者、商人、小偷、旅者和牧人的保护神……

西方传统 经典与解释
Classici et Commentarii **HERMES**

启蒙研究丛编
Library of Studies in Enlightenment

刘小枫●主编

历史主义与民族精神
——启蒙语境中的赫尔德

Historicism and Volksgeist
J. G. Herder in the Context of Enlightenment

冯庆 | 编

姚啸宇 包大为 等 | 译

华夏出版社

古典教育基金·"传德"资助项目

"启蒙研究丛编"出版说明

如今我们生活在两种对立的传统之中，一种是有三千年历史的古典传统，一种是反古典传统的现代启蒙传统。这个反传统的传统在西方已经有五百多年历史，在中国也有一百年历史。显然，这个新传统占据着当今文化的主流。

近代以来，中国突然遭遇西方强势国家夹持启蒙文明所施加的巨大压迫，史称"三千年未有之大变局"。一百年前的《新青年》吹响了中国的启蒙运动号角，以中国的启蒙抗争西方的启蒙。一百年后的今天，历史悠久的文明中国焕然一新，但古典传统并未因此而荡然无存。全盘否定"五四"新文化运动以来的反传统的传统，无异于否定百年来无数中国志士仁人为中国文明争取独立自主而付出的心血和生命。如今，我们生活在反传统的新传统之中，既要继承中国式的启蒙传统精神，也要反省西方启蒙传统所隐含的偏颇。如果中国的启蒙运动与西方的启蒙运动出于截然不同的生存理由，那么中国的启蒙理应具有不同于西方启蒙的精神品质。

百年来，我国学界译介了无以计数的西方启蒙文化的文史作品，迄今仍在不断增进，但我们从未以审视的目光来看待西方的启蒙文化传统。如果要更为自觉地继承争取中国文明独立自主的中国式启蒙精神，避免复制西方启蒙文化传统已经呈现出来的显而易见的流弊，那么，我们有必要从头开始认识西方启蒙传统的来龙去脉，以便更好地取其精华、去其糟粕。事实上，西方的启蒙传统在其形成过程中也同时形成了一种反启蒙的传统。深入认识西方的启蒙与反启蒙之争，对于赓续清末以来我国学界理解西方文明的未竟之业，无疑具有重大的现实意义和历史意义。

本丛编以译介西方的启蒙与反启蒙文史要籍为主，亦选译西方学界研究启蒙文化的晚近成果，为我国学界拓展文史视域、澄清自我意识尽绵薄之力。

古典文明研究工作坊
西方经典编译部丁组
2017年7月

目 录

编者前言 ·· 1

斯皮茨 自然法和赫尔德的历史理论············· 19

帕尔提 赫尔德的历史哲学和18世纪晚期
　　　　自然科学的不均衡发展··················· 53

奈斯比特 赫尔德与培根···························· 92

佛斯特 赫尔德与斯宾诺莎························· 125

伯纳德 赫尔德与卢梭······························· 159

伯纳德 希伯来人与赫尔德的政治纲领·········· 189

维德纳 赫尔德与旧约······························· 216

施密特 赫尔德与贺拉斯

布鲁伊斯坦 野性的优越：赫尔德与惠特曼的民族主义··· 276

赞米托 等 当代赫尔德研究综述················· 293

编者前言

赫尔德（Johann Gottfried Herder）是18世纪中后期德意志地区知名的文学批评家、诗人和哲学家，比莱辛、康德晚一辈，又比歌德、席勒大半辈，在历史哲学、美学和文学批评等领域均有独到的贡献。作为启蒙时代诸学说的综合接受者和浪漫主义的先驱之一，赫尔德将自然科学、史学、人类学、文学和基督教信仰等倾向奇妙地糅合为一体，铸成了独特的历史主义的哲学体系。作为曾经加入共济会（Freemason）的"自由思想者"（Freethinker），赫尔德是坚定不移的启蒙主义者；同时，作为"民族精神"概念的缔造者，赫尔德又提出了许多突破启蒙主义文明进步论的思想"孔窍"，为后世的"文化多元论"乃至民粹主义提供了理论上的"预言"。在民族问题和民粹主义盛行的今天，这种含混复杂的思想面貌，使得赫尔德获得了丰富多彩的解读与评价。就目前来说，关涉到赫尔德思想的研究成果横跨哲学、文学、心理学、语言学、艺术学、民俗学、国际关系学、政治学、神学、古典学等多个领域。在德国人看来，赫尔德这位文化巨人的地位并不低于歌德、席勒、莱辛、康德和黑格尔等人。

在中国学界，赫尔德的名字也并不陌生。据说，像周作人、陈寅恪这样的中国现代学术思想领军人物，也曾受到赫尔德的影响。[①] 作

---

① 陈怀宇，《赫尔德与周作人：民俗学与民族性》，载于《清华大学学报》2009年第5期；《赫尔德与中国近代美学》，载于《现代哲学》2008年第4期；《陈寅恪与赫尔德：以了解之同情为中心》，载于《清华大学学报》2006年第4期。

为德意志"狂飙突进"运动的理论代表,赫尔德的思想客观上影响到同样经历过"狂飙突进"的中国。尽管如此,新中国成立以来,赫尔德只被译介了只言片语,并且得到了"资产阶级人道主义、人性论"观察标本的待遇。[①] 近年来,随着西方当代思想家伯林(Isaiah Berlin)和泰勒(Charles Taylor)等人的学说在世界范围内走红,赫尔德——连带着他之前的维柯与之后的德意志浪漫主义——才开始日益获得重视,其哲学、美学与历史思想也逐渐为当代人文学界所称引。

与西方思想史上的其他大人物一样,赫尔德的思想在中国似乎有着多重的投影:在一段时期内,他是一个激进启蒙者,相信人类历史进步的普世信念;在一段时期内,他又成了温和民族多元主义的榜样,认为一切民族的文化都有各自的自然成因,因此,对民族文化的扭曲,或是让一种文化统治另一种文化,都缺少正当性;反之,多元的文化、语言和习俗都应当得到尊重。当然,这两种看法或许并不冲突,只要我们把握到思想史上的宏观线索——启蒙的历史哲学往往服务于现代民族国家的正当性奠基。只是,相对于同一时代的激进民族主义的国家论者,赫尔德似乎更少强调民族之间的战争和征服,甚至显得像我们时代的知识分子那样,对受到侵略与压迫的弱小民族充满同情。

无论如何,启蒙的进步主义历史哲学和我们今天理解的文化多元论之间存在着一道难以弥合的沟壑。启蒙的进步主义只承认人类有唯一正确且正当的存在方式——"人"作为一个统一的"类",其起源、性质和目标已经得到了公设化的预定,因此不同文化的并存只是相对且暂时的现象,"文明"终将征服、启蒙、驯化"野蛮"。但文化多元论则并不相信不同文化之间存在着客观的高低之别,相反却认为,文明都是自主地进化的,绝不应当对其他文明或文化横加干涉,不然就是"揠苗助长",

---

① 当时译作赫尔达。北京大学西语系资料组编,《从文艺复兴到十九世纪资产阶级文学家艺术家有关人道主义人性论言论选辑》,商务印书馆,1971。

只会最终造成文明的毁灭。在某些地方，赫尔德强调各个民族文化自然生长的必要性；但在别的地方（有时甚至就在同一文本中），他又对某种自然生成的文明形态——尤其是以中国为代表的东方文明——表示鄙夷，并暗示西方文明形态会在某一天作为表率出现在东方，或者干脆取而代之。这种矛盾经常出现在赫尔德的表述中，引起人们对他的不同理解，并造就了两个截然不同的"赫尔德"形象：一个是启蒙的、西方中心论的赫尔德，另一个是反启蒙的、文化多元论的民粹主义者赫尔德。

围绕赫尔德的含混形象，西方学界展开了诸多论争。关于赫尔德是"启蒙"还是"反启蒙"的争论，自他在18世纪末与康德爆发论争以来就开始出现。康德是德意志启蒙理性主义思想的集大成者，在19世纪，赫尔德的形象基本上作为康德的对立面出现，并且总是被浪漫主义者视为先驱。比如，格林兄弟曾经赞誉赫尔德是"第二位培根"，是他提出了动态的、设身处地的人类学研究范式，开启了浪漫主义的民族研究风潮。①

在19世纪德国思想的代表人物叔本华那里，可以看到对赫尔德的"智术师"定位：

> 我们可以根据思想者的思想是为他自己的缘故，还是为别人的缘故，而对他们划等分类。前者是真正独立自主的思想家，他们的的确确在思考问题，并且，实实在在地是独立无羁的；他们是真正的哲学家，唯有他们才是坦诚的……后者则只能被称作智术师。他们想要了解一切；并在从现实世界得到的东西中寻求幸福。他们对任何事情都缺少热诚……利希腾贝格是前一类型的典范，而赫尔德，毫无疑问属于后一类型。②

---

① 见 John H. Zammito, *Kant, Herder, and the Birth of Anthropology*, Chicago: University of Chicago Press, 2002, p.308。

② 叔本华，《叔本华论说文集》，范进、柯锦华、秦典华等译，商务印

在叔本华眼里，赫尔德是一个试图借助知识的炫耀来证明自己权威和荣誉的"智术师"，而不是哲人。这也是我们在康德对赫尔德的评论中可以把握到的一点。正是因为康德对赫尔德的尖刻批评，人们才把赫尔德归为"非理性主义"，视为诗人、翻译家和神职人员，而非从事严肃哲学工作的哲人。

赫尔德很长时间未能得到正统哲学史的青睐。其最早受到关注的作品，除了文学评论和美学之外，基本上都和圣经解释学相关，尤其在英国，他获得译介的著作除了其代表作《人类历史哲学观念》外，就是圣经解释学方面的作品。[①] 在德意志地区，除了19世纪末祖凡（Bernhard Suphan）主编的最为全面的赫尔德全集之外，海姆（Rudolf Haym）也撰写了最早的赫尔德传记，并且重视了赫尔德与启蒙理性主义的密切关系。过了很久，才有克拉克（Robert T. Clark）所著的英语世界最为翔实且适合学术研究的赫尔德传记面世。[②]

许策（Martin Schütze）可以称得上20世纪赫尔德研究的开启者，他把赫尔德定义为借助文学、艺术和历史话题来激励或引导读者进入更加广阔的哲学思索空间的重要人物，认为必须透过赫尔德关注的诗学和美学批评，才能把握到赫尔德的真实哲学进路，这种进路依赖的思想资源，其实是培根、霍布斯的经验主义和狄德罗、孔狄亚克的启蒙主义认识论。[③] 赫尔德是卢梭开启的历史文化研究范式的代表人物，

书馆，2012，页354。

[①] 如《希伯来诗歌精神》（*The Spirit of Hebrew Poetry*, trans. J. Marsh, Burlington: E. Smith, 1833）和《古事书叶：或希伯来传统诗歌》（*Leaves of Antiquity, or the Poetry of Hebrew Tradition*, trans. Mrs. C. M. Sawyer, New York: Hallock and Lyon…3 Astor House, 1849）等。

[②] Rudolf Haym, *Herder: nach seinem Leben und seinen Werken*, Berlin: Gärtner, 1880–1885; Robert T. Clark, *Herder: His Life and Thought*, Berkeley: University of California Press, 1955.

[③] Martin Schütze, "The Fundamental Ideas in Herder's Thought I," *Modern Philology* 18 (1920), pp. 66–78.

只是由于康德主义科学研究传统的压抑,他的重要性未能得到思想史家的充分把握。①在这个意义上,许策第一个提出要透过"美学"这个关键问题审视赫尔德庞杂多端写作的逻辑。

当然,谈论赫尔德通过其"美学"和诗性思维通达"反启蒙"观念的最具代表性的著作,当属梅尼克(Friedrich Meinecke)的《历史主义的兴起》。梅尼克看到,虽然迷恋启蒙科学精神,赫尔德身上依然缺乏"现实感"和"经验感":作为一个沉醉于没有节制的想象力的哲人,赫尔德依据美学感受力进入历史,缺乏"本质性的形式化力量",进而逻辑和概念都不清晰,这使得他无法证实关于普遍精神史的构想。尽管如此,梅尼克却并不想否定赫尔德的思想意义,而是指出,在启蒙科学与经验主义思潮之外,赫尔德更多地受到新柏拉图主义和虔敬派的影响:新柏拉图主义通过新教进入莱布尼茨和沙夫茨伯里的哲学和温克尔曼的艺术史中,间接影响到赫尔德关于"内在感觉"的理论;是新柏拉图主义的灵魂学说驱使赫尔德走向了对自然法传统的理性主义历史观的反抗,把"发展"中的个体化和差异化视为生命的本质。赫尔德反对康德所设定的灵魂中的理性至高地位,实则是为了论证个体性的先天性与无限性。一个人生活中的幸福,是他在实现自身绝对殊异于他人的潜能的过程当中产生的,而整个人类的幸福就建立在"人性"以同样逻辑在每个人身上实现的过程当中。在这个意义上,赫尔德的历史主义思想是反专制的、彻底民主的。梅尼克的赫尔德研究表达出了前者自己对当时盛行的国家主义的不满,在他笔下,赫尔德似乎成了反极端民族主义的先驱,是一个新时代的开创者。②

---

① Martin Schütze, "Johann Gottfried Herder August 25, 1744 - December 18, 1803: His Significance in the History," *Monatshefte für deutschen Unterricht* 36 (1944), pp. 257–287.

② 梅尼克,《历史主义的兴起》,陆月宏译,南京:译林出版社,2009,页 321–406。

在20世纪最伟大的哲人之一海德格尔那里，关于赫尔德思想的问题则更为复杂多端。海德格尔1939年对赫尔德的专题解读或许直接开启了他后期关于语言的思想，[①] 通过关注赫尔德的《论语言的起源》，海德格尔追溯了德意志观念论哲学将语言视为一种对概念思想之"表达"的理论谱系，并提出了一种更为原初的"沉默"的意义揭示机制，这种机制，在被黑格尔、谢林以降的德意志哲学遗忘的赫尔德那里，体现得尤为明显。通过梳理赫尔德的莱布尼茨根源，海德格尔试图唤起从赫尔德、洪堡到格林兄弟的感性语言论背后超越观念论的重要意义。海德格尔思考的当然是如何走出形而上学传统而通达诗或历史的语言，这为后来的德里达等人的思想提供了资源。在某种程度上说，海德格尔的赫尔德解读最有对德意志民族乃至西方文明面临的困境展开症候式思考的历史感。

伽达默尔延续海德格尔的思路，在《真理与方法》中格外强调赫尔德的地位。他首先将赫尔德视为对人性进行崇高"教化"的先驱，其教育观念为整个19世纪的精神科学提供了基础。然后，伽达默尔梳理了维柯、沙夫茨伯里、达朗贝尔共同构建的人文主义根基——"共通感"（Sensus communis）理论，并认为，在英国和拉丁语国家的共通感还只是一种道德政治概念，但在德意志地区，赫尔德对这一概念进行了批判的历史主义改造，认识到共通感之上浮现的"典范性"在历史自然进程中的不可重复性。由赫尔德所奠定的多元的历史主义在这个意义上反对启蒙主义的目的论世界历史观。[②]

对于梅尼克这样的史学家来说，反思赫尔德历史主义的意义在于

[①] Martin Heidegger, *On the Essence of Language: the Metaphysics of Language and the Essencing of the Word: Concerning Herder's Treatise On the Origin of Language*, trans. Wanda Torres Gregory and Yvonne Unna, Albany: State University of New York Press, 2004.

[②] 伽达默尔，《真理与方法》，洪汉鼎译，上海：上海译文出版社，2004，页10、29-34、260。

重新找到德意志民族在战争中失去的民族凝聚力。海德格尔和伽达默尔也有着同样的民族乃至文明抱负。可以看出，在赫尔德那里找寻清理启蒙主义危害性的武器，是德国人回应战后文化虚无主义的策略：他们共同认为，唯有打扫干净启蒙主义带来的灰尘，走向一种新的"历史主义"，德意志民族才能走出危机。

在卡西尔的《启蒙哲学》中，赫尔德被描述为莱布尼茨和莱辛启蒙思想的继承者；但卡西尔也强调，作为历史哲学开创者之一的赫尔德，其思路是彻底依赖于直觉的：

> 就整体而言，他的成就可谓前无古人，后无来者。这一成就似乎天然地来自神灵、无中生有，它产生于一种其清晰与完美迄今为止仍无与伦比的对历史的直觉。

赫尔德的意义进而在于打破了分析性思维和同一性原理之间的必然联系——他对历史的细致分析会驱逐一切关于同一性的幻觉，把重点转向关注生成和创造中的特殊性与差异性。是赫尔德明确发现了"真正的统一性正是在这种彻头彻尾的差异性中显现，它只有作为过程的统一性，而不是作为现存事物中的同一，才是可以想象的"。因此，作为历史主义者，赫尔德的"同情"思想格外重要：为了领悟历史环节中某种文化与民族的特殊想法，就得与该文化与民族有同样的情感。赫尔德的史学方法超越伏尔泰和孟德斯鸠，开启了一个新的时代，尽管如此，赫尔德的成就依然是"启蒙哲学最伟大的精神凯歌之一"，① 他是由18世纪向19世纪过渡的历史"中间人"。

在《人文科学的逻辑》中，卡西尔进一步把赫尔德的思想分为前后两期：前期是崇尚诗歌质朴情感的原始主义，后期则是历史进步论

---

① 卡西尔，《启蒙哲学》，顾伟铭等译，济南：山东人民出版社，1988，页 222–226。

的未来主义。在后期赫尔德那里,最为重要的思想进步就是发现了一种精神历程的"收缩"与"舒张"节奏,在这个意义上,精神的"历史"片段并非孤立,而是处在整体序列中。这种类似"精神之现象学"的历史思维,将会取代笛卡尔式的数理分析的形而上学思维,能够更加全面深刻地把握物质世界的"客观性"。语言的表现力就是这种思维的呈现方式——通过语言的历时性特征,片段化的、孤立的精神对世界的判断得到了整合。进而,"语言的理解乃成为对世界的理解之最真确的和最典型的表达方式"。在这个意义上,赫尔德本人关于艺术、历史与语言的说法是否合理并不重要,关键在于他提出了一种崭新的认知形式(Erkenntnisform),即,如何利用内在的主观理解力或反思对客观质料进行精神性的驾驭和表现。①

无独有偶,在《赫尔德和历史的启蒙哲学》一文中,美国思想史家洛夫乔伊首先从赫尔德美学内在的矛盾之一——原始主义和历史进步论之间的冲突——开始,清晰地揭示了赫尔德的相对主义面相,并且看到,对于赫尔德来说,哲学论述与其说是为了推进知识探索,不如说是为了实现培育理解力和鉴赏力的实际伦理诉求。但与此同时,洛夫乔伊认为,赫尔德只是启蒙时代发现"历史"的诸多代表人物之一;博林布鲁克、维柯、卢梭是他的前驱。赫尔德的独到认识在于认识到,可以借助自然生理演进的法则,促使文化之间的高低差异在一种必然进程的意义上趋向缓和甚至消失;这样一来,人类诸多源自传统和文化的狭隘守旧观念就将被克服,人们能乐观地通过文化、艺术与科学的经营,逐渐走向普遍和平且自由的未来。所以,赫尔德的原始主义,其实在为启蒙进程服务。②

---

① 卡西尔,《人文科学的逻辑》,关子尹译,上海:上海译文出版社,2004,页 17-24。
② 洛夫乔伊,《观念史论文集》,吴相译,南京:江苏教育出版社,2005,页 163-179。

20世纪中后期，随着西方各式各样文明症结的涌现，基于现代性与反现代性话题的讨论也开始浮上台面。通过观念史研究考察现代精神的起源，变得越来越重要。赫尔德就扮演着可供人们反思现代性的历史人物的角色。许多学者受到洛夫乔伊思想史研究路径的影响，试图澄清康德主义有色眼镜之下学界对赫尔德"非理性""反启蒙"的误解，重新描述他对启蒙思想的继承，并试图在民族话题上逐步深挖。在《思想史研究》杂志上出现了许多这样的研究，这方面具有代表性的文章是斯皮茨（Lewis W. Spitz）的《自然法则和赫尔德的历史理论》，在文中，赫尔德的一个隐藏意图得到揭示，那就是在启蒙史学导致的历史无意义的宿命论中重新发现新的神意论历史观；斯宾诺莎等人的自然神论成了他在历史科学与历史意义之间找寻契合点的工具（见本书收录的斯皮茨的文章）。

赫尔德与启蒙传统尤其是启蒙时期的政治哲学的关系，开始得到全方位的认识。这方面的代表伯纳德（F. M. Barnard）通过分析赫尔德的心理学、美学与"人民"概念，详尽地解释了赫尔德关于社会与政治的理论。伯纳德先后出版了两本书，关注了赫尔德与卢梭关于政治正当性的讨论，区分了两者的不同之处；同时，他还发掘了赫尔德的圣经解释学对民族主义兴起的重要意义：正是通过置身于以霍布斯、斯宾诺莎为代表的启蒙的政治哲学与圣经解释学系统，赫尔德得以建立了值得当今民主主义者效仿的文化多元论哲学框架。赫尔德与其说是一个民族主义者，不如说是一个崇尚普世共和的民主政治理论家。[①] 此外，伯纳德还编译了一本赫尔德谈论社会与政治文化各种篇

[①] F. M. Barnard, *Herder's Social and Political Thought: from Enlightenment to Nationalism*, Oxford: Clarendon Press, 1965; *Self-direction and Political Legitimacy: Rousseau and Herder*, Oxford: Clarendon Press, 1988; *Herder on Nationality, Humanity, and History*, Montreal: McGill-Queen's University Press, 2003.

章汇编的文集。①

此外还值得注意的学者是奈斯比特（H. B. Nisbet），他从科学史的角度观察赫尔德，剖析了他的历史主义方法论的启蒙来源，清晰地说明了赫尔德历史哲学的内在思维基础，但他依然强调赫尔德的诗性逻辑本质上的非科学性。②

赫尔德的形象变得复杂起来。一方面，赫尔德与康德的冲突被淡化，前者对自然科学与启蒙主义信念的接受得到越来越多的客观承认；另一方面，赫尔德的政治语境及其本人的政治思想开始得到重视——事实上，到了后来，对赫尔德政治思想的讨论逐渐成为赫尔德研究的核心内容。随着某些现实政治状况的发生，尤其是与冷战意识形态和民族认同相关的学术议题的出现，在70年代末期，伯林和泰勒对赫尔德的判断，重新把这位一度淡出学界焦点的思想家引入当代文化多元主义与共同体构建问题的核心议程。

伯林早在20世纪上半叶就展开对赫尔德的研究，他熟悉之前的赫尔德研究史，并且擅长在赫尔德一生中的诸多文本之间穿插，试图从中挖掘出一条整齐划一的思想线索。伯林的本意是为关于"反启蒙"（Counter - Enlightenment）和"反潮流"（Against the Current）的历史观察提供证据。他将维柯、哈曼、雅各比与赫尔德置于一个由休谟等人开辟的怀疑主义反启蒙谱系当中，认为他们站在了批判启蒙精神的前列，为后世提供了反抗理性暴力的有效武器。赫尔德提供的三个思想要素，民粹主义、表现主义和多元主义，在伯林笔下得到了充分的揭示。

首先，赫尔德的民粹主义恰好反对的是政治性的民族主义，即

---

① F. M. Barnard ed., *J. G. Herder on Social and Political Culture*, Cambridge: Cambridge University Press, 1969.

② H. B. Nisbet, *Herder and the Philosophy and History of Science*, Cambridge: Modern Humanities Research Association, 1970.

一个民族出于自身的逻辑对其他民族发动战争并奴役其他民族的做法；相较之下，民粹主义强调文化层面每一个民族的自然正当性，暴力冲突和专制压迫终将被自然的"人民"生活的文化状态所取代；赫尔德的"民族"不是政治实体，而是一种文化理想。然后，赫尔德的"表现主义"借助诗、历史与美学的内容，试图表明丰富的感情生活远比冷漠的理性主义更能有效地实现人类自身的价值。最后，赫尔德的历史主义最终必将得出的结论就是，每一个历史阶段的每一种文化形式都有其自身的目的，彼此之间存在着"不可通约性"。

正因为如此，赫尔德反对19世纪到20世纪以来的一切民族主义，尤其反对民族优越论——既然各有各的好，也就不存在高低比较的可能，进而也就不存在一个文明主导的模式，古典的、中世纪的和近代启蒙的文明模式，都只是特定时代背景下的产物，既然这种时代背景不可能再次复制出来，那么追慕古代的文明辉煌也就毫无意义。所以，启蒙史学认为的借助理性培育来促进的"进步"也就并不存在，人类的共同进步与其说是一些低等文明模仿、学习高等文明的进程，不如说是每一个个体发现并朝向自己内在目标的进程。在这个意义上，真正的进步必然是多元的、彼此平等的进步；只有神才能把握到这种整体进步的真实面貌和目标为何。

伯林还独到地发现了赫尔德与19世纪社会劳动理论之间的关系：人类通过在共同体中共同劳动，实现了他对该文化的隶属感，进而把握到自己进入一个特定社会分享文化生活的可能。语言是这种劳动社会论的核心媒介。《论语言的起源》是对这种劳动中的人类的生理机制的有效解释。赫尔德在这个意义上暗示存在一种原初的完美状态，直到劳动分工的出现导致理论理性与实践理性分离，人类才进而遭到异化。艺术家的天职，就是通过未曾遭到政治生活污染的对文化生活环境的表现，来促进人性朝向原初的"黄金时代"回归。诗人和艺术家是人类整全性的表达者，也是未来无穷多元世界的描绘者。伯林借此发现，赫尔德提供了一种乡愁式的19世纪常见的人类社会学说，其中包含着对"反异化"的自由人性本质的探寻。可见,伯林独特的东欧生活背景似乎启发他发现了赫尔德与马克思主义的文化美学之间可能的理论联系。①

与伯林一样,泰勒的学术研究也有极强的现实政治诉求。泰勒相信,通过倡导政治上的分权和文化上的多元主义,可以更好地实现公民对国家共同体的忠诚。赫尔德关于本真性或真诚的表现主义给予了他极强的理论支撑。借助一系列现代语言哲学和科学的成就,泰勒认为赫尔德那里存在一种"意义整体论"(holism of meaning),即,语言唯有在一个文化语境之中才会发生效用,并表达真正完整的意义;但同时,语言中也自行生产语境。所以,语言并不仅是对世界的再现,而是人对世界进行反思、表现的积极行动。我们在使用语言的过程中既创造着意义,也被语言的意义所创造。"语言的共同体"在这个意义上得以可能:通过承认话语的表述,人类在文化共同体中通过实践而自我塑造;相应地,这种自我塑造同时也将使整个语言交流的群体朝向一个多元共存的方向良性运作。赫尔德的表现主义当中暗示的正是这种融入共同体的积极态度,由于语言的表达,人类得以实现共同体;共同体是赫尔德"人性"的真实诉求。②此外,在《自我的根源》中,泰勒对赫尔德的"表现主义"又做了进一步发挥,延续伯林在《浪漫主义的根源》中的路径,③将赫尔德置于整个浪漫主义的自我内省哲学谱系当中。④

自 20 世纪 80 年代以来,赫尔德研究在西方复兴,成为知识界主

---

① 伯林,《启蒙的三个批评者》,马寅卯、郑想译,南京:译林出版社,2014,页 179-260。

② Taylor, Charles, "The Importance of Herder," in *Isaiah Berlin. A Celebration*. ed. Edna and Avishai Margalit, London: Hogarth Press, 1991, pp. 40-63.

③ 伯林,《浪漫主义的根源》,吕梁等译,南京:译林出版社,2008,页 62-71。

④ 泰勒,《自我的根源:现代认同的形成》,韩震等译,南京:译林出版社,2012,页 528-561。

要议题，而伯林和泰勒二人对于这个历史进程有着重大贡献。之后的赫尔德研究，大多依据或是针对他们的观点展开。但是，我们可以在他们身上看到与之前的赫尔德研究者的明显差异。大多数学者致力于从历史研究的角度还原赫尔德的思想，梅尼克、海德格尔们则旨在为本民族遭遇的问题寻找朝向未来的传统根基。在伯林和泰勒那里，赫尔德的话语被安置在对自由民主时代的世界秩序重新草拟方案的进程当中，构成了一种现实感极强、针对性明显的"以言行事"。

伯林与泰勒两位当代政治哲学家开启了直接提供当代社会政治治理方案的思想史范式，赫尔德则是他们笔下的有力"脚注"。他们的巨大影响反过来导致赫尔德成了许多国家和地区进一步"文化自觉""文化独立"乃至"政治独立"的理论武器。比如，作为伯林的学生，拜塞尔（Frederick Beiser）在《启蒙、革命和浪漫主义：现代德意志政治思想的起源（1700-1800）》中认为，赫尔德虽然继承了启蒙的所有精神，但他独到的贡献在于支持激进的乃至无政府主义的政治。[1]

成立于1985年的国际赫尔德研究协会（International Herder Society）与这种观点有长久的斗争。赫尔德协会曾经的会长诺顿（Robert E. Norton）与学者莱斯蒂逊（Steven Lestition）关于赫尔德是否反启蒙的论争最为鲜明地体现出这一疑虑。[2] 诺顿的专著《赫尔德

---

[1] Frederick Beiser, *Enlightenment, Revolution, and Romanticism: The Genesis of Modern German Political Thought, 1790–1800*, Cambridge: Harvard University Press, 1992, pp. 201–215.

[2] Robert E. Norton, "The Myth of the Counter - Enlightenment," *Journal of the History of Ideas* 68 (2007), pp. 635–658; Steven Lestition, "Countering, Transposing, or Negating the Enlightenment: A Response to Robert Norton," *Journal of the History of Ideas* 68 (2007), pp. 659–681; Robert E. Norton, "Isaiah Berlin's 'Expressionism,' or: 'Ha du bist das Blöckende!'" *Journal of the History of Ideas* 69 (2008), pp. 339–347.

美学与欧洲启蒙》(*Herder's aesthetics and the European Enlightenment*)将赫尔德放置在启蒙时期的认识论传统当中,解读赫尔德对当时科学分析方法的决定性依赖,由此洞悉到赫尔德语言哲学与心理学中的美学与艺术本体论,启蒙时代的语境得到了充分的重视。[①] 赫尔德协会的双年会刊《赫尔德年鉴》(*Herder Yearbook / Herder Jahrbuch*)已经成为研究赫尔德必须参考的基本文献。[②]

通过前面的梳理,我们可以意识到,首先,每一个时代关于赫尔德的理解都与当时的思想文化状况有关。比如,在德意志民族主义形成的时期,赫尔德首先是民族主义与浪漫主义的理论家;在英美式自由民主主义成为主流趋势时,赫尔德身上强烈的反专制的或者说无政府主义的激进文化多元论就会得到挖掘。事实上,这两种视角都有道理,而问题的关键也就随之浮现:我们必须首先理解赫尔德本人所处的时代语境,才能进一步展开理解他思想中的这种矛盾性。在18世纪中后期,德意志民族试图作为现代资本主义民族国家整合起来,这也就使得文化的独立自尊成为首要的目的;赫尔德的做法就是,在策略上大量"横向移植"业已现代化的国家如英国、法国的启蒙经验和结论,尤其是其中关于艺术自由、民主生活的观点,来论证他关于民族自决的学说。赫尔德是启蒙哲学的学徒,但与此同时,他并不像莱布尼茨、康德那样真心有着哲学上的强烈爱欲,毋宁说,他是想借助启蒙哲学所获得的关于"自然"和"人类"的科学假说,督导德意志现代国家神话的发生与发展。在这个意义上,赫尔德不能被单纯视为启蒙哲人,也不能被单纯当成当代意义上的民族主义多元论者。我们必须重视他自觉的政治参与意识,但同时也应当体察他强烈的宗教使命感与民众立场。

进而,我们可以看到"第三个赫尔德",也就是试图成为"民族

---

① Robert E. Norton, *Herder's Aesthetics and the European Enlightenment*, Ithaca: Cornell University Press, 1991.

② 关于赫尔德研究的当代进程,可参见本书附录《当代赫尔德研究综述》。

精神"在理论与实践上的承担者的"先知赫尔德"。"先知赫尔德"当然并不是真正的先知,而是一种模仿启蒙哲人并试图将启蒙哲学"神学化"或者说"寓言化"的诗人或表演家。我们可以引用尼采在《人性的、太人性的》中对赫尔德的评价来说明这点:

> 他这个雄心勃勃的神甫,是多么想成为他那个时代的精神教皇啊!这就是他的痛苦:他似乎长久地觊觎多个王国,甚至是宇宙王国的王位,拥有一批坚定的信徒,歌德年轻时就是其中的一员;不过,真的要授予皇冠了,他却每次都是空手而归。康德,歌德,接着是最早的那批真正的德国历史学家和语文学家,拿走了他自称(但也常常秘而不宣)特意为他保留的东西……他是一个不安分的客人,德国人在半个世纪内从各个国度各个时代搜集来的所有精神菜肴,他无不先尝为快。除了从未真正饱足和快乐……①

赫尔德作为时代的"精神教皇",野心勃勃,试图综合各种知识缔造出民族理念和相应的荣誉与激情。但他由于缺乏男子气概而只能担当"二手思想"的整合任务:

> 赫尔德很倒霉,他的文章总是时新或过时,非此即彼。对于那些更聪明的脑子来说(比如利希腾贝格),连赫尔德的主要著作,连他关于人类历史的思想,都是刚问世就过时了。②

伯林和泰勒错误地估计了赫尔德的独创性——早在他之前就有无

---

① 尼采,《人性的,太人性的——一本献给自由精神的书》(下卷),李晶浩、高天忻译,上海:华东师范大学出版社,2008,页 665–666。
② 尼采,《人性的,太人性的——一本献给自由精神的书》(下卷),前揭,页 671。

数英、法、德启蒙哲人提出过十分鲜明的类似观点。相较之下，同为德国人的尼采更加清楚赫尔德所身处的德意志文脉的问题之所在，正如他更加清楚西方文明的"病根"之所在。

事实上，正如卡西尔和海德格尔等人所认识到的，赫尔德的全部意义在于他对文学、对"诗"的重视。在其早期的某些篇章里，赫尔德明确表示，真正的吟游诗人的作品的意义并不在于百分之百回溯到古老的精神与神话，而在于教导后世该用什么样的方式来独到且符合实际地歌唱其所处的时代和世界。"诗"的凸显首先塑造出朝向未来的宗教特质。在启蒙时代，赫尔德与同时代的许多诗人（尤其是英国诗人）一样，已经开始在"诗"当中加入一种由自然科学原理提供依据的创造力因素，并致力于杂糅启蒙学说与文艺，使其为民族主义的新神话服务。这种神话，首先要求某种基于"自然"的民族文化起源学说，然后从中总结出关于文化的等级类型学，在其中设定高低之别，由此获得关于历史进步和文明差异的历史哲学——不难看到，这几乎是伏尔泰和孟德斯鸠传统的遗产，但赫尔德则将其与新教地区独特的虔信氛围与民众生活气息杂糅在一起，其中显然有着卢梭攻击启蒙运动的思想投影，但同时也有着对启蒙本身带来的现代活力的沉默认可。启蒙关于人类普遍理性和文明高低的信念全部进入了"先知赫尔德"试图缔造的审美与文化的新神话。

虽然赫尔德从本质上说是一个宗教和文艺气质强于哲人气质的人物，但他客观上的确又是启蒙理性主义的代表，或者说，后者为他提供了真正的关于宇宙、生活和未来的某种近乎宗教的信念。弗兰克（Manfred Frank）观察到，早期赫尔德在讨论文学时对神话产生兴趣的问题意识在于，"在启蒙条件下，神话在文学思考的语境里究竟是否可行"。这种思考其实涉及赫尔德关于人性论政体的观念。[①] 可以说，赫尔德所要贯彻的启蒙，是重新创造感性神话的

---

① 弗兰克，《浪漫派的将来之神——新神话学讲稿》，李双志译，上海：华东师范大学出版社，2011，页141。

"抒情启蒙"或者说"文艺启蒙",是晚期启蒙主义的一种政治化变体,但这并不意味着他像我们时代的激进文学理论家们一样走得那么远,或者说他的思想直接促生了诸多当代的时髦民主理论。相反,在他与康德的分歧当中,在他对海德格尔的影响当中,在他自己表里不一的对民族问题的表述中,或许已经凸显出"文化多元论"可能通向的理论死结。反过来说,我们也必须认识到细致剖析他的政治修辞的迫切性。

如果赫尔德只是因机缘而留名的"历史人物",我们没有必要过多关注他。但是,恰恰正是这位赫尔德,他的思想以"狂飙突进"的名义直接影响到中国的"五四"新文化运动,进而影响到我们的文艺教育方案,影响到一代又一代人的审美生活与政治主张。长期以来,西方学者如梅尼克、柏林、泰勒等人的解读仍然是中国学者理解赫尔德的主要依据。由于相对稀少的文本译介,在西方已经获得全面考察的赫尔德在中国却未能得到多维度的透视。如果要更深刻地了解20世纪中国激进的美学、文学和文化思想史,乃至更深刻地了解整个我们从近代以来被迫卷入的"现代性"的本质,那么,回到作为"现代性"范式奠基者之一的赫尔德那里,研究其时代背景、思维方式和历史影响,也就成了一项必须完成的工作。目前看来,除了本国前辈们当年留下的少数译文、译著与简短介绍之外,我们完全找不到别的途径进入赫尔德的思想。因此,吸收西方当代赫尔德研究的经典成果,将其译介为汉语,以供后世学者备案参考,也就有了必要性。

本书汇集了20世纪中后期以来西方探究赫尔德思想发生语境的重要研究文献,其中涉及赫尔德的历史哲学与启蒙时代的自然哲学之间的关联,涉及赫尔德的政治观、美学与解释学思想,还涉及赫尔德对后世民族文化观的影响等话题。书中凡引用《赫尔德全集》33卷本(*Sämmtliche Werke*, Berlin: Weidmannsche Buchhandlung, 1877–1913)的地方,注释中均省略为"《全集》",凡引用《赫尔德文集》10卷本

(*Werke*, Frankfurt: Deutscher Klassiker Verlag, 1985–2000)的地方，注释中均省略为"《文集》"。全书由冯庆校对，感谢姚啸宇、包大为、高佩、肖霄、周平、张琼予、胡佳竹、杜彬彬在本书翻译过程中做出的贡献。

自然法和赫尔德的历史理论

斯皮茨（Lewis W. Spitz） 撰

包大为 译

赫尔德被卡西尔誉为"史学的哥白尼"，深刻地影响了从启蒙时代至19、20世纪的史学图景。在这一场从一般化向个体化的思维范式转变中，史学理论和自然科学法则之间的关系成了最为关键的问题。对于赫尔德来说，这也是一个核心问题——尽管在严格意义上赫尔德并不是体系性的思想家。赫尔德的思想内容远比对他的通常评价要复杂和深刻得多，也正是由于其思想的丰富性和深刻性，贡道尔夫（Friedrich Gundolf）赞扬他是"著述最多且思想最为深远的基督教史学思想家"。

在德意志，呈现出三种反对启蒙主义及其过度强调的理性主义——以沃尔夫学派为代表——的主要路径：一是哈曼、拉瓦特（Lavater）和雅各比（Jacobi）致力伸张的反理性信念，二是康德的批判哲学，三是由赫尔德引领的那场运动。赫尔德攻击"启蒙"理性中的傲慢与自信。他感觉到，那个时代日益僵化的理性主义完全无益于推动真正的人类价值。道德和信仰的衰落，植根于人性弱点的"美德"，矫揉造作的艺术和平淡无味的文学，都成了那个时代的符号，而这显然不值得吹嘘和自豪。他的时代是专制与国家主义的时代，是业已启蒙的民族致力于让剩下四分之三的世界屈服于它们的时代。进而，赫尔德把当时政治实用主义的史学视为有学识的两脚书橱（learned school buildings），而不是活生生的。①

赫尔德的人生轨迹以一种非凡的方式与他的精神航程相统一。为了理解赫尔德主要著作当中的对立统一，可以把他的通信作为线索。② 赫尔德早年曾在柯尼斯堡求学，在里加逗留，在斯特拉斯堡旅行，这些经历构成其学术生涯的第一阶段。期间他尽管学术兴趣广泛，但主要投入哲学和文学研究当中。而在人生的第二阶段，也就是他在比克堡的路德教教区承担教职的这一时期，尤其是在经历了一些神秘的宗教体验之后，他对神学的兴趣重新占据了主导地位。在魏玛，尤其在他人生的最后15年中，赫尔德主要致力于发展一种进步的文化理念，这主要见于他的《论促进人性进步的书简》（*Briefe zur Beförderung der Humanität*）。赫尔德在他的主要历史哲学著作《人类历史哲学观念》（*Ideen zur Philosophie der Geschichte der Menschheit*）中，提出了三个不同的重要方面：有机论史观、神意论史观和对普遍原则的重申。这三方面都各自反映了前人的一些思维模式对他的限定。

关于自然法则（natural law）的主流科学观念将自然法视为自然现象的和谐运动，这种观念建立于牛顿式的数学－物理学自然观之

---

① 《另一种关于人类教育的历史哲学》（*Auch Eine Philosophie Der Geschichte Zur Bildung Der Menschheit: Beytrag Zu Vielen Beytragen Des Jahrhunderts*, 1774），《赫尔德全集》（*Herders Sämtliche Werke*, ed. Suphan, Berlin, 1877–1913）卷五，页477。以下注释中的《赫尔德全集》均简称为《全集》。

② 最早的关于赫尔德的传记著作当属赫尔德夫人（Maria Carolina von Herder）的《回忆赫尔德的一生》（*Erinnerungen aus dem Leben Joh. Gottfrieds von Herder*, Stuttgart, 1830）。海姆（R. Haym）两卷本的《赫尔德的生平和著作》（*Herder Nach Seinem Leben Und Seinen Werken*, Berlin, 1893）的思想关注多于传记关注。屈尼曼（Eugen Kühnemann）的《赫尔德》（*Herder*, Munich, 1912）及其《赫尔德的人格与世界观》（*Herders Persnlichkeit in seiner Weltanschauung*, Berlin, 1893）则体现出更重的思想与传记色彩。最近出现的简短有力的英文成果当属吉列斯（Alexander Gillies）的《赫尔德》（*Herder*, Oxford, 1945）。一切关于赫尔德历史思想的讨论都必须参考的巨著当然是梅尼克的《历史主义的兴起》（*Die Entstehung des Historismus*, Munich, 1946, 2nd ed.）。

上。而在莱布尼茨这位被赫胥黎（Huxley）称为"自亚里士多德以来最全面的思想家"的影响之下，一个创造性的、"动态的"（dynamic）新元素进入关于自然的理解当中。莱布尼茨的思想中，除了其部分静态的方面被沃尔夫运用并发展为启蒙时期压倒性的主流理论之外，其创造性的、积极的理论内容也在此之后逐渐得到应有的承认。出版于1765年的《人类理智新论》（*Nouveaux Essais sur L'Entendement Humain*）将个体性、自发性以及生命的潜能特征置于更为重要的理论地位。莱布尼茨的思想包括了基于理性主义世界观的自然法，其基础性要素是多样的。在其中，尤其是新柏拉图主义的观念，诸如"创造力的闪耀"（fulguration of creative forces）这种介乎创世与流溢（emanation）之间的中和，引发了反理性主义的潮流，并为新的哲学发展提供了资源。① 狄尔泰（Wilhelm Dilthey）简明扼要地评价了这一理论发展的重要性：

> 随着毫无生机的自然系统的改变，莱布尼茨为一个史学化的世界观铺平了道路。②

赫尔德说过："我与莱布尼茨有着共鸣。"他欣赏莱布尼茨主义中自然的潜能发展的观点，并且意识到沃尔夫缺乏对莱布尼茨体系的仔细解剖和分析：

> （沃尔夫）最终使得（莱布尼茨体系）如同一棵被毛虫和甲虫啃食尽每一片树叶的光秃树干，只剩下单纯形而上学的主题，

---

① 参见珀利特拉（Joseph Politella），《莱布尼茨哲学中的柏拉图主义、亚里士多德主义和犹太神秘哲学》（*Platonism, Aristotelianism, and Cabalism in the Philosophy of Leibniz*, Philadelphia, 1938）。

② 狄尔泰，《狄尔泰文集》（*Gesammelte Schriften*, Leipzig, 1914）卷二，页469。

以至于森林女神都不由得哭求怜悯:"莱布尼茨啊莱布尼茨,你的精神在何处?"①

关于宇宙及其生成、连续性和发展的本质,赫尔德的理解中有许多基本要素都来自对一个更"真实"的莱布尼茨的重新发现。②"万物如一(Σύμπνοια πάντα)——所有事物同生息",赫尔德如是写道,以此来呼应莱布尼茨。③对于赫尔德而言,自然是一个神秘的词,意义丰富却难以定义。在他的笔下,自然有时会与灵魂、精神、世界大全(Weltall)等概念相通互换。因而在此意义上,赫尔德与狄尔泰所谓的"客观唯心主义者"较为接近。在赫尔德看来,自然的诸法则不再是纯粹机械的。他一开始似乎力图从否定的意义上来界定自然,否定一切将生命诉诸建构和抽象的倾向。在他看来,自然不是从至高精神的思考中迸发出的万事万物,而是某种为宇宙中的鲜活力量而设定的规范。

赫尔德让自然概念再次活性化,这与他开始偏好基于丰富体验的人类之人格(personality)并行不悖。他呼喊道:"心!热!血!人性!

---

① 《全集》卷九,页 500。

② 赫莫斯(Edmund Hermes),《赫尔德的民族教育学》(*Die Volkserziehungslehre bei Herder*, Bonn, 1910),页 105。辛普森(Georgiana Simpson),《赫尔德的"民族"概念》(*Herder's Conception of "Das Volk"*, Chicago, 1921),页 36-53,辛普森详细论述了赫尔德与莱布尼茨、沙夫茨伯里(Shaftesbury)和卢梭等人的关系。

③ "莱布尼茨的真理"(Wahrheiten aus Leibniz)这一术语,可参阅希波克拉底(Hippocrates)编,《人类理智新论:莱布尼茨哲学著作》(*Nouveaux Essais, Philosophische Schriften von Gottfried Wilhelm Leibniz*, Berlin, 1875-1890),页 268。胡歇尔(Max Rouché)坚持认为赫尔德是从莱布尼茨那儿借用的自然概念,但低估了赫尔德的重要性,因为在将理性主义服务于狂飙突进运动上,莱布尼茨对赫尔德的直接影响远逊于赫尔德对莱布尼茨的利用,参见《赫尔德的历史哲学》(*La Philosophie de l'Histoire de Herder*, Paris, 1940),页 114。

生命！……我感故我在！"① 在整个情感性的生命中所蕴含的人的完满性，是史学的恰当主题：

> 一本关于人类灵魂、充满细致观察和丰富经历的书，这就是我所期冀的书……这是本历史之书，讲述不同时代与民族的人的灵魂！②

一旦认识到人性的复杂性，曾经应用于历史评价的简单标准就随之无效，赫尔德进而开始触碰不同时代与民族，并逐渐凸显出一种可以与维柯的"人类精神的形而上学"③相媲美的主体性。这一关于自然和人性的生机勃勃的活力论，显著地影响了赫尔德的自然法思想及其历史理论的发展，启发赫尔德更为重视非理性和个体性。

对历史中非理性因素的认知，并不是基于一种否定性的怀疑，而是基于对人类本性和人类历史中非逻辑、非智识要素的重要性的理解。赛耶（Henri Sée）觉察到赫尔德拥有比同时代诸多史学家更为鲜活的现实感，并将当时德意志史学家总体上不相信实在论的形而上学倾向，归因于他们缺乏一个统一的祖国，进而缺乏政治远见（visée politique）。④赫

---

① 《全集》卷五，页538；卷八，页96。
② 《全集》卷四，页368。在一个关于人类本质的神学与类灵魂学的研究中，赫尔德坚信艺术家和诗人比哲学家更理解人类，见《论人类灵魂中的知性与感性》（*Vom Erkennen und Empfinden der menschlichen seele*），载《全集》卷八，页169。
③ 《全集》卷五，页502。关于赫尔德与维柯的关系，参见罗伯逊（J. G. Robertson），《18世纪浪漫主义理论研究》（*Studies in the Romantic Theory in the Eighteenth Century*, Cambridge, 1923），页287。又见克罗齐（Benedetto Croce）《史学的理论和实践》（*History, Its Theory and Practice*, New York, 1921）第二部分第6章对维柯和浪漫主义者的论述。
④ 赛耶，《科学与历史哲学》（*Science et Philosophie de l'Histoire*, Paris, 1928），页17。

尔德的确开展了针对伏尔泰的极为深刻的批判与探讨，并质疑后者关于观念对于历史发展的重要性的看法，但是这并不是他的全部研究重心。赫尔德认识到，首先，自然并不以直线的方式发生作用，而是选择极为不规律的方式来实现其自身的意图。① 其次，历史是如此复杂，以至于对事实的掌握不能获得先验的规定。启蒙主义诚然正视人类的非理性，但是却将其视为悲哀痛苦的叙事，并将其理解为人类历史发展的对立面。但是赫尔德却从人性的非理性中看到了脱离虚假约束的自由和积极的善，将非理性视为历史运动和发展必不可少的资源。

要理解赫尔德关于非理性的理论和思想，最好的途径是把握赫尔德用以理解非理性的理论源流。赫尔德的著述和研究颇为广泛，涉及从荷马、圣经直至克莱斯特（Kleist）与克洛卜施托克（Klopstock）等人的众多领域，但是在这当中，有些方面极为重要地促成了他最终的思想。赫尔德在一个怀有强烈虔信情怀的路德教家庭成长，并受到阿姆特（Johann Arndt）的《真正的基督教》（*Wahres Christentum*）影响。在柯尼斯堡，康德启发了他在哲学、史学和自然科学等方面的兴趣。与此同时，赫尔德还广泛研习了莱布尼茨、牛顿、洛克和休谟等人的思想。但是在大学时期，虔信派和神秘主义教徒、号称"北方魔术师"的哈曼对赫尔德产生了更大的影响。是感觉而非理智上的对哈曼学说的接受，使赫尔德形成了其后来神学思想的主干，并在哲学和历史观上发生转变。

通过康德和哈曼，赫尔德也逐渐产生了对卢梭的尊崇，他将卢梭视为"本世纪所有作家中的巨人"。② 当这位年轻的诗人写下"来吧，卢梭，成为我的向导"时，就意味着卢梭就已经在引导着他更加亲近

---

① 《全集》卷三十二，页 104。
② 《全集》卷十，页 307。海姆怀疑卢梭对赫尔德的长久影响，见氏著《赫尔德的生平和著作》卷一，前揭，页 341。又参见汉塞尔（Otto Hänsel），《卢梭对赫尔德的哲学与教育学的影响》（*Der Einfluss Rousseaus auf die philosophisch - pädagogischen Anschauungen Herders*, Dresden, 1902），页 85。

原始、起源和自然。① 赫尔德回归自然的冲动是如此强烈，以至于他将自己视为"第二个卢梭"。② 在《北欧谣曲》(*Nordische Lieder*) 中，赫尔德写道：

> 自然使得人自由、快乐、充满歌声；艺术和社会则使得人们互不信任、备受约束和黯然无声。③

赫尔德的这种原始主义从柯尼斯堡的民间歌谣，里加的地方习俗，以及布莱尔（Blair）与麦克弗森（MacPherson）的《莪相》(*Ossian*) 那里获得了更巨大的动力。有感于"自然的美和伟大"，一个孩童经常能够超越成年人和老人，那些最质朴的民族则拥有最有艺术气息的自然图景。所谓的野蛮民族实则享受着积极、自由、平静和均衡的生活。④

关于原始的非理性资源在人类发展史中的重要性，语文学提供了一种新的解释。在赫尔德看来，语言与涌现于民间和土地的生活无意识地共同生长出来。语言既不是为了有意识地使用而被设计出来的工具，也不是神圣律令的创造。同时，语言也不是排斥错误和含混表达的科学工具。这些说法毋宁说是在揭示生命中非理性成分的建构性本质。

原始主义的传统并不是赫尔德研究非理性的单一动机。赫尔德对自然的崇拜，很快就被他对艺术的尊崇所平衡了——他将艺术视为发达阶段文明生活的有意识的产物。赫尔德很快就认识到，在艺术朝着复杂与精致方向发展的过程中，并不能总是以自发性和自然的名义来

---

① 《全集》卷二十九，页 265。
② 瑙曼（Ernst Naumann），《论赫尔德的风格》(*Untersuchungen über Herders Stil*, Berlin, 1884)，页 4。
③ 《全集》卷二十五，页 82。
④ 《全集》卷二十五，页 317。

掩盖思维和技艺的成果。进而，通向伟大的路径并不仅仅是单纯性和原始主义，而是对生活环境和人性的真实表达。因此，就在自然地回应生活方面的伟大程度而言，在所有诗人当中，莎士比亚给赫尔德留下了最为深刻的印象。古希腊喜剧和莎士比亚是"自然的"，因而观众在欣赏的过程中既能看到熟练的技艺，也能看到自然本身。莎士比亚是索福克勒斯的兄弟——赫尔德高呼：

> 他不是诗人，而是造物者！是一部世界历史！①

莎士比亚的戏剧、但丁的诗、克洛卜施托克的颂歌，体现了真正且自然的民间艺术。

如果说莱布尼茨与赫尔德有思想上的共鸣，那么沙夫茨伯里则与赫尔德心心相印。沙夫茨伯里所说的"真正的宗教"，是一个对宇宙抱持爱、智慧和审美态度的宗教。跟随沙夫茨伯里的《道德家》（*Moralists*），赫尔德也运用了"伟大的艺术家"（Great Artist）、"伟大的设计师"（Great Designer）等术语。这种对神的狂热情绪，以及对神的总体上的审美态度，主要是受英国"狂热派"（enthusiast）影响。实际上，莱布尼茨已经描述过圆满实现（entelechy）的无限复杂性。②他解释说，如此之多的细微感觉从无感知的领域开始组合、直到知觉

---

① 《全集》卷五，页 223。哈根布林（Paul Hagenbring）就此对赫尔德自己和戏剧诗人们与莎士比亚进行了比较，见氏著，《1771 年前的 18 世纪德意志文学中的赫尔德与浪漫主义和民族主义》（*Herder und die romantischen und nationalen Strömungen in der deutschen Literatur des 18. Jahrhunderts bis 1771*, Halle a. S., 1911），页 83。

② 哈齐（Irvin Hatch），《沙夫茨伯里对赫尔德的影响》（*Der Einfluss Shaftesburys auf Herder*, Berlin, 1902），页 35。亦可参见赫尔德，《神：对话数篇》（*God — Some conversations*, New York, 1940），页 7。又见《单子论》（*Monadology*），节 61，载《莱布尼茨哲学著作》卷六，前揭，页 617。

形成的这一过程，就好似许多小浪花最终形成咆哮的大洋；由此，基于清晰的、截然区分的理念的笛卡尔主义就被推翻了。① 在审美感知方面，这意味着批评家能够解释人们最终判断事物之美的原因，却不能分析作为这一审美判断之前提的细微知觉。无论如何，是不羁且狂热的沙夫茨伯里，而非理性的莱布尼茨，促使赫尔德开始认识到美学的重要性。

正是基于这些特殊的理论资源，赫尔德把握到了非理性自然本性的基本要素。赫尔德转而将这一切运用于自然法研究和史学理论方面。这样一些特质——主体感觉、原始生活、在共同生活中潜移默化发展出来的意义、自然的通俗诗歌和良好的审美知觉，与了无生趣的、理性的、机械主义的世界观和人生观截然对立。这些特质对于在赫尔德的思想中占重要地位的历史独特性和唯一性的观点来说，十分关键。

"个体的即神圣的"（individuum est ineffabile），是赫尔德对于人在万物秩序当中的地位的新见解。"除了鲜明的特殊性，没有什么能够穿透普遍真理的迷雾"，赫尔德写道。② 甚至时间与空间，也只有通过个体才能有其意义：

> 是否有必要向所有人澄清这一点呢？空间和时间就其本身而言什么也不是，而是与外在或内在于灵魂的实存、活力、激情、思维和观察方式有关。③

通过把握到历史中的诸多个体性，赫尔德为史学家开启了一个新

---

① 《人类理智新论·前言》，载《莱布尼茨哲学著作》卷五，前揭，页 49。
② 《全集》卷七，页 229。
③ 《全集》卷五，页 227。

的世界。温克尔曼在其《古代艺术史》(History of Ancient Art) 中已先于赫尔德强调了个体性。① 莱布尼茨也在其哲学中提出了相关问题，并在其《人类理智新论》中强调了"精神热爱多样性中的统一性"的重要性。杜威（John Dewey）认为，个体与普遍的关系是莱布尼茨哲学的核心问题，在莱布尼茨看来，个体之间质的差异必然存在。② 赫尔德则认为：

> 两个个体不可能是一样的，二者的差异不仅仅停留于量的层面。③

在赫尔德关于族群或民族的史学研究中，个体性这个概念获得了独特的重要性。

卢梭在论及民族时显得多少有些含混不清，而赫尔德在讨论文化的民族性时则更加清晰：

---

① 恩格尔－雅诺兹（Friedrich Engel - Janosi），《德意志历史主义的发展》("The Growth of German Historicism"），载于《约翰·霍普金斯大学学刊》(Johns Hopkins University Studies, LXII [1944]），页 18。赫尔德会批判温克尔曼以古希腊的标准非历史地批判古埃及的艺术，见《全集》卷五，页491。

② 杜威，《莱布尼茨的人类理智新论》(Leibniz's New Essays Concerning Human Understanding, Chicago, 1902），页 45。莱布尼茨在莱比锡发表的论文认为，个体通过其所有的自然本性达到个体性：《关于第一个体的形而上学讨论》(Disputatio Metaphysica de Principio Individui），载《莱布尼茨哲学著作》卷五，前揭，页 18ff。又见卡西尔《莱布尼茨体系的科学基础》(Leibniz' System in seinen wissenschaftlichen Grundlagen, Marburg, 1902），页 447，其中有关于理性与历史特殊性之间对立的讨论。

③ 《全集》卷十八，页 216。又见许策，《赫尔德思想中的基本观点》("The Fundamental Ideas in Herder's Thought"），载《现代哲学》(Modern Philosophy XVIII [1920]），页 65ff 及 289ff，许策在其中描述了赫尔德如何通过他的艺术研究和对莱辛的批评引出关于个体性的见解。

准确地说，每一个人的完善都是民族的、世俗的，更准确地说，是个体性的。人类的一切都是由时代、气候、必然性、世界和机运所决定的。①

每个时代都有其独特的精神，每个民族都有其独特的天才和价值，这一切都深深埋藏在个体性之中。"每个民族有自己的重心"，②赫尔德呐喊道，"民族特性啊，你在哪里？"③赫尔德创造了民族精神（Volksgeist）的概念，并且第一个承认社会心理学的考察对正确的历史理解有着至关重要的意义。④由于一个民族的价值深藏在其个体性之中，因此，史学家必须找到他自己的史学道路。⑤也因此，史学家必须走下启蒙主义的权威高台，经历对自己曾经的傲慢、罪过和愚蠢的严厉审判，仅靠他自身走进历史的湍流当中。赫尔德相信，只有那种在时间的终结处俯瞰一切过往的史学，才有可能对历史中的种种个体性做出正确而绝对的评价。这也是兰克（Leopold von Ranke）那著名信条中所回荡的思想：

每一个时代都直接站立在神面前，其价值并不基于其之前的时代，而在于其实存，在于其自身。

在考虑人类的历史判断方面，这一命题中的相对主义相当显

---

① 《全集》卷五，页 505。
② 《全集》卷五，页 509。
③ 《全集》卷五，页 551。
④ 朗普莱西特（Karl Lamprecht），《历史是什么？》(*What is History*, New York, 1905)，页 19。斯塔芬哈根（Kurt Stavenhagen），《赫尔德的历史哲学和历史预言》("*Herders Geschichtphilosophie und seine Geschichtsprophetie*")，载于《东方学杂志》(*Zeitschrift fur Ostforschung* I [1952])，页 16–43，其中讨论了赫尔德对东欧的斯拉夫民族的分析，以及赫尔德鉴于当时的发展对斯拉夫民族的未来的预言。
⑤ 《全集》卷五，页 503。

然。①

赫尔德写道:

> 世界的法则,身体的法则,人类的法则和动物的自然本性啊,希望你们能够帮助我在黑暗的迷宫中找到方向。

的确,正是自然为他提供了大量的法则。②但这绝然不是牛顿主义世界观当中的静止、和谐和数理化的自然。赫尔德的自然是一条溪流,是一个精神,是一团火焰。

> 在自然中,一切都未被分离,所有事物随着未被察觉到的转变而互相流入对方。因神的创世而以一切结构、形式和途径实存的生命,都不外乎是同一个精神、同一团火焰。③

历史中亦存在同样的流动:

> 你看到这条向前绵延的溪流了吗?看到它如何从泉水中跃出、发展并流向此处,又在彼处戛然而止,变得越来越深邃厚重了吗——但是,它始终是水!是溪流,是水滴!汇入大川的终究

---

① 厄尔冈(Robert Ergang),《赫尔德和德意志民族主义的基础》(*Herder and the Foundations of German Nationalism*, New York, 1931),页 213ff。

② 《全集》卷四,页 468。罗宾逊(James Harvey Robinson),《新史学》(*The New History*, New York, 1927),页 39。Henri Sée,《赫尔德的历史哲学》(*"La Philosophie de L'Histoire de Herder"*),载《综合历史评论》(*Revue de Synthèse Historique* XLVIII [1929]),页 23。"追根究底,历史的法则不过是自然的法则。"

③ 《全集》卷八,页 178。

是水滴！人类的历史难道不也如此吗？①

自然和历史都只能在时间内被理解：

> 在时间中延展的事物，只能在时间中得到发展，也只能在时间中得到理解。②

但是，促使赫尔德通过自然之镜来看待历史的更深层原因，在于他对不同生命之间的相似性的信念。自我意识与所有生命都有关联，因为在自我意识和自然规则当中同样存在着神的内在力量。③ 因此，赫尔德所使用的关于自然的类比，更多只是一种隐喻式描述，即一种贯穿其写作始终的关于神的描述。④ 他期冀着这种类比能够产生关于历史的丰富洞见，而这恰是先验哲学的沉思无法做到的。⑤

将这种新的自然法概念运用于史学领域的第一个成果，就是关于生物演变的法则——一种植物式的历史生长方式。在《当代德意志文学断片》(*Fragmente über die neuere deutsche Litteratur*，1767) 中，赫尔德认为：

> 人类也有着同样的演变法则，这个无情世界也一样，其中的每一个个体的民族和家庭亦是如此。从坏到好，从好到更好乃至

---

① 《全集》卷八，页178。
② 《全集》卷七，页368。
③ 《全集》卷八，页255。
④ 《全集》卷五，页513。
⑤ 《全集》卷八，页290："历史哲学家的基础只能是历史本身，而不是单纯的抽象。"《全集》卷八，页9："那些追求形而上学沉思的人能够轻易地实现这种沉思；但是在我看来，这种沉思不过是在稀薄空气中的旅行——哪儿也去不了，因为他们脱离了经验和自然。"

完美，再从完美减退至好乃至差——这是所有事物变化的循环。艺术和科学也是如此，它们发育、繁荣、收获又衰败。语言也是如此。⑥

对一个民族内在力量及其环境的这种发生学（genetic method）的解释，构成了赫尔德历史思想的中心主题，这在他的主要著作《人类历史哲学观念》中构成了首要的关注：

> 在自然中没有什么突变发展，在从野蛮的神话到最初的澄澈的哲学之间，同样没有突变。

在这之前，赫尔德曾经写过文章重审莱布尼茨的"自然没有突变"（Natura non facit saltus）的思想。⑦ 至于气候、土壤和地理位置等物理因素在环境上的影响，也并非赫尔德的原创。博丹（Jean Bodin）复兴了中世纪的气候理论，并以一种类似科学的方式将其应用于历史。⑧ 在赫尔德于里加时期熟读的《论法的精神》（Esprit des Lois）中，孟德斯鸠就曾发展出一种更加精致的学说来说明气候对国家的影响。但是，除了强调"气候和自然的影响"对历史发展的

---

⑥ 《全集》卷一，页151ff。

⑦ 《全集》卷三十二，页149。参见《人类理智新论，莱布尼茨哲学著作》卷五，前揭，页268。罗素（Bertrand Russell），《对莱布尼茨哲学的批判性解释》（*A Critical Exposition of the Philosophy of Leibniz*, London, 1937），页54ff。莱因哈德（Adam Reinhard），《赫尔德的有机历史观的本质和局限》（"Wesen und Grenzen der Organischen Geschichtsauffassung bei Joh. Gottfr. Herder"），载于《历史学刊》（*Historische Zeitschrift* CLV [1937]），页22ff。

⑧ 《全集》卷五，页506。J. Bodin，《学习历史的方法》（*Method for the Easy Comprehension of History*, New York, 1945），第8章。又参见图雷（M. J. Tooley），《博丹和中世纪气候理论》（"Bodin and the Mediaeval Theory of Climate"），载于《鉴识》（*Speculum* XXVIII [1953]），页64ff。

决定作用之外，孟德斯鸠仍然相信人类能够通过立法"制作民法，来对抗气候的自然本性"。赫尔德看出孟德斯鸠的自然观与历史理论之间自相矛盾的特质，并把孟德斯鸠的著作称作与其时代趣味相称的哥特式结构。① 由于受惠于先前的这些理论，赫尔德在历史研究方面增加了新的深度。

对于一个文化在演变中的统一性，不仅能够通过编年史的视角看到其自身发展的连续性，更能够通过在一切特定时间中截取某个片段来加以把握。由此，股股湍流中，每一个文化生活的核心，也会影响到整个有机体。腓尼基文化的核心是贸易，罗马文化的核心是勇气和德性（virtus），而中世纪的文化核心是哥特精神。其中中世纪最为晚近，也是最佳的范例。对赫尔德而言，中世纪的世界代表了对古代世界的成功综合与延伸，而不仅仅是对古代文化各个部分的集合。赫尔德相信，中世纪的精神可以在无序和混乱中产生秩序，并且从模糊和未知的源头带来建设性的发展和强有力的体系，正如教权是成长和生成的，而非基于邪恶教士的纵容。② 每个时代在其自身的精神之中包含着其形式的统一性，并自我转化；而每一民族也都有其统一性，这更像维柯在《新科学》（Scienza nuova）中所说的共识（consensus）。正如以上关于中世纪的例子所示，这种统一性的概念使赫尔德对这个多少有些被轻视的时代获得了新的理解，就像在他之前的莫泽（Justus Möser）一样。年轻的歌德称赞斯特拉斯堡大教堂，并创作了《葛兹·冯·伯利欣根》（Götz von Berlichingen），赫尔德也逐渐认识到中世纪的实际价值之重大。③ 与文化统一性和独一性紧密相伴的观念则是文化的不可弥补性。一旦

---

① 《全集》卷五，页 565，《阅读孟德斯鸠而得出的思考》；卷四，页 464ff。

② 《全集》卷十七，页 77ff；卷十四，页 527f。

③ 《全集》卷五，页 522。

某个文化走到了其生命跨度的尽头，并完全消失，抑或将其成就传递给一个并行的或随后的文化，它就不可能再按照其真正的精神和本质复活或重生。

第二个从历史的实际性质当中得出的法则，是关于运动的法则。每个民族的生命力都只能持续一段时间，生长之后，随之而来的就是消亡。文化的天赋则随后流散至附近那些具有新鲜力量的土壤。这样的剧情不断上演，文明的链条由此也在大地上不断循环。① 赫尔德找到了人类年龄的类比来描述世界历史的发展特征，尽管他也认为，变化并不总是意味着好的机运或建设性力量的不断上升。作为童年阶段的圣经时代被作为少年阶段的古埃及所替代，而后则被风华正茂的古希腊和成熟的古罗马所替代。② 总体上而言，神对人类的培养过程就像一个小孩通过教育和经验而成长的过程一样。③

但是，赫尔德察觉到，将文化的发展和扩展类比为人类的成长，这并不符合历史发展的实际性质。尽管赫尔德并不否认文化复兴和充满活力的新时代到来的可能性，但是他无法解释在成熟的罗马之后中世纪的到来。为此，赫尔德更改了"链条"和"成长"的类比，转而以树的比喻来取代。在这个比喻中，中世纪被视为分叉的枝干，当代诸民族在这一枝干上开枝散叶。④ 18 世纪文化的衰老只是西方的现实，而未出现于世界上其他地区的文化当中。

赫尔德由此在"变化"与"连续性"这两个概念之间取得了平衡。在个体与诸民族发生变化的同时，人类与宇宙的连续性始终存在。维兰德（Wieland）所提出的关于封闭文化的循环理论也许是基于他的古希腊研究。而赫尔德则强调连续性，即文化成果和遗产的不断传递。

---

① 《全集》卷三十，页 398；卷十三，页 343ff；卷五，页 504。
② 《全集》卷五，页 500、513、518f。
③ 《全集》卷七，页 242。
④ 《全集》卷五，页 528f、546。

第一个人类的灵魂中浮现的第一个观念和最后一个人类的最后一个想法总是息息相关的。

在这个方面,赫尔德的历史理论与汤因比(Toynbee)而非斯宾格勒(Spengler)更为相似。后者当然缺乏如此精密的体系来挑战和回应诸如无产阶级国际、普世国家和世界教会等问题。赫尔德的理论则首次深刻地感受并理解到整个历史之间鲜活的连续性。

第三个运行于历史中的法则是矛盾律(Lex contrariorum)。历史在冲突和张力中运动。反作用力不应理解为平衡的、数学上的和量化的力,亦不应理解为平稳地融于综合之中的力。① 相反,历史中总是存在着发酵、沸腾、冲突和摩擦。自然和历史是"一种外在的给予和索取,一种吸引和排斥,一种封印和自我牺牲"。② 因果律通常也是自相矛盾的。譬如,一个民族可能会反叛其之前的文化:

> 看看那些埃及人是怎么憎恶耶稣的……以及他们是怎么蔑视轻佻的希腊人的!③

---

① 洛夫乔伊(Arthur O. Lovejoy),《赫尔德与启蒙时期的历史哲学》("Herder and the Enlightenment Philosophy of History"),载于《观念史论集》(*Essays in the History of Ideas*, 1948, Baltimore),页181f。洛夫乔伊将赫尔德的历史进程的理论理解为"平稳自动的运作"。历史法则和自然法之间的类比,可参考索梅尔哈德(Huge Sommerhalder)的精彩研究,《比克堡时期的历史解读者赫尔德》(*Herder in Bückeburg ale Deuter der Geschichte*, Frauenfeld, 1945),页28ff、34、37ff。

② 《全集》卷九,页469:"在真正的立法中,民族如同人的身体。只有根据民族的自然本性,以及最初建立和维持这个民族的人的本性,才能为其制定真正自然的法律。"

③ 《全集》卷五,页510。

即便疏忽和错误，也可能有效地影响并推动朝向善和进步的重大改变，这就是赫尔德的多样性原则，一种黑格尔辩证法的朴素前身。

除了以上这些历史有机发展过程中的主要法则，赫尔德还频繁地应用另外一些关于自然的类比。就其不那么普遍的用法而言，这些类比也许可以更好地描述为某种自然主义的洞察。例如，在《论语言的起源》(*Abhandlung über den Ursprung der Sprache*)一书中，赫尔德将人类的进步归因于人类的复杂活动，而非已然完善的、有限且不变的动物性本能。① 在这篇论文中，赫尔德的发生学方法体现出初期柏格森主义的印记，他从人类自然状态的假设出发，引出语言起源问题的结论。② 在这方面，赫尔德的确已经远远超越了任何一种内在法则的束缚。无怪乎康德批判赫尔德，认为其著作中的武断色彩就连纯粹的形而上学家都不敢想象。

另外，赫尔德关于人类与动物之区分的看法，十分清晰地表明他并不是现代意义上的自然主义者。他非常了解布封(Buffon)，对其观点感兴趣，但哲学见解却与之大相径庭。③ 与其说赫尔德是进化论者，毋宁说他是神创论者，因此，贝伦巴赫(Baerenbach)在《作为达尔文和现代自然哲学先驱的赫尔德》(*Herder als Vorganger Darwins und der modernen Naturphilosophie*)一书中对赫尔德的"达尔文主义"的判断，实际上经不起细究。但是，内文森(Henry Nevinson)引用

---

① 《全集》卷五，页22ff。

② 参照斯图姆(Wilhelm Sturm)，《赫尔德的语言哲学的发展历程及其历史地位》(*Herders Sprachphilosophie in ihrem Entwicklungsgang und ihrer historischen Stellung*, Breslau, 1917)。诺里(Friedrich Knorr)，《赫尔德哲学中的人类问题》(*Das Problem der menschlichen Philosophie bei J. G. Herder*, Marburg, 1930)，页162，其中描述了赫尔德作为"哲学人类学"开创者的重要意义。

③ 绍特尔(Eugen Sauter)，《赫尔德和布封》(*Herder und Buffon*, Rixheim, 1910)，页91。

该书中的诸多章节，以表明赫尔德的立场是在调和斯宾诺莎主义与达尔文主义之间的鸿沟。① 然而，尽管赫尔德在变动中的联系方面的表述与达尔文主义有许多相同之处，但是在关于衰败的理论方面却并非如此，兰普雷希特（Lamprecht）观察到，这是由于赫尔德缺乏经验方面的基础。② 实际上，赫尔德关于人与自然之间关系的整个研究途径，在其最终形式确定之前一直都在经历着大幅度的反复修正。

赫尔德对于通过自然之类比而呈现历史法则的信心曾遭到严重动摇。生命和历史中存在的宿命和机运的概念，有力地影响了赫尔德。尽管由于性情和宗教上的约束，他没有像青年歌德那样被这一灾难性的概念完全冲垮，但是这些概念仍然在他的自然和历史观当中留下了印迹。他鼓足勇气说：

> 即使在最简单的事物中，也明显地有着千百种或然性。③

针尖般大小的事情，可以改变世界。④ 宿命的到来，就好比闪电

---

① 内文森（Henry Woodd Nevinson），《关于赫尔德及其时代的概述》（*A Sketch of Herder and His Times*, London, 1884），页 357ff。

② 朗普莱西特，《作为史学家的赫尔德与康德》（"Herder und Kant als Theoretiker der Geschichtswissenschaft"），载于《国民经济学和统计学学刊》（*Jahrbücher fur Nationalökonomie und Statistik* XIV[1897]），页 174。胡歇尔，《赫尔德是达尔文的先驱吗？》（*Herder Précurseur de Darwin?* Paris, 1940），页 71，在其中，胡歇尔支持屈尼曼和朗普莱西特的观点，认为赫尔德不是任何意义上的达尔文主义者、海克尔主义者（Haekelian）和进化论者。诺尔（Richard Noll），《赫尔德与自然科学的关系及其发展思路》（"Herder's Verhältnis zur Naturwissenschaft und dem Entwicklungsgedanken"），载于《哲学史档案》（*Archiv für Geschichte der Philosophie* XXVI[1913]），页 333ff。洛夫乔伊，《18 世纪的进化论者》（"Some Eighteenth Century Evolutionists"），载于《大众科学月刊》（*Popular Science Monthly*, 1904），页 327f。

③ 《全集》卷五，页 433。

④ 《全集》卷五，页 533。

击中大树，打破原本秩序井然的因果进程。伴随着日耳曼人的入侵，宿命也开始运行，并将已经停滞的时钟上紧了发条。在这个宿命的概念下，几乎没有为各种价值进步的观念留下空间，看起来是历史进步和创新的每一方面，都可能意味着其他方面的损失。每个民族或时代所能获得的完善，都合理地保持恒定的数量。诸文明之间的等级关系总是伴随着机运出现的，因此也就不可能扮演关键性的角色。

赫尔德基于自然类比所坚信的发展概念和历史法则，在经历了宿命概念的锤击之后，的确遭到严重的动摇。"这当然会带来一个更好的历史结构，"他承认，"但是这对历史事件本身的必然性、稳定性和未加约束的进程施加了暴力。"① 除了诗歌的只言片语（disjecta membra poetae），自然当中已经没有什么可供史学家使用了。史学家已经几乎变回了希罗多德（Herodotus），除了独一的事物（res singulares）、种种个别事实和历史中的原始质料之外，不会有其他新的起点。时间是唯一的立法者。②

宿命论的必然结果，是在思索人类命运的原由时感到一种深刻的悲观情绪：③

> 首先我必须指出对于人类理性的重要性的高估，我不得不说，在来回摆布万事万物的盲目的命运面前，理性在整个世界的变化方面的影响则是持续减弱的。

这种悲观主义虽然是用于对抗启蒙主义傲慢理性的武器，但其实际意义已经远超于此。对赫尔德而言，这是一次令他沮丧的个人体

---

① 《全集》卷二，页 533。
② 《全集》卷五，页 525f。"但是直觉、运动和行动——也是在没有目的的时代中的；那么，什么是人类永恒的目的？……作为时间纽带的工具。时间在创造，时间在造成结果。时间是未经污染的头脑。"
③ 《全集》卷五，页 530。

验。历史嘲讽着每一种规范,而人类自己则被"无意义"吓坏了。人,只是世界之书中的一个小小的标点或词句,只是宿命之轮上的一只蝼蚁,只是一具盲目的机器,是财富的目的和工具,是一只致力于在神的王冠和权杖中筑巢的燕子。①

窥见这一在他面前展开的宿命和机运的裂口之后,赫尔德从无意义的深渊抽身而退。② 为了探寻一种关于自然和历史的原由和关于生命自身意义的新视野,赫尔德转向天意的历史观(Providential view of history)。在这一时期,赫尔德的宗教经历并不代表着他返回了正统基督教的教义,尽管这一时期他的观点与人格神的观念之间有着最大程度的相似性。③ 赫尔德的《另一种人类教育的历史哲学》(*Auch eine Philosophie der Geschichte zur Bildung der Menschheit*)被施塔德尔曼(Rudolf Stadelmann)称为历史主义的伟大经典,这本书尽管是赫尔德历史思想最高程度的综合,但是宿命与天意之间的张力依然没有得到解决。④ 尽管如此,神的角色始终重要。有的人也许处于卑劣

---

① 《全集》卷五,页 561、532;《全集》卷七,页 303;卷五,页 531:"每一个事物都有其伟大的命运!不被人类的思维所洞穿,不被人类的意愿所决定。"

② 关于赫尔德在比克堡所经历的个人危机,参见屈尼曼,《赫尔德》,前揭,页 194ff。伯克纳尔(Richard Bürkner),《赫尔德的生活和著作》(*Herder, Sein Leben und Wirken*, Berlin, 1904),页 78ff。

③ 斯特凡(Horst Stephan),《赫尔德在比克堡》(*Herder in Bückeburg*, Tübingen, 1905),页 221ff。转引自索梅尔哈德,《比克堡时期的历史解读者赫尔德》,前揭,页 53ff。瑙曼,《赫尔德著作拾遗》(*Herders Provinzialblätter*, Braunschweig, 1884),页 332。赫尔德的宗教著作,如《来自第一次圣灵降临节的语言的礼物》(*Von der Gabe der Sprachen am ersten christlichen Pfingstfest*)、《世界的救主神的儿子》(*Von Gottes Sohn der Welt Heiland*)和《论基督教的精神》(*Vom Geist des Christentums*)表达了他虔诚的信仰,但是并不代表他的纯粹的哲学立场。

④ 施塔德尔曼,《赫尔德的历史感觉》(*Der historische Sinn bei Herder*, Halle/Saale, 1928),页 28。

的状态中，却仍然以他的方式反映着神的形象。① 这样一来，历史就成了一场宏大的戏剧，剧本由神书写，人类的行动则构成一幕幕场景。② 历史的迷宫是"神的宫殿"（palace of God），天意透过亿万人的身体发生作用，并将他们带向自身的目标。③

在《哲学原理》（Grundsatze der Philosophie）中，赫尔德反对机械目的论神学，并反对那种将神的观念与历史进程中的自然法则的观念对立起来的做法。④ 在天意和启示的标准下，无论历史运动是由外因所致，还是基于内在的有机生长，都成了无关紧要的问题，任何发生的事情都构成神性的剧院和舞台。⑤ 在这种理论中，比起波舒埃（Bossuet）的理论来说，目的因和通过计算进行控制的程度更弱，神则更多被视为一种积极的力量、一种生成力。这种观点总体上否定了两种理解历史的进路：一是理性的历史观，二是人类中心主义的实用史观。然而，尽管赫尔德不断强调历史进程中的天意作用，但他仍然与正统的天意论保持着距离，他的学说与我们当代的蒂利希（Paul Tillich）的思想类似，因而更加接近于自然中心论。尽管如此，赫尔德历史哲学的主要著作中并没有丢失"自然—历史"关系中的宗教内涵。

里加时代之后，赫尔德构想着他的巨作（magnum opus）——一部综合的历史哲学著作。他很快就部分地完成了这个计划，并且在1784年至1791年发表了《人类历史哲学观念》一书的四个部分。在这部著作中，他致力于发展出一种涉及自然哲学、人类学、古代史与基督教世界的历史哲学。这部著作于新历史观的发展有重要意义，以

---

① 《全集》卷五，页513。
② 《全集》卷五，页513、585。
③ 《全集》卷五，页560、576。又参见维瑟（Benno von Wiese），《赫尔德世界观的根基》（Herder, Grundzuge seines Weltbildes, Leipzig, 1939），页80ff。
④ 《全集》卷三十二，页227；卷四，页464ff。
⑤ 《全集》卷五，页513。

至于麦考莱（Macaulay）将其描述为"现代欧洲知识史的新纪元"。①瑞士史学家凡米勒（Johannes von Mueller）在《拾遗》（*Nachlasz*）中找到了赫尔德针对现代历史问题的另外四卷本的写作计划，其中包括关于政治和经济问题的论述。②《人类历史哲学观念》的开篇即是在那个时代颇具挑战性的一句话：

> 我们的世界不过是浩瀚宇宙中的一颗星星。

赫尔德在书中首先描述了作为中型行星的地球，他依照当时的科学成果，精准地解释其运动和气候，描述地球的天文历史以及今天的陆地环境。紧接着，他由简至难地解释了矿物世界、植物、动物王国的复杂性，以及处于地球生物中心的人类的复杂性。他比较了人类与动物的身体和心理结构，认为人类因着理性、艺术、语言、文化、自由、人性和宗教而结合在一起。当然，这些要素并不能在人的生命中完全实现，赫尔德的论点非常类似于学院派神学，他认为这种尘世的存在是为未来生命所作的准备。

在研究人类时，赫尔德总结说，尽管由于气候和人类体制的原因，以及智力、习俗和客观条件的影响，人类内部有着无比繁多的差别，但是为了能够始终联结和群居，人类的感觉和倾向在某种意义上与所处的社会结构和环境相洽，同时被教育和传统所影响。赫尔德强调人类个体在总体上对社会的依存，并且拓展了关于这种依存关系的理解，将整个从过去以至于将来的人类世代都纳入这种关系之中。不论是建立政府、从事艺术还是信仰宗教，这一切都在传统之中世代传

---

① 特里维廉（G. Trevelyan），《麦考利勋爵的生平与通信》（*Life and Letters of Lord Macaulay*，1877），卷一，页195。摘自吉列斯，《赫尔德》，前揭，页2。

② 伯特（Ludwig Bäte），《赫尔德：路径、著作和时代》（*Johann Gottfried Herder. Der Weg—Das Werk—Die Zeit*, Stuttgart, 1948），页103。

承。正是在这种世代群聚的人类历史中，赫尔德关于人类渐进式教育的信念获得了论据。在《人类历史哲学观念》第一部分最后一章中，赫尔德回溯了人类从亚洲起源并不断生息和扩散的历史。在该书的下半部分，赫尔德探讨了中世纪以来民族和时代在历史中的对应位置和关系，在其历史评估中展现了实实在在的沉思和理解。①

在《人类历史哲学观念》第十五章中，赫尔德分析了那些满腹狐疑的思考者们的困境，指出他们一方面在创世印记的神殿中处处看到神的全知全能，另一方面，在历史研究中却只能看到各种线索的混乱纠缠：

> 正如神呈现在自然之中，他也呈现在历史之中，因为人类也是创造物的一个部分，甚至人类最漫无边际的行为和激情也必须遵循一些法则。而这些法则和所有天国的、尘世的运动所遵循的法则一样美丽。

此后，他提出了关于自然法则之美的五条定理：

1. 人类本质的目的是人性（Humanität）的实现。向着这个目的，神已经将人类的命运放在人类自己的手中。
2. 所有自然中的毁灭性力量并不必然地被建设性的力量所压制，而是在归根到底的意义上，与建设性力量共同构成完整性。（因此，人类不仅要学着控制自身的邪恶力量，也要学会通过掌握知识降低或减弱自然加诸自身的伤害）。
3. 人类注定要在捉摸不定的变化中经历不同文化阶段的更替，但正是由于理性和正义，幸福的持续条件才得以建立。
4. 在人性与时间变化的一致性当中，理性和正义必须在人类历史中获得更大的空间，并进而获得持久的人性。

---

① 《全集》卷十三、十四。

5. 一种明智的善统治着人类的命运。因此，除了依照这种善的计划去行事之外，就没有什么更美丽的价值，或更恒久和纯洁的好运了。①

这五条定理实际上并没有完整概括《人类历史哲学观念》的中心思想，也没有充分触及书中丰富的历史哲学内容。另外，正如弗林特（Flint）在早些时候所提出的，这些定理并未经过充分的深思熟虑，并且不能得到赫尔德所征引的历史事实的充分支持。赫尔德的思想形态太过多变了，借用德昆西（De Quincey）的话说——这是"为了屈从于分类的整洁"。②

赫尔德在《人类历史哲学观念》中有意对《另一种人类教育的历史哲学》中的诸多概念进行了修正。在该书的序言中，他否认不同历史时期的人性存在区别。尽管神圣教育的观念看起来意味着总体进程的必然性，③但是这种人性区分模式只适用于研究特定的民族。另一方面，《人类历史哲学观念》中包含了一些源于有机历史概念、宿命论和神义论的基本假定，但这些内容与赫尔德思想的整体并未保持一致。赫尔德以一种希腊式的语调写道：

一切都是循环、轮回和变化的。④
伟大的自然母亲，你将我们种族的命运安排得多么渺小啊！⑤

---

① 《全集》卷十四，页 207ff。
② 弗林特（Robert Flint），《法兰西和德意志的历史哲学》（The Philosophy of History in France and Germany, Edinburgh, 1874），页 386f。
③ 《全集》卷十三，页 4ff。
④ 《全集》卷十三，页 25。
⑤ 《全集》卷十四，页 39。

在这种表述中我们极易看出宿命的观念。然后,除了在逻辑上使得这种近乎绝望的个体性能够实现真正历史发展的宇宙和谐观念,《人类历史哲学观念》的第三部分还重新主张历史的特殊性和个体性。赫尔德在该部分重申,历史中的种种个体性基本上都是不可比较的。①

现在有三种关于《人类历史哲学观念》的基本解释取向。第一种是尝试从该书中读出始终一致的宗教动机。该书序言中的"自然"概念就源自宗教性资源。② 书中如自然中的神之道(passage of God in nature)等表述与泛神论的自然主义截然相反。只要把该书对自然的拟人化视为一种误用神名的胆怯态度,把对宗教真理的简单模糊说辞归因于政治上的审慎,在这个意义上,从《人类历史哲学观念》中读出潜在的宗教关切是可能的。赫尔德写到,"自然的伟大类比处处将我引向可以征服困难的宗教真理"。③《人类历史哲学观念》的宗教意义,在该书附录中一封写给哈曼的信中得到了更为强有力的表达:

> 我思考了千万遍,哈曼会怎样看待这个或那个智性上的问题呢?为了给这个世纪演奏一首新的曲子,我必须详细说明这个关于宗教的问题。④

由此,不难理解为什么《人类历史哲学观念》可以解读为宗教著

---

① 《全集》卷十三,页406ff;《全集》,卷十四,页227。
② 《全集》卷十三,页4ff。
③ 《全集》卷十三,页9。
④ 《赫尔德致哈曼的信》(*Herders Briefe an Hamann*),页193,转引自道墨(Martin Doerne),《赫尔德历史哲学中的宗教》(*Die Religion in Herders Geschichtsphilosophie*, Leipzig, 1927),页137。关于赫尔德分析大众心理状态中的宗教准则的重要性的研究,参见魏尔纳(Josef Werner),《宗教学和哲学视阈下的赫尔德大众心理学》(*Herders Völkerpsychologie unter besonderer Berücksichtigung ihres religionsphilosophischen Blickpunktes*, Giessen, 1934)。

作。赫尔德在书中是一位先知,他在确信自己根基牢靠的前提下,用异教的方式发声。然而,书中仍然能够发现逐渐倍增的对于宗教的冷静和批判态度。赫尔德认为,宗教只是人类文化在童年所披的一时的外衣,① 这反映了十分典型的启蒙主义观点。正因为如此,早期赫尔德对寓居于超历史王国中的神的信仰,被不断弱化、世俗化,以至于这种宗教性本身最终也遭到质疑。②

第二种关于《人类历史哲学观念》的解读完全依据自然科学,或者说那个时代的自然哲学。神如此紧密地与自然过程发生联系,以至于神在宇宙活动中的地位也丢失了。只要"神存在于他自己所创造的世界中",只要神的存在以一种宇宙中的世界结构而为人们所设想,只要世上的冲突、缺陷和矛盾被归于神的原初意愿,神的观念就会失去真正的宗教性内容,并由此披上世俗的自然意涵。神在所有的"世界的自然史和历史性的进程"进行工作,这是"宗教的"。③ 神在其内在性中揭示了祂的世界计划,而超验的目的论则是不可能的。④ 进一步说,由于赫尔德极力强调自然法则和物理环境,克朗恩伯格(Moritz Kronenberg)等学者认为这本书是自然主义的第一次突破。⑤

最后一种关于《人类历史哲学观念》的解读则持负面的评论,认

---

① 《全集》卷十四,页 87。
② 见维兰特(Rudolf Wielandt),《赫尔德的宗教理论和宗教观点》(*Herders Theorie von der Religion und den religiosen Vorstellungen*, Naumberg, 1903),页 1。参见尼布尔(B. G. Niebuhr)的评论:当赫尔德脱离了宗教性,他就不再是从前的赫尔德了,引自"致亨斯勒夫人的信"("Letter to Mme. Hensler, Dec.11, 1812"),《尼布尔的生平和信件》(*Life and Letters of Niebuhr*, London, 1852),卷 3。
③ 《全集》卷十三,页 48ff。
④ 《全集》卷十三,页 7、37、413;卷十四,页 145、244ff。
⑤ 克朗恩伯格(Moritz Kronenberg),《赫尔德哲学的发展过程和历史地位》(*Herders Philosophie nach ihrem Entwicklungsgang und und ihrer historischen Stellung*, Heidelberg, 1889),页 79ff。

为该书在自然哲学与历史哲学之间未能实现统一,却双重性地着力于宗教和科学。① 当然,也有一些学者从正面将这种评论表述为:在该书的论述中,历史的发展被半宗教和半科学的前提所限制。② 上文所概括的三种解读都清晰地说明,要理解赫尔德的历史哲学,就必须细致考察他的"神"和"自然"概念。

如果朗普莱西特所认为的赫尔德的宗教性的自然与历史概念之理论目的是正确的,那么,这对于决定他一元论的自然概念而言最为重要。③ 实际上,在《纯粹理性批判之元批判》(*Metakritik zur Kritik der reinen Vernunft*)中反驳康德时,赫尔德就认为天意在自然中和在历史中是相似的。④ 最终只存在一个真正的神自身(Self-God):

> 只有神是其所是,他把握并掌握着一切,只有祂能说"我即是我,在我之外空无一物"。⑤

赫尔德自己十分重视这个问题对于他的历史哲学的意义。因此,当他还在写作《人类历史哲学观念》时,他发表了一系列题为《神:对话数篇》的对话录。根据马基弗(A. C. M'Giffert)的说法,这些对话录最早、最明确和清晰地表达了赫尔德强调神圣内在性的倾向。⑥ 神圣内在性和自然动力论(dynamism of nature)这对互相关联

---

① 海姆,《赫尔德的生平和著作》卷二,前揭,页 207、219。
② 波萨迪(Ludwig Posadzy),《赫尔德的进化论思想》(*Der entwicklungsgeschichtliche Gedanke bei Herder*, Posen, 1906),页 39。
③ 朗普莱西特,《作为史学家的赫尔德与康德》,前揭,页 178。
④ 《全集》卷二十一,页 297;卷十四,页 207ff。人们将《人类历史哲学观念》的第十五卷称作赫尔德一元论的信条。
⑤ 《全集》卷十六,页 575。
⑥ 马基弗,《赫尔德对斯宾诺莎的神的解释》("The God of Spinoza as interpreted by Herder"),载于《希伯特学报》(*The Hibbert Journal* III [1905], no.4),页 726。沃尔拉特(Wilhelm Vollrath),《赫尔德与斯宾诺

的概念，是这些对话录中的两个重要主题。神的佑护在自然中时时处处存在，根据这个恒久的法则，宇宙运行中的各种复杂力量本身就是神圣力量的证明。在宇宙永恒且持续的运动变化中，所有运动都是朝向实现自然潜能的运动。神是万物中的唯一，赋予千千万万的事物以统一性。① 在这种构想当中，宇宙显然是巨大的、活的有机体，神在其中无所不在，并在有机力量的互相作用系统中揭示祂自身。然而，这种立场经常会被人视为对莱布尼茨体系与斯宾诺莎决定论的折中。公正地说，赫尔德实际上缺乏严格的定义和具体的理论，他对各种各样"力量"的处理也很散漫，这再一次显示出他的学说本质上是诗，而非明确的形而上学。② 每一条观测到的自然法则都是对无所不在的神的揭示，这让赫尔德狂喜地宣布：

> 我们被至尊之力的全知全能所包围，在至尊之力的海洋中畅游。③

而且，在第三个对话中，赫尔德将神解释为整个宇宙中自由与自决的原因，因此自然法是神的最高善和最高智慧的产物。然而，正如在《另一种人类教育的历史哲学》中所言，赫尔德仍然拒斥目的论和一切形式的人神同形论。秩序和常规，由科学揭示出来的自然法，反

莎之争》(*Die Auseinandersetzung Herders mit Spinoza*, Darmstadt, 1911)，页88。厄尔德曼（Heinrich Erdmann），《作为宗教哲学家的赫尔德》(*Herder als Religionsphilosoph*, Marburg, 1866)，页92f。施密特（F. Schmidt），《赫尔德的泛神论哲学》(*Herders Pantheistische Weltanschauung*, Berlin, 1888)，页50。

① 《全集》卷十六，页444ff。
② 克朗恩伯格，《赫尔德哲学的发展过程和历史地位》，前揭，页47ff。赫尔德，《神：对话数篇》，由伯克哈特（F. H. Burkhardt）所做的导言，前揭，页40ff。
③ 《全集》卷十六，页456。

映了最高的人类理智能力的可能性。赫尔德保持了源自哈曼的虔诚表达，亦即"自然的秘文书写"（natural hieroglyphics）的观念：自然和历史是神传达出来的信息，但并不与神等同。在这个意义上，自然是书写神之法则的书本。①

赫尔德的自然法概念设想了一种更为宽泛的普遍性。他说道：

> 从一个太阳散发出唯一且同一的法则，而每次升起的太阳都维系着人类最为细微的行为。②

所有的法则都在和谐之中，在一滴水抑或一朵玫瑰花花萼之中运行的自然法，与行星系统构造中的自然法是一样的。正是这同样的法则维持着星系的形成，维持着每一块水晶、每一条蠕虫、每一片雪花和整个人类的系统。赫尔德再一次解释了这种平衡历经打破和恢复的法则。③

但布鲁图斯（Brutus）之死揭示出，正义的法则在历史中无法实现，因此，赫尔德立刻引入另一种悬置邪恶与美德之分的法则，即力量战胜软弱的法则。④赫尔德也谈及世界政治史中持续和循环的自然法，即在相似环境与条件下会产生相似结果的法则。⑤但施塔德尔曼认为，赫尔德所指的这种政治心理学的法则屈从于各种例外情况，因而不是永恒不变的自然法。⑥有机发展的重要法则始于细小的不规律开端，现在却被在宏大场域跨度内理性运行的宇宙法则所替代。赫尔德认为：

---

① 《全集》卷十六，页 508。
② 《全集》卷十四，页 234f。
③ 《全集》卷十四，页 218。
④ 《全集》卷十四，页 250f。
⑤ 《全集》卷十四，页 140。
⑥ 施塔德尔曼，《赫尔德的历史感》，前揭，页 39。梅尼克，《历史主义的兴起》第二版，前揭，页 448。

一个人必须知道他能够且可能知道的一切,在这种敦促之下,我自信且自由地穿越了各种混乱的场景,达到了那高贵且美丽的自然法。①

赫尔德频繁地提及"在历史当中,自然的法则也是可靠的,它们寓居于事物的本质之中"。②然而,在宏观意义上,这种表述实际上等于确认了一种无间断的因果联系。这意味着在前后相继的时间顺序中,每一种历史结构都成为因果联系中的系列,自然法则因而就是历史中的一系列因果关系的联结。③赫尔德就此走向了对自然和历史的法则的理性主义解释,以至于他能够拍着胸脯预言:

一旦在人类的认识中,关于政治的道德对错的法则变得与物理的力和反作用力或是重力的法则一样明晰和清楚,那么一个时代就将到来。当关于未来的科学如同关于过去的科学一样得以实现,那么一个时代就将到来。④

社会研究将会成为社会科学!这就是你的意思吗,赫尔德?《人类历史哲学观念》第三部分尤其明确地显示,赫尔德转向了更为理性主义的历史视角。⑤人类所有的道德文化都在爱国主义和启蒙主义两极之间循环。⑥神将命运交到人类自己手里,人类则将学习

---

① 《全集》卷十四,页 207。
② 《全集》卷十四,页 244。
③ 《全集》卷十四,页 144。
④ 《全集》卷十六,页 375。
⑤ 胡歇尔,《赫尔德的历史哲学》,前揭,页 425ff。
⑥ 《全集》,卷十四,页 121。哈耶斯(J. H. Hayes),《赫尔德对民族主义学说的贡献》("Contributions of Herder to the Doctrine of Nationalism"),载

如何应对命运。这就是神圣的教育。就此,赫尔德给予他的伦理学一种理性主义的奠基,他写道:

> 确实,一个事件之所以能够造就出如此之多的真实和持续的善,乃是因为在事件中包含着理性。①

赫尔德将这种神圣教育的目标表述为人性的成功和人类理想环境的实现。由于这种理想,赫尔德认为这种高尚的教育将关切理性、自由、良好感觉、健康及一切对人类而言善的因素。② 这或多或少重新确认了廊下派式的(Stoic)或启蒙主义的关于自然法的理解,体现出对人类本性的普遍性、理性和伦理内涵的信念,同样,也体现出对世界理性的表达。但赫尔德并未完全回到启蒙主义,因为他仍然只表现出某种启蒙主义的倾向,而不是清晰的历史现实方面的启蒙主义认同。

赫尔德对理想人性的重视在他后期一些著作中变得更为强烈。在《论促进人性进步的书简》和《机运女神》(Adrastea)中,理性主义不

《美国史学评论》(American Historical Review XXXII [1927]),页721。哈耶斯将赫尔德的这次启蒙称为"18世纪的保守启蒙"。但是,这两次启蒙运动并不完全相同,因为赫尔德希望从人类的历史经验中提炼出他的理想,而非通过沉思。更为详尽的相关研究参见根特(Theodor Genthe),《赫尔德的文化概念》(Der Kulturbegriff bei Herder, Jena, 1902)。

① 《全集》卷十四,页207。莱辛从赫尔德的《另一种人类教育的历史哲学》的建议中获得了《论人类的教育》(Erziehung des Menschengeschlechts)的灵感,参见斯特凡,《赫尔德的哲学》(Herders Philosophie, Leipzig, 1906),页xvii。又见《全集》卷十四,页476。

② 参见赫尔德著,奥托(Otto)与布朗(Braun)编,《文化哲学的概念》(Ideen zur Kulturphilosophie, Leipzig, 1911),页16f。布朗奇(Max Bruntsch),《赫尔德的发展理论》(Die Idee der Entwicklung bei Herder, Crimmitschau, 1904),页66。《全集》卷十三,页154。

像在早期著作中那样纯粹且无用,尽管《机运女神》并不是连贯的巨著,在其中甚至以类似古希腊戏剧的方式恢复了"命数"(nemesis)的概念。① 在《人类历史哲学观念》中,赫尔德始终坚持对黄金时代的盼望,这种时代与人类的本性及其历史教训截然相反。他并不相信人会在另一个世界发芽开花的来世学说(palingenesis),而是表达了对人性以终末论的(eschatological)方式最终实现的盼望。② 显而易见,赫尔德没有真正实现对自然法的种种观念与历史哲学之间的综合。他也没有给出一个最终的体系,他从未对自然法与史学理论的关系展开确切有序的研究。自然法与历史在赫尔德思想中的结合,是个性化的多于逻辑化的。这源于赫尔德的知识经历,也源于其个人生命历程中不断变化转移的理论重点:有机发展的法则、宿命、天意,以及对宇宙原则的重申。

赫尔德关于自然法则和历史的概念,不论就其相互关系还是就其自身的各种变体而言,都十分复杂,而这两对概念于思想史的意义同样错综复杂。赫尔德论述中关于自然的动力论的视角,以及与此相关的有机历史发展的视角,尤其对19世纪的历史主义产生了突出的影响。甚至最广为人知的史学研究的训诫,即一般认为来自兰克的"实事求是"(wie es eigentlich gewesen ist),人们也往往认为它是由赫尔德最初确立的。③ 熟知赫尔德史学理论的瑞士史学家米勒认为,赫尔德的影响十分迅猛,他甚至编辑了赫尔德死后尚未发表的论文,他还认为,兰克在作为新发生史学关键人物方面的影响盖过了尼布尔。在法国,基内(Quinet)于1825年出版的《人类历史哲学观念》法文译本使得赫尔德影响了法国的民主史学派,尤其是基佐

---

① 巴奇(Victor Basch),《德意志古典哲学家的政治学说》(Les Doctrines Politiques des Philosophes Classiques de L'Allemagne, Paris, 1927),页20f.《全集》卷十八,页518ff.

② 《全集》卷十三,页189ff.

③ 塞格勒(Franz von Segele),《德国史学史》(Geschichte der Deutschen Historiographie, Munich, 1885),页864。

(Guizot)与米什莱(Michelet)。① 另一方面，赫尔德对于普遍原则的重新主张和对人性观念的伸张，使得他的这些观点有时与托马斯·曼(Thomas Mann)的新人道主义有着模糊的相似性，因而赫尔德又为兰克的学生们所组建的学派提供了基本原理。著名长文《18世纪史学》(*Geschichte des achtzehnten Jahrhunderts*)的作者施罗泽(Schlosser)，还有罗特克(Rotteck)等学者，通过重申赫尔德的思想，来获得判断政治处境或申明人类权利的权威。

赫尔德对历史哲学的影响，也从他关于自然法与历史理论的新奇见解方面获得了更多解读。由于受到从康德到费希特、谢林和黑格尔的知识发展单一模式的长久影响，赫尔德的重要性通常为人所忽视。的确，康德之后的思想不再将史学当作劣等的知识，并显示了对历史哲学的新的兴趣，但是这一切的源头并不仅仅是康德。赫尔德对启蒙主义的攻击，为观念论提供了一种消极的准备。另外，如果将赫尔德的一元论与整个斯宾诺莎主义运动视为正题，将康德与费希特视为反题，那么合题最终在谢林与黑格尔那里得到了实现。必须承认的是，在赫尔德与同一性(Identität)和世界精神(Weltgeist)之间，始终有一条线索彼此关联。

在今天，正如贝克尔(Carl Becker)所呼吁的，正因为我们必须从科学与历史的角度来看待我们的世界，所以我们必须对赫尔德为我们今日处境所做的贡献给予应有的尊重。我们并不需刻意赞扬或苛责赫尔德，正如他所说：

> 我们在这个广袤的世界撒下我们的种子，却并不过问这些种子落向何方、萌发为何物，那么，这样是否会带来丰厚的果实呢？

---

① 汤普森(James Westfall Thompson)，《历史著作史》(*History of Historical Writing*, New York, 1942)卷二，页137。参见古奇(George P. Gooch)，《19世纪的史学与史学家》(*History and Historians in the Nineteenth Century*, London, 1913)，其中着重讨论了赫尔德与基内。

赫尔德的历史哲学和18世纪晚期自然科学的不均衡发展

帕尔提（Elias Palti） 撰
包大为 译

  人们通常认为，就其源头而言，进化论的历史概念与有机论的社会概念的发展紧密相关。相应地，在通常的假设中，人们一直认为这些概念得到了完美清晰的论证，自明无误。然而，这种假设只会阻碍对这些概念的一切审慎考察。本文试图呈现的就是，构成进化论历史概念的"有机"概念，实际上远非"自明"的。

· "有机"的概念有着错综复杂的历史。在18世纪中叶直至1830年这一历史阶段（浪漫主义的全盛时期和第一个现代"历史哲学"产生的时代），"有机"概念经历了一系列激进且连续的重新定义。本文将具体通过追溯这些转变，力求在赫尔德的历史哲学理论内部来阐明该理论起源的复杂过程——尽管赫尔德在其知识生涯中最终未能接受这些概念。本文还将阐明，赫尔德并没有成功地解答进化论历史概念中的一些关键性问题。赫尔德所遇到的困难，与有机的、个体发育的理论（即胚胎转化的理论）在发展中出现的困难颇为相似：二者都在根本上与当时自然科学不均衡的发展紧密相关。因此，从认识论的角度来看，赫尔德的历史哲学非同寻常地表现为一种悖论式的知识体系，因为他不仅无法解决其理论所表述的问题，同时也缺乏解决这些问题的概念工具。

  人们通常认为，在有机论、进化论等现代历史概念的发展过程中，赫尔德的历史哲学是一个里程碑。梅尼克等学者更是将这一"历史的发现"视为 19 世纪社会思想方面的最伟大成就。① 另外一些评论家则强调赫尔德历史哲学潜在的、负面的政治影响。他们认为赫尔德的历史概念"预示了希特勒的血统与土壤的理论"。② 普遍的共识还是存在的,那就是将赫尔德定位在 18 世纪末西方知识史断层的核心。正如石里克(Edgard Schlick)所言:

> 在一个本质上崇尚机械主义且反活力论的时代,赫尔德通过自己的想象揭示了有机的世界观。③

然而,这样一幅赫尔德的肖像实际上晦暗不明,并且具有误导性。对赫尔德通常的有机论和进化论的范畴概括,其本身并非自明的。这些用于归类的概念本身就具有历史性,意义多变。实际上,在 18 世纪的后 25 年和 19 世纪初,"有机论"和"进化"的概念经历了一系列连续且剧烈的重新定义。因此,在我们追问赫尔德是否持"有机论者的世界观"之前,应该首先理解赫尔德所说的"有机的、进化的历史进程"的本义(也就是要对那些既非"理所当然"亦非一致的意

---

① 梅尼克,《历史主义的兴起》(Historism, *The Rise of a New Historical Outlook*, trans. J. Anderson, London, 1972),页 491–492。

② 胡歇尔,《赫尔德的历史哲学》,前揭,页 25、91。吉列斯在其《赫尔德》的开篇肯定:"对于我而言,在创造现代德国思想的过程中,赫尔德的价值与康德旗鼓相当,后者是前者伟大的对手(请注意这写于 1944 年)。赫尔德为现代德国精神创建了情感的内容,而康德则创建了理智的内容。"(前揭,页 v)。克拉克在其《赫尔德》中支持了这一观点。与康德相反,克拉克赞扬了赫尔德的"勇气":赫尔德拒斥了自己的祖国与沙俄在东欧进行角逐的帝国主义企图。然而,克拉克也承认,赫尔德"如同 20 世纪追随俄国的人们,无法看到庞大的东方所具有的潜在危险性(克拉克的著作写于盟军破裂之后的几年,即冷战之初)远甚于哈布斯堡王朝的霸权"(前揭,页 338)。众所周知,关于赫尔德的解读始终被现实问题尤其是政治问题所影响。

③ 石里克,《赫尔德早期作品中隐喻的有机论》(*Metaphorical Organicism in Herder's Early Works*, Paris, 1971),页 119。

义进行归类)。① 同时，尤其要理解赫尔德被其同代人定义为"神秘"的"自生"(self‐generation)理论(据称，对于在概念上理解"有机体"或有机论的本质属性这一难题而言，该理论提供了恰切、清晰的帮助)，这种理论试图揭示，在没有任何超自然干预的前提下，生命如何逐渐产生并转化。

本文力图说明两点。第一，正如诸多学者已经看到的，赫尔德提出历史中的自生问题，这实际上呈现出一种知识性转变，这种转变与18世纪末一系列新的生物学理论的发展一致。然而，正因为如此，我们不能把赫尔德的历史哲学定义为机械论向有机论的转变，这两个概念在当时都得到了一系列的重新建构。较为恰当的定义，应该从这一知识性转变与作为主体(即一种与自身预期所一致的关系)的"自我"(或有机论)这一现代概念的涌现之间的联系中获得，这种主体概念转而又使得时间性成了必要的概念。在这个前提下阅读赫尔德的历史哲学，将引导我们修正一些因新的历史意识得出的关于历史进程的惯常理解。

第二，正如许多评论者都认同的，在上文所提及的概念的重新定义的过程中，赫尔德的确扮演着中介者的角色。然而，这并不意味着，他的历史哲学只是对后世学者所持有的成熟理论的预告，正如赫尔德一贯支持的科学范式也并不仅仅是不完备的"真理"范式，有待后世来完整地揭示(这种理解将科学发展假设为线性的、累积的过程)。我们应该看到，赫尔德的历史主义是在历史思想的爆发期涌现的，是当时的自然科学所产生的一系列不均衡发展的结果。因此，赫尔德的历史哲学是一个非同寻常的案例，其中彰显了新的范畴定义所带来的巨大的认识论效应。这种认识论效应开启了一片新的视野，提出了诸多问题，尽管这些问题在新的视野里仍然无法得到解答。

---

① 实际上，在此我们遭遇了一种"解释循环"：研究赫尔德所在时代的自然科学，将帮助我们澄清赫尔德历史观的主要方面；反过来看，分析赫尔德的哲学，则将有助于我们更好地理解上文提到的重新定义是如何发生的。

一　原因和目的的分离

梅尼克在《历史主义的兴起》中定义了赫尔德的哲学，认为赫尔德努力要解决浪漫主义继承自启蒙时代的矛盾。在梅尼克看来，道德—终末论（目的论）和因果—决定论（机械论）这两个针锋相对的趋势始终同时存在并重叠，但是却始终没有综合为一个单一的体系。① 然而，正如梅尼克所言，在启蒙时代晚期历史哲学的全景当中，历史因果与目的之间的关系并未构成一个难题。在"人类教育"的概念中，因果和目的合而为一。只有当启蒙主义的基本假设，即统一的人性本质（"一般意义上的人"）和人类（理性）的共同目标等等受到质疑时，关于人类历史的意义和终极目标的问题及其解答途径才会变得明朗。而这也是对现代历史主义的检验标准。

赫尔德的"早期"著作《另一种人类教育的历史哲学》，一直都被描述为现代历史主义产生的标识，因为其中有着对每一个民族和文化构成中不可省略的特性（民族精神［Volksgeist］）的觉察。的确，在赫尔德那里，构成有意义的整体的每一种"人类精神"，就像莱布尼茨的单子们那样，都存在于一个自我觉察的封闭宇宙当中，经历着生长、发展、衰退和死亡的完整生物学循环。然而，这种惯常的理论描述是片面的，忽略了每个文化体系中特定的"幸福"概念。赫尔德著名的格言，"每个民族在其自身之内承载着其幸福，正如每个天体在其自身之内承载着重力"② 当中所论及的幸福，指的是一种能够随着时间变化而持续渐进地呈现出来的"可感的幸福"，③ 与放诸全人类尽皆相同的"绝

---

① 梅尼克，《历史主义的兴起》，前揭，页491-495。
② 赫尔德，《另一种人类教育的历史哲学》（*Auch eine Philosophie*，1774），页44-45。
③ 赫尔德，《另一种人类教育的历史哲学》，前揭，页124。

对幸福"构成对立。特殊目的和普遍目的之间的张力不仅贯穿赫尔德的整个历史视野,还将他的历史视野以症候性方式清晰地表述出来。

这个问题导致一些学者理所当然地认为,赫尔德的理论由两个彼此矛盾却又并存的思想系统构成:他既是历史主义者,又经受过启蒙。但是即使这种假设成立,赫尔德思想中的这种张力依然需要得到解释。重点在于,赫尔德的确编织出了一张范畴之网,用以勾勒出一副关于自然的图景,并在其中将特殊目的和普遍目的串联起来。尽管这对于一些学者而言似乎略带悖论之意,但事实就是,正是据说遭到赫尔德拒斥的自然科学,不仅为他提供了打破启蒙主义的"一般意义上的人"这一概念的基础,更促使赫尔德获得了新的基础,来思索作为整全的"创世"神圣计划(包括其神秘性的必要性)的结构,尤其是思索特殊的和普遍的目的论系统在明显矛盾对立的情况下如何在现实世界中得到融贯。

布朗(Marshall Brown)注意到"完型"在浪漫主义思想中的重要性。"完型"的概念有助于我们更好地理解赫尔德的历史哲学,理解其与当时自然科学之间的关系。对于赫尔德而言,

> 完美的线条是一个圆,所有事物从圆心辐射开去,并又落回圆心。①

完美就是自我包含,其自身就是完美这一概念的恰切定义。如同莱布尼茨的单子那样,它是一种自我产生和自我调节的有机体,在自身之内承载着天生固有的绝对性。然而,赫尔德指出,人类或人类世界都没有被赋予这种完美性,就像哥白尼所描述的那样,人被禁锢于

---

① 赫尔德,《论雕塑》(Plastik),载《全集》卷八,页64。转引自布朗(Marshall Brown),《德意志浪漫主义的形态》(*The Shape of German Romanticism*, Ithaca and London, 1979),页29。

黑暗的、隐蔽的宇宙角落当中。在这样的宇宙中，种种力量之间的和谐是不确定的；只有从内部透视，才能辨识出其圆周运动的特征，但也并非在绝对的意义上。开普勒坚持被造世界的不完美，以此来证明他关于行星运行的椭圆形轨道的假设。但是椭圆只是表达了一种单纯的不完美，与绝对性毫无关系。到了18世纪末，宇宙的秩序图景又变得更为复杂，赫尔德从中选取了一种模型，其中指明了不同的目的系统如何与绝对中心相关联，同时，这些目的系统又不被绝对中心所削弱，亦非线性地从绝对中心那里辐射出来。

就像我们的世界围绕着太阳运转一样，人们可以想象太阳同样围绕着一个星系的中心进行运转，如是类推。基于这种想法，天体的真实运动就是圆周运动（赫尔德："我们的地球是一个球体，绕着自己的轴转动，并且以倾斜的角度围绕太阳转动。"①）。因此，每个天体运行的完型就其自身而言都是独特的，在无限运行轨道的特殊重叠之中得以实现。启蒙时代晚期的天文学领袖兰伯特（Johann Friedrich Lambert）曾经说：

> 卫星很小，万事万物则浩渺无边：由于一切都毫无疑问地进行着圆周运动，我们能够非常容易地认识到椭圆运动并不是世界上唯一的运动类型。无论如何，天体距离宇宙中心的遥远程度，决定着我们研究运动的理论的复杂程度。②

恒星的状态从而被简化为卫星的状态。但悖论在于，这个对亚里士多德的自然区分的最后一击，再次引入了相对多个中心的层级系

---

① 赫尔德，《人类历史哲学观念》（*Outlines of a Philosophie of the History of Man*, London, 1803）卷一，页16。
② 兰伯特，《宇宙学书简》（"Cosmological Letters"），载《宇宙理论》（*Theories of the Universe*, ed. M. Munitz, New York, 1957），页258。

统。这意味着宇宙中必然存在一个绝对的中心，所有的恒星和行星都围绕着这个中心运转，这些天体运动的规律由此才能够得到解释。正如康德（在他从事宇宙学研究时，赫尔德正是他的学生）所解释的，这个宇宙中心也是宇宙得以有机化的源头：

> 一个并非在奇迹当中维持自身的世界结构，就其稳定的特征而言，上面并没有被神选中的标识……然而，可能彼此区隔而存在的成团的星系，会在一种无法抑制的趋势中迅速走向无序和毁灭，除非某种相对的位置被提供给它们，这些位置指向的是宇宙中心——宇宙的引力中心。①

启蒙时代后期的宇宙学因此开始探索这个隐藏的宇宙秩序，② 并且完成了由哥白尼开启却未竟的天文学革命。这也就是"有机化之源"的问题。对这个源头的探索，使得对表象的批判成为一种必要（哥白尼已经揭示出，如果以地球上的运动为认识的限制，那么天体的运动不过是一种幻觉）：从宇宙中心延展而出的宇宙秩序超乎我们的感官。因为我们所处的位置的偏移，宇宙秩序因而无法立刻传达至我们的感官。但是人类的这种相对于宇宙中心的位移，最终被一种关于普遍性的天赋所抵消（即在同一时间将自己的视角放置于不同方位的能力），作为理性存在的人类的这种能力，则继承自中世纪晚期的神性概念。作为天文学家，开普勒第一个思索在月球上观察到的天空将是何种形态的问题。兰伯特（他的《宇宙学书简》[Cosmological Letters] 被赫

---

① 康德，《一般自然史与天体理论》（"Universal Natural History and Theory of the Heavens"），载《宇宙理论》，前揭，页 241。

② 赖特（Thomas Wright）在其《一个关于宇宙的原创理论或新假设》（An Original Theory or New Hypothesis of the Universe, 1750）中率先提出了这个观点，他认为"这是一个我应该投身的伟大的自然秩序，从而才能解释 via lactea [银河] 的现象"。载《宇宙理论》，前揭，页 228。

尔德称为"人类智慧的荣耀")① 系统地发展了开普勒的这个模型，通过结合不同方位的视角来揭示隐藏的宇宙秩序，并最终获得对宇宙的普遍引力中心的设想。正是由于这个宇宙中心，万物最终摆脱了混乱的表象，呈现出内在的和谐。②

赫尔德设想了一种历史中的圆周运动的重叠，这是从兰伯特和康德对宇宙圆周运动设想的理论当中所获得的类比。赫尔德认为，每一个人、每一个时代，都感觉自身是汇聚历史因果运动的中心。在特定的情况下，他们会认为"我们既是所有的方法，也是所有的目的"。③ 这意味着一个绝对的、无条件的中心必须存在，对于这个中心而言，我们都只是实现超越有限时空的卓越意志的工具。对此，启蒙时期的宇宙学提供了一种模型，让多样的特殊目的在一元系统中得到展现，同时却又不失去其特殊性（各自的中心）。大体上，圆周运动是1774年左右的赫尔德历史思想的"完型"。然而，当我们进入到目的和价值王国的领域时，从这一范式延伸到史学的推论就会开启一系列新的问题。

首先，赫尔德关注的绝对中心不再是拓扑学意义上的中心，而是观念上的中心。因此，绝对中心不可能居于任何一个特定的地方（赫尔德会追问："容纳所有浪潮、光线和可见中心的圈在哪儿？它在哪儿，它是什么，它的目的是什么？"④）。然后，对赫尔德而言，绝对

---

① 转引自布鲁门伯格（Hans Blumenberg），《哥白尼世界的诞生》（*The Genesis of the Copernican World*, trans. Robert Wallace, Cambridge, Mass., 1987），页539。

② 德意志神学家克拉德尼乌斯（Martin Chladenius）是第一个通过结合不同观点来通达"客观历史"的学者，见氏著《一般史学》（*Allgemeine Geschichtswissenschaft worinnen der Grund zu einer neuen Einsicht in alien Arten der Gelehrtheitg elegt wird*, Leipzig, 1752）。又见哥斯曼（Lionel Gossman），《历史与文学之间》（*Between History and Literature*, Cambridge, Mass., 1990），页20。

③ 赫尔德，《另一种人类教育的历史哲学》，前揭，页66。

④ 赫尔德，《另一种人类教育的历史哲学》，前揭，页104。

中心在本质上是一个动态的中心、是一种"力"（kraft），这再次引出了"有机化的源头"问题。这一点在赫尔德对兰伯特的评价中显露无遗，他认为兰伯特的天文学只是理解"创世的曙光"①的初步阶段。因此，赫尔德引入了兰伯特的天文学中所缺乏的动态维度。异于兰伯特的是，赫尔德并不追究宇宙的结构（即历史—社会维度的宇宙）是什么，而是直接使用兰伯特的宇宙模型。故此，赫尔德坚持认为社会进程和自然进程之间具有不对称性，因为只有在社会进程当中才可能谈论制度的进步：

只有人，与自身处于矛盾之中。②

简而言之，理解历史并不像理解自然那样，而是需要一种"发生学的方法"。③

事实上，康德已经引入了一种动态的天文学视角。康德的宇宙学其实是一种宇宙发生学，它描述脱胎于原始星云的宇宙如何得以成型并固化。在此意义上，严格的力学定理（康德唯一承认具有科学依据的定理）就能够完美地解释宇宙的起源和演变。然而，在史学领域，发生学的方法总体上面临一个困难，揭示了所有力学解释模式的固有局限。

每一种因果解释都必须追溯到一个在先的原因，循环往复而无穷尽。为了终结这样无尽的回溯，一个最初的表述也就必须存在，那就是本源。但是，正如康德所指出的，这个本源无法被我们的感官所

---

① 转引自布鲁门伯格，《哥白尼世界的诞生》，前揭，页539。
② 他认为人的矛盾性特征是"神在我们人性中盖的印章；神和魔鬼的知识之树转化为永恒的生命之树"，见《全集》卷九，页540；转引自克拉克，《赫尔德》，前揭，页246。
③ 赫尔德，《论抒情诗的历史》，载《赫尔德早期著作选》（*Selected early works, 1764-1767*, ed. Ernest Menze and Karl Menges, University Park: Penn State University Press, 1992），页70。

触及；要洞见这个本源，要求引入康德意义上的 intellectus archetypus［溯源知性］，从关于总体性的直觉出发，通过演绎而达至最初的形式。而我们的 intellectus ectypus［派生知性］则必然从最初形式展开推论，这对于最初形式来说是抽象且碎片化的，所以最初形式又是不可逆的。前述的宇宙中心的观念化，与启蒙时期关于"无处不在"的天赋理性的突破性观念结合在一起，于是有机化的源头的问题再次呈现。因此，赫尔德认为在我们的特定时空（一切阿基米德点）之外不可能存在历史：历史始终已经铭刻在特殊的文化圈内，人类无法按照单一的形象来"创作"出不同的历史观点。赫尔德说：

> 对于我们而言，人类文明的起源深藏于黑暗中，和我们追寻的"事物如何与为何如其所是"的问题一样，盲目而又无处把捉。"[①]

但是在赫尔德那里，这种本源的不可逆性的问题不仅与认识论意义上的自然，更在根本上与本体论意义上的自然相关联。

赫尔德所指出的"本源不可知的第二个原因"，实际上是基于一个事实，那就是我们无法通过物理手段追溯事物形成的过程，无法从一个原因直接推导出前在的原因，并沿着因果链条通达最初的本源，因为真正的进化发展并不是物理地发生的。"发展"意味着新的阶段不可能被旧的阶段完全涵括。过去存在的要素和条件为新的生成提供了材料，但是新生的生命形式和文化却又有着新的有机化原则。赫尔德认为，一个文化就像"天才的一切作品"那样，"并不是在规律性的基础上产生的"，而是由"变化"所带来，[②] 这就是真正的"创造"。[③]

[①] 赫尔德，《论抒情诗的历史》，前揭，页 71。
[②] 赫尔德，《论抒情诗的历史》，前揭，页 82。
[③] 这解释了出于共同根源的人类文化的分裂。正如赫尔德所说："可以肯定的是，所有人类种族都流着相同的血；然而，代际转变却剥夺了人类对祖先的任何了解，以至于我们所遇到每个生活于最痛苦和无知状态中的

正是在这个意义上，兰伯特的概念触碰到了最终的界限。兰伯特的圆周运动模型并没有解释清楚，"宇宙中心"何以在结构化的必然性和偶然性（亦即创造力）之中逐渐成型。转译到史学领域当中，那种兰伯特的"宇宙中心"所对应的概念，应当既是有机化的起源，也是一种无法追溯到决定性法则的发展原理。这对于赫尔德而言仍然是难以想象的。赫尔德并没有提出模型来思考这个问题：秩序何以贯彻到各种变化当中，以及一个物理单位何以同时既成为有机化的本源（特定生命形式之稳定性和系统再生产的保障），又构成变化的本源（有质量的新形式的生产者，亦即斯宾诺莎意义上的"实体"，或者更为准确地说，类似于晚年费希特所说的 untheilbare Grundkraft［不可分割的本质性力量］）。然而，如果将这种不可能性仅仅视为决定论与主观主义，或"理性主义"与"唯灵论"之间的内在矛盾，那就会错过赫尔德试图解决的问题类型所蕴含的特殊意义。赫尔德在此所讨论的宇宙，与启蒙时代晚期的天文学所看到的宇宙有着不同的起源，他的宇宙观已经深受自然科学的原理，准确地说，是深受18世纪最后20多年生物学的影响。

二 启蒙时代晚期"自然史"中的进化和生成

众所周知，赫尔德的民族精神概念是莱布尼茨单子概念的延伸。同时，单子这一自我规定、自我持存的系统的概念来源于马尔皮格（Marcello Malpighi, 1628–1694）的自然科学理论，他的理论被后人归纳为生物的预定形式论（biological preformism）。[①] 根据马尔皮格的

个体，他们都完全不知道，自己不得不创造的生存必需品是自己曾经拥有过的。"《论抒情诗的历史》，前揭，页76。

① 莱布尼茨在许多文本中阐明了预定形式论。他曾如是说："为了确认我的关于身体和灵魂之间的前定和谐，没有什么比动植物的预定形式更为确切的了。因为在永恒事物的帮助下，身体由其原初结构所推动，所有事物

理论，如果我们排除了每个有机体在发展过程中受到持续的超自然介入的假设，那么我们就必须假设，在有机体的胚胎中已经包含了其发展的所有阶段——至少包含了发展的潜在可能。斯旺梅丹（Jan Jakob Swammerdam, 1637-1680）关于蝴蝶在虫茧阶段发育的研究结果，在某种程度上印证了马尔皮格的假设。这强化了关于自然的"静态"视角，[①] 成为林奈（Linnaeus）的分类学的理论前提：宇宙中的生命种类只有在丧失其变动性之后，才能稳固地服从秩序——也就是服从"存在之链"（chain of being）。

莱布尼茨将这个概念转化为哲学体系。他重新阐述了经院哲学家对fulguratio[闪耀]和evolutio[进化]所作的区分，确立了fulguratio[闪耀]这种生命新形式的诞生方式——这种诞生只能来自神。但斯宾诺莎认为，在evolutio[进化]的过程中，实体无法避免与其他实体的属性之间出现矛盾。进化的概念就其源头而言本就具有一种相反的意涵，并在很久之后才为人们所接受：不是关于新的生命形式的产生和变化的概念，即fulguratio，而是指那些业已呈现出来的特征的单纯发展。[②] 这样一个静态的（反进化的）概念，使得莱布尼茨限制神性对神圣创世的介入程度，[③] 并在概念上将自然表述为一个既定的系统。

的运动都与其灵魂相一致。所以种子通过其原初结构自然而然地实现了神的意图。"见《神义论》（*Theodicy: Essay on the Goodness of God, the Freedom of Man, and the Origin of Evil*, New Haven, 1952），页65-66。

① 根据在此之前起支配作用的概念，动物物种以及金属的嬗变是完全可以想象的。

② "修改之后的产物永远不能被称为被创造物，这甚至是对创造这个词汇的侮辱。神从无之中创造了物质，物质又在其限度之中偶然地创造了事件。"《神义论》，前揭，页395。

③ 莱布尼茨认为："或许可以承认神通过他的永恒奇迹形成了有机躯体，或他将此事委托于理智，其所掌握的力量和知识是最神圣的。我们必须坚信神以这种形式占有着先成之物，而新的有机物只不过是先前的有机组织的机械的结果。就像斯旺梅丹举的蚕变成蝴蝶的这个例子所说明的

于是，基于胚胎前定形式而成型的这套学说，就成为启蒙主义"自然史"的基础。

然而，在 18 世纪晚期，这个学说受到了两个新观点的挑战，这两个观点有着更为古老的源头，那就是活力论（vitalism）和表观遗传学（epigenetism）。活力论在近代的根源应当追溯至哈维（William Harvey, 1578–1657），在《关于动物生殖的考察》（*Exercitationes de Generatione Animalorum*, 1651）中，他将胚胎逐渐的成型过程解释为一种活性液体的流动。哈维认为，这种活性液体存在于雄性的精液当中，并通过把活力传输至胚芽（如同磁铁将磁力传给铁），激活整个产生的过程。在 18 世纪，斯塔尔（Georg Ernst Stahl）发展了活力论，同时反对长久以来在纯粹机械因果律基础上进行思考的唯物主义理论，反对其对自发运动和感觉的解释。通过其"燃素"理论而扬名于世的斯塔尔，在其《真正的医学理论》（*Theoria medica vera*, 1798）中提出，灵魂或 anima［生命］是独立且优先于物质的，是一种在身体的有机体液中循环的非物质实体，一旦脱离了这种非物质实体，只剩下物理力量，那么这些力量就会消散。就此而言，斯塔尔想用这一概念来区分生命体和无生命的机械。尽管斯塔尔的这个理论影响很大，但是其残留的神秘主义内涵削弱了其科学上的可信度。

表观遗传学的崛起在启蒙主义"自然史"的断层中扮演着更为决定性的角色。基于布封至关重要的影响，表观遗传学认为，身体的构成是孤立的有机分子合成的结果，而不是内在生成的过程。与预定形式论不同的是，表观遗传学最终使得基于纯粹机械因果律运动的物种转变成为可能。然而，预定形式论的捍卫者仍然能够轻易地指出，表

那样，这不过就是发展。"见《莱布尼茨－克拉克论战集》（*The Leibniz - Clarke Correspondence*, H. G. Alexander ed., New York, 1956）；又见柯瓦雷（A. Koyré）《从封闭世界到无限宇宙》（*From the Closed World to the Infinite Universe*, Baltimore, 1968）中的分析。

观遗传学解释不但违背直观感受，并且在理论上根本无法自圆其说。正如莱布尼茨证明洛克的经验主义实际上已经预设了人类先天的能力，同样地，博内（Charles Bonnet, 1720–1793）则指出，布封的表观遗传学始终都得借助预定形式论作为前提。事实上，布封的确将一些引出生命进程的"内在模式"视为理所当然。正如博内所言，正是这些"内在模式"解释了生命特殊形式的成体系的再生产，并最终解释了生物宇宙的可见的稳定性。

　　胚胎前定形式的概念（与静态的自然观紧密关联）解释了早期赫尔德历史哲学的两个基本方面。首先是他的"民族精神"概念所基于的模式，以及为什么赫尔德在这个概念框架中无法思考两个不同时代之间的历史关联。洛夫乔伊分析认为，尽管莱布尼茨在《原地论》（*Protogaea*, 1693）中已经勾勒出进化论的假设，但这种假设却导致了莱布尼茨体系内不可调和的矛盾。事实上，"存在之链"的时间化质疑了这个进化论所依赖的两条基本原则——连续性原则和充足理由原则。① 洛夫乔伊强调，这并不只是因为生物的闪耀暗示了在神创的秩序中存在着一些有待填充的"洞穴"（亦即神性的"非完美性"的标识）——这两个原则会将这种可能性排除在外；更为重要的原因是，"存在之链"的时间化使得这些原则所赖以联系的对象遭到瓦解：如果一个特定的胚胎在一开始就蕴含了相对未知的发展能力，那么，当这个胚胎最终成就为能够定义其物种的特定生命形式时，关于一个引导者、一个对尘世的永恒神圣看护者的假设，也就再次被引入到解释当中。

　　在洛夫乔伊所提到的这些问题中，第一个问题很快就得到了解决：在1755年里斯本地震之后（伏尔泰将这次地震解释为随欧洲旧制度衰落而发生的思想广泛转变的标志），神创论的物理秩序完美性

---

① 洛夫乔伊，《存在巨链》(*The Great Chain of Being: A Study of the History of an Idea*[1936], Cambridge, Mass., 1964)，页242–287。

的概念受到质疑。同时,通过发现灭绝物种的化石,博内和其他学者得以设想以大灾变来区分"地质年代",每个地质年代都生存着特定的生物种类。这个假设后来被称为"灾变论"。

但是,第二个问题则更具有神秘性。每一次大灾变之后的世界生物种类的系统性再生产,都使机械主义—表观遗传学的解释显得完全不充分。比如,拉塞齐(La Sage)在《牛顿主义的卢克莱修》(*The Newtonian Lucretius*,1748)中将生命的源头设想为原子随机偏斜的结果,这就是一例。前定形式理论的原则能够很好地解释这个问题,但是,只有在假设胚胎的有机发育在每次灾难后能够完好无损的前提下,这种原则才能成立。然而,通常的回答是自然力量(存活下来的胚胎)和超自然力量(作为潜在的生命形式的活性液体)在行动上的结合。我们进而看到,正如表观遗传学预先假设前定形式的因素,存在之链的时间化也将活力论的成分(或马勒伯朗士[Malebranche]意义上的偶然因素)重新带入了预定形式论的原则当中。然而,静态的预定形式论为稳定的物种分类学提供了前提,活力论—灾变论则率先开始考察历史性。

赫尔德早期哲学恰好起源于对这一历史性概念的应用,因此,他会将预定形式论的 intra-[在其中]和活力论的 inter-[相互]在各民族的精神中结合起来。通过将活力论的概念(携带着鲜明的神学内涵)加诸"民族精神"(基于预定形式论的模型),赫尔德提出了一些在时人看来不可思议的命题:人类历史的展开,最终是为了构成一个有意义的整全。由此,赫尔德站在博内一边,并反击了表观遗传学,认为 epigenesis[先在物质]的外在的再度有机化无法解释内在精神力量("维系着所有物质因素,并且在神所创造的生命体之中转化这些物质因素的活性要素"[①])的转变。但是,赫尔德也反对预定形式论,并断言了历史发展的创造性特征——这在预定形

---

① 赫尔德,《另一种人类教育的历史哲学》,前揭,页60。

式论的概念框架内是无法想象的。赫尔德明白,他的理论在这一节点上遇到了瓶颈:

> 无论是博内的哲学,还是胚胎萌发的体系,都不能成为我们的向导;因为关于胚胎向新的存在的转化,这些理论或是缺乏解释,或是不适用。我们无法在我们的大脑中再度寻找到一个作为新存在的胚胎的精神性大脑。①

在赫尔德看来,每一次真实的历史进程,都以过去基因的毁灭为基础(他坚信"神意的旨令贯穿着成千上万的肉体并构成命运"②),随之而来的则是新的生命形式的持续不断的创造。自然,赫尔德的第一个结论就是,生命发生转化的原因只能是超自然的。只有天意,的能够在关键时刻将新的生命灌输于死的物质。正如赫尔德在《人类最古老的文献》(the oldest document of mankind, 1773)中讨论语言时所述:

> 因此,必然只能是外在的力(Kraft)唤醒了这种意识,也就是唯一的能力——接受的能力;否则,它将永远沉睡于黑暗和死寂之中。③

根据上文所述,针对历史中的因果和目的之间的关系问题,早期赫尔德给出的解答,似乎只是对历史性难题进行恰切的转译并对其范围有所划分,而非给以激进的重新定义。赫尔德原本可以简单地将人类历史中普遍状态的一致性放置到超感性的领域,进而为无限多样的经验表象(即便起源于别处,也不难得到理解)的世俗领

---

① 赫尔德,《人类历史哲学观念》,卷一,前揭,页186。
② 赫尔德,《另一种人类教育的历史哲学》,前揭,页125。
③ 《全集》卷六,页299ff。

域提供空间。进而，赫尔德的"相对主义"也就限定在了历史的积极维度。他眼中作为"精神实体"的历史，与其启蒙主义先辈的历史观同样表现为线性的。从这个角度来看，赫尔德的历史哲学似乎是双重"反动"的：一边背叛了据说应当归于他的那种历史主义，一边又抛弃了启蒙时期在历史中引入连续不断的超自然干预的"自然史"的基本结论，这种超自然干预恰恰是预定形式论原则力图从历史中排除出去的。

无论如何，正是在这一"反动"的层面（亦即，在人性维度的活力论和民族精神维度的预定形式论的结合中），我们发现了史学观念中认识论革命的真正源头。赫尔德的历史哲学尽管保留了神之计划的一致性的观念，却又引入了启蒙主义世界观所缺乏的动态维度：历史的实现不再被追溯至单一的神创源头，而是被纳入一系列连续不断的阶段当中（以及由此在历史中发生的诸多"闪耀"[fulgurations]）。因此，活力论的灾变论也就成了激进地思考历史性的首要途径，无论是在物理的自然世界中，还是在社会伦理的世界中。这样看来，赫尔德率先提出了今天被称为"时间之矢"的视角。自他以后，时间成了世界秩序得以构成的一个维度；世界秩序的结构不再是一贯稳定的，而是在历史性中建构而成的（并非随着时间流逝而逐渐"展现"）。① 历史进程因此获得了不可逆的特点（赫尔德说过："在世界上，并不存在两个同样的瞬间。"②），并最终涵盖了物质的转换和变化（亦即非机械论、非决定论的那些原因）。

然而这个解答仍然是不确定的。事实上，赫尔德的观念当中添加的时间特性有两种：一是经验上的不可逆性，二是概念上的线性；这又涉及两种不同层面、互不交叉的历史因果论。之所以如

---

① 这与预定形式论并没有多大关联。其所认为的胚胎的发育不过是食物摄入的结果。通过颠倒这一过程，我们将能够追溯至其原初状态。

② 赫尔德，《另一种人类教育的历史哲学》，前揭，页37。

此，乃是因为赫尔德在搜寻"起源"的过程中虽然具备了超越启蒙时代各种疑难杂症的视野，但在概念上却继承了启蒙时代的"自然史"，从而在 fulguratio［闪耀］和 evolutio［进化］的观念之间游移不定。赫尔德的预定形式的活力论并没有成功地与前代割裂，而毋宁说是对前代观念的改头换面和澄清，这种启蒙时代的典型观念将新生命在起源上的完全随机性（作为自然事件、原子偏移、超自然力量或神创的结果），与这一生命在发展过程中的完全决定论关联在了一起。赫尔德力图将活力论的先设（天意干预的观念）加诸预定形式论的基质，但这一努力最终也无法为"起源问题"提供答案。反而，这让他的理论显得像一个 asylum ignorantiae［天真的避难所］。正如赫尔德在《论抒情诗的历史》中所认为的那样，超自然干预的概念

> 什么都无法解释；甚至其自身都是有待解释的。因为这个概念只能表明，我遇到的那些无法追溯至自然原因的历史结果只会来源于神，而这个基于天意的结论只能悬搁所有进一步的考察。①

这时，为了更加精确地表述那种给予每一个崭新且确定的生命形式以源头的构成性力量，赫尔德引入了 kraft［力］的观念。② 严格说

---

① 赫尔德，《论抒情诗的历史》，前揭，页 79。
② 18 世纪的学者用"力"的概念来解释化学过程。力学理论对抗的是以太理论。后者通过无重量流体和原子碰撞来解释化学过程。这类理论被划入了机械主义的范畴。相反，力学理论则通过原子核之间的引力和斥力来解释这一过程。因为其中包含了吸引力，因此这类理论则被称为动力学。然而，在牛顿的理论中却同时涵盖了这两类理论。"动力论学者"追问牛顿光学的来源。在他们看来，正是通过"力"，牛顿才解释了远处的运动。见利威尔（Trevor Levere），《引力与物质：化学哲学的种种要素（1800—1865）》（*Affinity and Matter: Elements of Chemical Philosophy*, 1800–1865, Oxford, 1971）的"导论"部分。

来，这个"力"不再是纯粹的物理力量，尽管这个概念指的是自然界当中的力的原则。事实上，这个命名依然造成了麻烦。这个悬而未决的难题不仅是赫尔德所有晚期著作的中心议题，更是席卷19世纪上半叶的整个欧洲思想界的中心议题：如何能够将动力学的内涵引入预定形式论的理论基质（就其在定义上排除了一切进化论观念而言），而不诉诸神秘的、超自然的力量。

三 关于"隐秘的质"的物理主义转译

考虑到上文所讨论的内容，赫尔德在1773–1774年间的写作（尤其是《人类最古老的文献》）遭到一致反对，也就不足为怪了。① 这些著作造成了赫尔德与歌德之间关系的破裂，后者在1774年的《萨提罗斯》（Satyros）中嘲讽赫尔德的"力"的概念。因为这个概念，赫尔德似乎陷入了康德所指出的理性的二律背反。然而，这种力并没有特别携带着神秘的属性，也不能解释赫尔德早期著作中存在的不受欢迎之处。实际上，赫尔德的"力"概念来自康德；而牛顿则明确肯定，诸如重力这样的力具有超出理性理解能力的神秘本质。赫尔德关于这种力之彼此流动的概念（基于他对同时代泛神论和理性主义者的解释）招来质疑，主要在于（对于布鲁门巴赫［Blumenbach］和晚期的拉马克［Lamarck］亦然）他对这些具有积极本性并创造了生命新形式的"力"无法给出一种定义。赫尔德自己也承认：

> 我并没有说我就此解释了什么；我并不知道有什么哲学能够

---

① 面对着理性主义者的攻击，哈曼主动为赫尔德进行辩护，然而在他写给这位学生的一封信中，他承认这一辩护工作对他而言等同于面对一头"可怕的怪兽"（monstrum horrendum）。转引自克拉克，《赫尔德》，前揭，页170。

解释"力"到底是什么,或者其是否活跃于单个或多个生命当中。哲学所做的不过是从一开始就设想"力"、刺激和效应的存在,然后再进行省察、辨别和澄清。"①

赫尔德的不安表明他遇到了一个概念上的两难:为了将历史理解为进化的原因,赫尔德必须让两个原则上不相容的概念彼此相容——他必须想象一种基于博内胚胎模式的活力论"构型力"。

赫尔德1774年的著作遇到了更为尖锐的批判,对此,他的回应是在1775年的《新约中的洞见》(*Insights in the New Testament*)中颇为明智地退回宗教正统。这使他得以保留神学教职,继续在汉诺威大学担任牧师,之后则被提升为总监(Generalsuperintendent)(一个等同于教区主教[bishop]的职位)。尽管显得自相矛盾,但是赫尔德这次宗教态度的转向,也伴随着他试图遏制活力或"隐秘的质"(qualitates occultae)的神秘主义特质的努力。在这一进程中,他所建立的一些人际关系至关重要。在与歌德(短暂)绝交之后,赫尔德开始与拉瓦特(Lavater)密切交往,通过向这位现代面相学的始祖②借鉴观点,赫尔德揭开了"力"的谜团。

早在1767年,赫尔德在《神话的现代运用》(*On the Modern Use of Mythology*)中讨论美学问题时,就已提出关于"外观"(Darstellung,对观念的感性表征)的问题。他认为:

寓言用感性方式表征了抽象概念。③

---

① 《全集》卷八,页178。

② 在离开比克堡之前,赫尔德就《精选文库》(Auserlesene Bibliothek)写了一些文章,其中大多数内容关系到拉瓦特发表的《面相学断片》(Physiognomical Fragments I and II)。

③ 赫尔德,《赫尔德早期著作选》,前揭,页217。

拉瓦特提出的面相学理论让赫尔德得以扩充这一"寓言"的观念,使之能够作为"符号"来包蕴作为整体的自然。① 作为一个"符号"的面相学的外观并不代表任何先于它而存在的东西。正如克拉格斯(R. Klages)在讨论象征时所言,"这并非替代别的事物的事物"②,这种外观就是物质和观念融合的节点。一种外观当中总是综合了多重的效应。将其视为对立运动的交点,就能看到其得以生成的过程:它就是它自身的历史。正因为如此,外观的价值不在于其背后隐藏的内容,而在其本身,就像一个人的"人格"也就是其展示自身的方式。赫尔德说:

> 只要观察一个人当前的外貌,他过往的历史也就一览无余;舍此则万事万物无从解释。③

这一概念使赫尔德有可能与启蒙主义的传统二分法决裂。事实上,赫尔德试图洞悉的原则并非建立于类比和差异系统的可见表象,但这并不意味着这些原则是在现象世界之上或之外施加作用。当然,这些原则可以是客观的,在外在形式的世界当中呈现自身,并且同时(如重力、电和其他物质—非物质的实存)又是感官所无法触及的。简而言之,这个概念驳斥了康德所论述的关于现象和本体的死板的二元论。

---

① 正如后来埃内莫赛(Ennemoser)在其《面相学研究》(*Physiognomical Observation*, 1820)中所说:"自然中的一切都在揭示着活跃的生命、精神和内心,不论是通过物理表观还是寓居于其内。所有的存在都能通过其品性中的美德实现这一点,而这正是个体精神的永恒特质。因此,万物都有着一个属于自然的外观。"转引自冯艾赫(Göde von Aesch),《德意志浪漫主义中的自然科学》(*Natural Science in German Romanticism*, New York, 1941),页272。
② 转引自冯艾赫,《德意志浪漫主义中的自然科学》,前揭,页250。
③ 赫尔德,《人类历史哲学观念》卷一,前揭,页123。

如上所述，赫尔德通过面相学的概念，去思考经验层面仍无法证实的创生性力量如何在现象世界显示自身。因此，这并没有告诉我们任何关于这种力量的特殊本质的信息。要揭示这种力量的定义、特点和运行模式，需要借助一种截然不同的范畴工具。最终，在作为独立研究领域的生理学当中，这种工具得以浮现。赫尔德很快就发现，融合了形式和过程的概念就是功能（function），在其中凝聚着一种本质性的有机目的的概念。赫尔德试图在经验论的关系领域中引入目的主义进路，这一努力标志着他对启蒙主义思想的激进反叛。

值得注意的是，这些学科的发展与活力论思潮内部的一系列转变有着主要的关联。1780年代，赫尔德通过哈勒（Albert von Haller）学习到新的活力论理论。众所周知，活力论传统向来拒斥机械论的一个观念，即运动、感觉和思想的自发性都可基于机械因果论获得纯粹的解释。在斯塔尔看来，这其实是要求灵魂的运动关系到一种特殊能力，即他所谓的"敏感性"（sensitivity）。而早在1750年代，哈勒就对"应激性"（irritability）和"敏感性"进行了区分，前者意味着身体在受到外部刺激之前其自身就具有反应机制，后者则指神经纤维在接触外部对象之后将主观印象传递给灵魂。在哈勒看来，前者是肌肉的特性，而后者则是神经的特性。因此，通过阐明应激性与肌肉反应之间的直接关系，哈勒驳斥了斯塔尔的一个假设，即所有外部刺激与内部反应的关系都必须由灵魂的兴奋作为中介。应激性（vis insita）是一种特殊形态的物体（动物的肌肉组织）的固有力量，在一定的刺激条件下自行活动。

赫尔德在哈勒的模型中寻找到了作为身体内在本质的"活力"范式，那就是，一种物质—非物质的实体。就像重力那样，应激性的概念能够从现象中推断出来，然而其最初的原因则超出人类的观察范围。基于这个概念，赫尔德试图填充莱布尼茨理论中仍然存在的身体与灵魂、物质与精神之间的鸿沟，因为这些要素都能够指向一种共同的"力"，并且能够经由这种"力"完美地进行互动，这正是他在《论人类灵魂的知性和感性》（*Vom Erkennen und Empfinden*, 1778）中所强调的一点。这个概念同时使得赫尔德能够重新思考过去十年来悬而未决的根本问题，那就是创造一种新的历史原则。但是，为了做到这一点，赫尔德首先需要将哈勒的 vires［活力］或 kräfte［力］（具有特殊功能）的多样性和特殊性限定在一个单独的、共同的原则当中，或者说，在 kraft aller krafte［所有力的力］当中——这就和斯塔尔的"灵魂"成了一回事。试图对各种自发冲动进行协调的动机，迫使哈勒再次引入神的引导或至尊建筑师的假设。为了替代这种假设，在《关于人类灵魂的知识》(*On the Knowledge of the Human Soul*, 1778)中，赫尔德开始论及感官神经纤维，其应激机制被视为生命的首要表现形式。在 1785 年的论文中，赫尔德将两性结合所具有的生产性功能称为"电的火花"。① 但是，直到几十年后加伐尼（Galvani）成功地用电击让死物恢复活动，这种观点才在经验上得到证实。②

---

① 转引自奈斯比特，《赫尔德与哲学和科学史》(*Herder and the Philosophy and History of Science*, Cambridge, Eng., 1970)，页 146。我们知道赫尔德曾经接受过电击治疗（微量电击），而流电学家认为这是为了重建内在的力的平衡。

② 加伐尼的蛙腿实验（1789）是我们想象自然界的历史的分水岭。根据他的实验结果，肌肉运动可以理解为"生物电"作用的结果，这在后来被称为"流电学"。从这里很快就能得出结论，即植物性和动物性器官的运动，乃至整个宇宙的运动，都不过是对类似作用的反映。进而就可以认为，无机物也同样遵循这个生命机制的法则。这是浪漫主义自然哲学兴起的重要背景（也是浪漫主义文学中盛行的泛灵论潮流的背景）。里特（Ritter）的著作是德意志浪漫主义发展过程中的一个路标，他肯定了通过还原这类隐藏的力量来阐明物理本质的可能性。同时，他认为人类应该生产出能够反射电和磁的镜子，见氏著，《一位年轻物理学家的遗作断片》(*Fragmente aus dem Naclasse eines jungen Physikers*, Heidelberg, 1810)，卷一，页 161-162。另一个里程碑是伏打（Volta）所发明的电堆（1800）。在这些发明的前提下，戴维（Humphry Davy）说道："自然蒙在以太液体的性质和运动之上的面纱，将被他们所提供的工具摧毁。"见氏著《致基迪的信》("Letter to D. Giddy", 20 Oct. 1800)，转引自利威尔，《引力与物质：化学哲学的种种要素：1800-1865》，前揭，页 36。

这正是玛丽·雪莱（Mary Shelley）在写作《弗兰肯斯坦：或现代普罗米修斯》(*Frankenstein: Or the New Prometheus*, 1800)时的语境。在这之后，科学有了一个新的研究方向：如果人类能够被引领向神，那就必须使人类分享神所拥有的无所不在的天赋（如兰伯特所论），同时也必须使人类能够分享神独一无二的创造力。[①] 赫尔德的鸿篇巨制《人类历史哲学观念》以某种方式指出了这一方向，期待能够洞穿一些未被探索的知识领域。在这一进程中，赫尔德遇到了一系列他没有解决也没法解决的理论和实践难题。

四 进化和怀疑主义

《人类历史哲学观念》标志着赫尔德回归了启蒙主义的传统。事实上，此时的赫尔德以布封的方式认同了一些表观遗传学的理论动机（那些在机械主义中支持进化论的动机）。然而，尽管他不再如从前那样轻视机械论的解释，但他仍然认为这些解释永远无法洞悉哲学的对象。正如他所坚持的：

没有花依照外在的尘埃的方式而绽放。[②]

[①] 在18世纪末，诸多理论角逐于这个领域。荣格司迪林（Jung-Stilling）和麦思梅（Mesmer）都肯定了磁力的优越性。荣格司迪林说："动物磁流学说明了我们的确拥有某种内在生命，即灵魂，这拥有意志和理性的永恒精神的神圣火花，是来自永恒精神并且与之不可分离的光束。发光物质、电力、磁力、电流和以太，是同一种存在的多种变体。"转引自冯艾赫，《德意志浪漫主义中的自然科学》，前揭，页71。麦思梅则让行星对人类命运之影响的信仰重获新生，他假设了磁性的普遍流体（fluidum universale）的存在，并将疾病解释为身体内这些力量失调的结果。在他1815年去世之时，普鲁士政府将他任命为动物磁流学讲席教授。

[②] 赫尔德，《人类历史哲学观念》卷一，前揭，页108。

对赫尔德来说,每一生命的发展都设定了一种内在的"生成力量",使得外部环境能够通过这种力量来施展其影响。因此,我们不能简单地将赫尔德的这一理论动向视为向机械主义的倒退,而应该认识到这是赫尔德的"自然主义转向",只不过在这一过程中,他保留了曾经的预定形式论—活力论的思想(直至这一时期,而非仅在1784年之前,赫尔德的理论中依然存在着一些互相矛盾的内容)。

在此之后,现实性(Actuality)对于他来说也就成了不可见原则的外显的、外在的符号:①

> 自然中的每一个外在形式都是其内在运动的标志,因此,她就是最伟大的母亲,是我们所能企及的最为神圣的尘世事功,是人类理解力的实验室。②

赫尔德试图由此发展出其"成熟的"历史哲学中的核心概念——"人性"。③ 对于赫尔德而言,作为隐藏的原则或发生性的力量,"人性"这个概念不仅赋予生命以特殊的形式,更在发展中驾驭生命通向最终目标④——大写的"理性"和"自由"。这两个概念还与"正义"

---

① 因此,他没有必要再通过神秘的"隐秘的质"来解释新形式的产生了:"这与我所说的造物的有机力量一样:我并没有认为要将其理解为'隐秘的质',因为他们的活动机制对我们来说是一目了然的,我只是不知道怎么对其进行更为精确的命名。在未来的某个阶段,我将更为深入地研究这些主题,但是现在我却只能潦草地掠过。"赫尔德,《人类历史哲学观念》卷一,前揭,页 xiv。
② 赫尔德,《人类历史哲学观念》卷一,前揭,页 139。
③ "我希望我能够扩展人性的意义,并且使这个概念与我曾经对人类理性和解放的高贵信念进行中和。"见赫尔德,《人类历史哲学观念》卷一,前揭,页 173。.
④ "我们当前的存在的最终目的是人性的实现。相比起人性,所有对大地的不公道的索取都是次要的,所有这些都只是为了达到这个目的。"赫尔德,《人类历史哲学观念》卷一,前揭,页 218。

概念综合在一起，这一正义概念完美融合了分别对应着形式的外在显现和对应着功能的内在原则。① 同样地，这并不是对任何特性的论述或设定，而同时既是一种有待实现的最终目的和实现这个目的的塑造力（Bildungstrieb），也是一种始终在生成中的 energia［活动］。赫尔德会说：

> 人性，是我们人类的特点，尽管是天生的，但仍只是一个有待完成的计划。②

这实际上意味着他的"起源模式"发生了颠倒。历史的交汇点此时不再纠缠于起源，而是在共同的视野中朝着每个时代和文化都趋向的方向聚拢。但是这样的颠倒并没有真正改变赫尔德早期的历史主义。诸多学者发现，《人类历史哲学观念》的重点在于呈现一个统一的事件，试图以此展现作为有意义整体的历史性的－普遍的（historical-universal）因果关系，而非旨在呈现其中的特殊要素。③ 然而，赫尔德仍然认为这并不必然能够确保一种逐步累积意义上的进步观念。尽管两个时期是同一进化进程中的不同部分，但是这两个时代有着不同的发展原则，因而并不具有连续性。两个时代之间的直接衔接是不可能的，时代总是被灾变打断，旧事物在其中被荡涤一空。

---

① 他将正义定义为"人类价值（即人性）中的稳定性"。赫尔德，《人类历史哲学观念》卷二，前揭，页 302。这个生理学概念在他的一部早期著作中就已经出现："一本判定了人和基督徒的形成的书！这本书的开篇将呈现关于自身的知识和关于灵与肉的智慧的结构；这本书将展示所有具备灵与肉的成员的终极原因、独特本质和多样性，因此，每个事物都只能且应当基于这本书，在我们当中有效地实现的尺度而存在。"见赫尔德，《1769 年游记》（*Journal de mon voyage en l'an 1769*, trans. M. Rouché, Paris, 1942），页 81。

② 赫尔德，《人性的观念》（*Idea de la Humnanidad*, Buenos Aires, 1954），页 46。

③ 赫尔德，《人类历史哲学观念》卷一，前揭，页 294。

在其中，我们能够觉察到随处不在的毁灭，却无法辨别新生事物是否要优于毁灭的一切。民族或兴或衰；但是，在一个衰亡的民族那里，更新更美丽的花朵是无法盛开的。文化在前进，却并没有因进步而变得更加完美；在新的地方发展出了新的能力；古老地域的古老事物不可复返地逝去了。①

因此，如果的确存在一个共同的源头（正如赫尔德的发生学方法所要求的），那么对原初计划的每一次追溯都必然被如此的毁灭所中断。故此，要理解不同时代之间的联系，唯一的选择不是回到起源，而只能是将过去的图景安置在一切倾向于聚集（人性）的具体形态的历史逻辑中，并加以理解，让其各个方面均处于悬而未决当中，以保存其中个别发展的特殊性。但是，由于预定形式论的逻辑已经破产，所以，这种朝向预先设计的目标的汇聚，也就只能再次通过一种永不停止的超越性理解活动来解释。换句话说，人类从一开始就没有被赋予这个目标，因此也就并不能在作为天然塑造力的时间当中轻易地将其呈现出来。

最终，赫尔德的"成熟的"历史哲学中的"自然主义转向"，只是将他早期论著中已然明显的矛盾变得更为突出。因此，赫尔德的"成熟的"历史哲学虽然看似摒弃了人类知识无法揣度神之行动的观点，却只能在两种二律背反当中分裂：首先是特殊性与一般性的分裂，然后便是自然与超自然的分裂。赫尔德失去了在其最初公式"命数，机运，神！"（destiny, chance, God！）中调和矛盾两极的第三者（tertium），这使得他的哲学无法再寻找到平衡点。

但是，赫尔德由此能够更加清晰地察觉到，这个问题并非由进化概念中的固有矛盾引起，而是由生物学的预定形式论系统所固有的限度所导致。但是关键在于，赫尔德找不到用于替代的理论模式。他试

---

① 赫尔德，《人类历史哲学观念》卷二，前揭，页266。

图通过无重量的流体模型的类比来构想"人性",却最终揭示了这种模型自身的缺陷。到最后,赫尔德不得不承认自己无法逃出时代的局限:

> 我的大多数著作说明关于人的历史的哲学仍然无法完成,但它最终有可能会实现,不在这个世纪末,也会在千禧年的尾声。①

五　磁力的疑难

就此看来,毫无疑问,赫尔德"自然主义转向"的初步推论,及其18世纪末的整体思考,都滑向了怀疑论。他越是熟知新科学,就发现自己越来越不可能把握到生成性的种种力量的本质属性。对此,他的结论是

> 凭我们的能力无法实现这一目的。②

实际上,他接下来发现自己已经陷入迷途,对这些疑难的澄清要在许多年以后才会实现。

赫尔德在人类学上的悲观主义("纵观人的一生,兽性始终占据着优势"③),以及他虔信主义的思想源头,也能部分解释这个怀疑论转向。赫尔德甚至坚信自己所处的启蒙时代无法启迪出什么真正的进步:

---

① 赫尔德,《人类历史哲学观念》卷一,前揭,页 xv。
② 赫尔德,《人类历史哲学观念》卷一,前揭,页 206。
③ 赫尔德,《人类历史哲学观念》卷一,前揭,页 227。

> 在许多国家，穆斯林将欧洲人称为肮脏的昆虫；而这并不是单纯出于宗教的憎恶。①

从这种怀疑论态度中，我们也许能够追踪到赫尔德的贵族式轻蔑的踪迹，以及他对宗教教义曾是不可质疑的信条的时代的缅怀与伤逝。②然而，除了这种意识形态化的"自然"之外，我们还能从中读出别的一些问题。正如上文所述，认识论理性也同样影响了赫尔德晚期的历史哲学。他的著作表现出对当时自然科学之局限的清醒认识，他不仅发现了其薄弱环节，更认识到为什么当时的自然科学无法为他的理论计划提供良好的框架。在这个意义上，对于赫尔德而言，生物科学的相对停滞尤为令人沮丧：

> 布封，他那充满勇气的假设，使他理所当然地成了这个知识领域的笛卡尔，在他身后当然也会有一位"开普勒"或一位"牛顿"，通过简单而一致的事实立刻驳倒和超越他。那些区分热力、光与火的新探索，那些关于地球物质之融合、分解和组成部分的种种成果，那些还原带电物质和磁力的简介原理，在我看来，即便并非绝对精确，但至少能够及时带来快乐的启迪，以实现某些相关的思想，依据开普勒和牛顿还原行星系统时的方式，解释我们的地球成因学原理。这将是多么伟大的一步，如果自然界的诸多伟大的力量，那些迄今为止都被认为是隐秘的质，能够从此而被赋予物理特性并且成为可论证的主题！③

---

① 赫尔德，《人类历史哲学观念》卷一，前揭，页334。
② 拜泽尔在《启蒙，革命和浪漫主义：现代德意志政治思想的起源，1700-1800》一书的页201-215提供了一个不同的视角，认为赫尔德支持激进的乃至无政府主义的政治观点。
③ 赫尔德，《人类历史哲学观念》卷一，前揭，页13。

显而易见，这些言辞体现出一种认识论上的不满，并试图颠覆旧有的确定性观念。正如赫尔德所说，他自己"被一种模糊而动荡的思潮裹挟着，试图去寻找另一个世界，却从未找到"。① 而这个所谓的动荡的思潮预示着逐渐迫近的具有决定性的知识转向。然而，这一转向要到法国大革命之后才能得以实现。

法国大革命（赫尔德赞同大革命，并将其视为针对自己丝毫不会同情的弗里德里希二世式启蒙主义君主制度的反抗）不仅部分荡除了赫尔德出于意识形态动机的悲观主义，更为新科学原理（流电学、动物磁力学、化学和胚胎学）的涌现开启了大门，而这一切又为他的历史哲学提供了新的工具。在回应达尔贝格（Dalberg）的《对宇宙的观察》(*Observations on the Universe*, 1777)时，赫尔德已经开始认为，并非只有人类（作为有灵性的存在）与自身处于矛盾之中。十多年后，赫尔德终于找到了能够阐述他的自然和历史观的概念，并使得他能够考察在同一原则支配下的各种历史动力。

关于磁力的新的研究成果为赫尔德提供了重构其"起源方法"的钥匙，并使他得以解释 nexus finalis［目的论联系］（在终结点发生作用的积极力量）如何演变成 nexus effectivus［因果论联系］。最终，这使得历史模型的"形态"——即钟摆形——与兰伯特式的摆线变得不同。此后，在《纯粹理性批判之元批判》(*Metakritik*, 1799)与《论美》(*Kulligone*, 1800)当中，赫尔德对他曾经的老师发起了"抗击康德的战争"，对康德的《判断力批判》(*Critique of Judgment*, 1797)进行"元批判"。他甚至还创办了一份报纸，其名称《机运女神》(*Adrastea*, 1800–1804)表达了他的新历史观。

钟摆形的运动（其过程几乎和赫尔德1774年所谓的神意指引一样混沌不明）存在于诸民族的诸精神之中，其中心是其受重力吸引之处。钟摆形是完美的，是自足的（赫尔德在《神：对话数篇》中写道：

---

① 《全集》卷八，页 18。

"事物全部实现于其实存。"①);如同单子一样,钟摆形将其观念容纳于其自身之内。但是钟摆的中心并非辐射性生成一切的核心,而是对抗的力互相交叉的结果,即 juste milieu [中道]。赫尔德以水滴为例对此进行说明:

> 水滴是一个球体。在球体中,任何一个部分都是均质的,并且在和谐与秩序中围绕着一个中心。球体承载着自身;其重力点在其中心。因此,通过球体的形式,水滴能够以最美丽的方式说明实体和谐的存在,进入围绕着中心点的关联之中,并且通过相同的力来实现不同个体之间的平衡。因此,世界正是根据必要的和谐和秩序的法则在水滴中得以生成。②

同样的,钟摆形的运动可以视为张力的结果,即在两个极点之间摆动的对象的弧形作用。处于两个极点系统的力互相影响,统治着整个宇宙,并且规定了每个机体独特的潜能。赫尔德会说:

> 因此,你在这片磁力之中拥有着关于自然中爱与恨的最美丽的形象,而我确信,在许多甚至是所有的流体当中都能发现这一切。③

现在,问题在于如何由此推论出某种发展观,赫尔德会这样追问他自己:

---

① 转引自布朗,《德意志浪漫主义的形态》,前揭,页 30。
② 赫尔德,《神:对话数篇》(*God—Some conversations*, New York, 1940),页 178。
③ 赫尔德,《神:对话数篇》,前揭,页 180。

你能否构想一种永无休止的生命，一个不受到持续作用而持续作用的力，一种没有发展的发展？……这似乎是矛盾的。

对此，他自答道：

确实如此！每一个在时空中显现的力都必须居于时空所赋予的限度之中。但是力的活动能够随着每一次活动的展开而变得更为容易……所有的作用，所有被造世界中的活动都不会是徒劳。在神的王国当中必然有着进步和发展，因为没有什么是静止的，也没有什么是倒退的。①

解释这个概念的更为清晰的形象（或布朗意义上的"形态"），也许是围绕着垂直轴线（也许是开启每一次新革命的"跳跃"）上下移动的钟摆。尽管赫尔德自己并没有假设这个"形态"，但是这有助于说明为什么在他的理论中 juste milieu［中道］是如此重要：作为一个民族的运动轨迹与钟摆的垂直轴线平面的汇聚点，juste milieu［中道］不仅意味着最完美（稳定）的状态，更意味着一种观察历史—宇宙因果关系之完整轨迹的视角。至少暂时看来，这种独特的中心与兰伯特（在《机运女神》中赫尔德高度赞许他的成就）所寻找的宇宙的绝对中心不谋而合。赫尔德的钟摆概念又与兰伯特关于特殊性和普遍性的假设相一致。兰伯特曾假设这样一种可能性：在千万年前的某个时刻，所有的恒星和行星都居于同一个平面，因此能够向位于无限空间中的任何一个点（甚至位于我们的狭隘视角）的观察者展示宇宙结构之和谐。②

简而言之，juste milieu［中道］是特殊幸福和绝对幸福达成一致

---

① 赫尔德，《神：对话数篇》，前揭，页 188–189。
② 兰伯特，《宇宙学书简》，前揭，页 252。

的交点,在这个点上,"两个极点之间的摆动"得以汇聚,并且"以一种值得期待的途径延续有规律的运动,保持着有条不紊"。① 然而,这始终被限定于赫尔德关于时间的思想语境之中,亦即关于失落和偏离自然和理性轨迹的观念之中。"人种和民族",赫尔德说,

> 经历着互相对立的极端态度,直至整体达到了平静的中心,如同钟摆。

就此而言,钟摆的隐喻是向开普勒发现行星椭圆运动轨迹的概念的回归,而这种摆动被人类根本上的瑕疵所阻碍;钟摆运动并不包含历史的逻辑运动所需要的必要条件;人性在其中只获得了痛苦和挫折。

就此而言,赫尔德最终为其首要关切的问题(特殊和普遍的关系)找到了一种解决方案,但必须以稀释他年轻时的历史主义为代价。尽管如此,这个结果来自当时的自然科学所面临的那些矛盾,这些矛盾源自自然科学中的不平衡发展,而非源于赫尔德思想中持续存在的、更早的启蒙理性主义之根,它从未被其唯灵论倾向所淡化。就其本质而言,赫尔德只是思想史中极端事例的一个代表,在那个新范畴得以确立的时代,审视这些新范畴是否能提供有效答案的新视野也随之开启。实际上,赫尔德越是熟悉当时的自然科学,就越是远离启蒙主义。然而,他却完全没有想到过之后由达尔文塑造的、意图追求"永恒"的科学模式。② 事实上,即使生物学中的预定形式论已经得到了

---

① 赫尔德,《人类历史哲学观念》卷二,前揭,页310。

② 除了别的称号,赫尔德也被视为"早期实证主义学者",见许策(Martin Schütze),《赫尔德思想中的基本观点》("The Fondamental Ideas in Herder's Thought"),载《现代哲学》(*Modern Philosophy* XVIII [1920]),页65–78。开启这场论争的经典文本是胡歇尔的《赫尔德是达尔文的先驱吗?》,而该文的题目就已经颇为明确地指向了这场论争。齐莫里(W. Zimmerli)则抛弃了对赫尔德的无政府主义看法,见氏著《进化或发展?

重新的定义，并融合了动力的因素（这在那时看起来似乎是相互矛盾的），始终吸引着赫尔德之思想的综合体却仍然无法得到明确。此时的发展主要来自胚胎学领域。

1812年，迈克尔（J. F. Meckel, 1781-1833）重建了沃尔夫（Caspar Friedrich Wolff）于《发育论》（*Theoria Generationis*, 1759）中最先提出却被遗忘许久的理论。沃尔夫发现，胚胎在发展过程中成长出来的新器官和躯体，最初并没有先成于胚胎内，这就与胚胎预定形式论的假设不一致。在沃尔夫的描述中，胚胎的这一发展是有机物在一种构型力量（vis essentialis）的推动下进行分解和凝固的结果。由此，他解释了胚胎如何凭借自身的力量来实现发展，而不用依赖先在的结构。哈勒驳斥了沃尔夫的理论（并导致沃尔夫的理论就此被冷落），追问应当如何解释一个事实，即最初无组织的物质所发生的变化竟能构造出内在一致的生命系统。

然而，在沃尔夫的理论当中，胚胎并非始于一个绝对一致性的状态。正如罗伊（Shirley Roe）所言，有别于传统的活力论，沃尔夫所说的有机成分或构型力量并不是一种被动的实存，而是一种拥有形式、性质、模型和质性（materia qualificata）的实体。另外，就其物理属性而言，胚胎最初的异质性是一种潜在的本质，能够通过一系列自发的事件序列而产生有机体的结构。① 这个概念暗含了对传统活力论的激进叛离。沃尔夫对陈旧的活力论术语的误用使得这一点并未那

对赫尔德系统与历史立场的追问》（"Evolution or Development? Questions Concerning the Systematic and Historical Position of Herder"），载《今日赫尔德：国际赫尔德协会的贡献》（*Herder Today: Contributions from the International Herder Conference, Nov.5–8, 1987, Stanford, California*, ed. Kurt Mueller - Vollmer, Berlin and New York, 1990），页 5。

① 见罗伊（Shirley A. Roe），《物质，生命和繁衍：18 世纪胚胎学与哈勒–沃尔夫之争》（*Matter, Life, and Generation: Eighteenth - Century Embryology and the Haller - Wolff Debate*, Cambridge, Eng., 1981），页 146–147。

么显著,然而,19世纪以来,随着追随他的学者对此的澄清,沃尔夫也逐渐被视为现代胚胎学的"始祖"。

迈克尔"重新发现"了沃尔夫的理论。由此,他对1793年基尔迈耶(L. F. Kielmeyer)带着神秘主义形式的关于个体发育的旧理论进行了重构。迈克尔认为,包括人类在内的哺乳动物的胚胎发育,都始于最简单的动物形态(如水螅),并在存在之链中逐步提升至更高级的组织形态(蠕虫、甲壳动物等),最终获得其物种所对应的特定生命形式和属性。通常认为,这是对海克尔(Haeckel)所普及的理论的最早表述,即"用个体发育来总结物种发展"。事实的确如此。然而,这些理论之间并没有直接的关联。冯贝尔(Karl E. von Baer)的理论清楚地说明,潜能的个体发育理论事实上的发展,与进化论自然观(在物种发展的层面)的可能性之间是抵触的。

在《动物发展史》(*History of the Evolution of Animals*, 1828)中,冯贝尔率先系统阐释了胚胎的进步成型的概念。如果说迈克尔通过回到沃尔夫来重构基尔迈耶的概念,那么同样,冯贝尔则通过联系居维叶(Cuvier)的理论重构了迈克尔的概念,并把后者确立为那个时代最杰出的古生物学家。他的理论基于器官和肢体的整体依赖性,揭示了动物的经济学(animal economy)。他在《比较解剖学讲义》(*Lecons d'anatomie comparée*, 1800–1805)中提出,只有特定的器官能彼此共存。居维叶所举的典型例子是食肉动物,它们如果要生存下去,就必须拥有尖牙和利爪来捕捉食物,并同时拥有能够消化肉的肠胃之类。这类理论的核心概念是"生存条件"(冯贝尔承认这"一般被视为'目的因'"),这个概念说明,没有动物能够离开使其生存得以可能的条件而生存,正如动物与外部环境之间的和谐一样,动物躯体内部各个部分之间也维系着某种内部和谐。

基于这一原则,冯贝尔相信他能够通过一块骨头重新描摹出一只动物的原状。因此,通过整合功能和结构,居维叶的理论为现代生理学的发展带来了新的转机。居维叶的功能整体论视角与启蒙主义的"自然史"（以及传统活力论的生理学）所倚赖的"连续性原则"相抵触。在他看来，并非一切生物都能够发挥功能，一旦主要的器官发生了改变，其他所有器官都必须相应地发生变化。这似乎证明了进化论是站不住脚的：一组器官不可能从一种构成方式潜移默化地变成另一种。因而，居维叶在驳斥乔弗瓦（Geoffroy）（布封的追随者）时，否认了全宇宙所有生物服从于单一组织计划的观念，而是坚信存在着四种根本上没有连续性的主要计划。①

冯贝尔将这个概念转用到在个体发育学的层面。冯贝尔驳斥与乔弗瓦的转化论密切相关的胚胎学的"渐变"（graduation）观念，转向意味着根据特殊"发展计划"（基于居维叶的观点，冯贝尔区分出四种基本计划）的演变过程的"构形"（formation）概念。冯贝尔重新阐释了胚胎的发展，认为它是一个经历不同形态却保持功能上的连续性的旅程，这就如同生物种类分化发展的过程。根据这个模式，在发展的早期阶段，我们能在胚胎中观察到所有物种都共有的特征；然后，观察就要依据不同的物种层级；继而，要依据其次序和具体种类；最后，则要依据其作为个体的特性。在综合居维叶和沃尔夫的观点的同时，冯贝尔也对二者提出了挑战。他批判了预定形式论（居维叶），同时坚信个体发育层面的构形发展的概念。他批判活力论（沃尔夫），又拒斥与活力论的形式观相异的原始"推动力"的概念。最终，他得出了一种新的预定形式论：物种进化是生命不断增长其个体性的进程。因此，在胚胎学所构想的渐进构形体系的模式当中，并不存在一连串既定的特征，而只有一些需要遵循的原则。但是，这些原则与传统活力论相矛盾，它们并不是实体，而终究只是相继相关的变化的逻辑秩序（与今天所谓的"遗传程序"类似）。

可以认为，冯贝尔的胚胎学理论是赫尔德开创（一些学者甚至认

---

① 见阿佩尔（Toby A. Appel），《乔弗瓦 - 居维叶之争：达尔文之前数十年的法国生物学》（*The Geoffroy - Cuvier Debate: French Biology in the Decades Before Darwin*, Oxford, 1987），页 40–47。

为赫尔德是冯贝尔和基尔迈耶的先驱)① 的知识体系中的一部分。他的理论显示出对典型的晚期启蒙主义理论的接续,解释了梅尼克观察到的启蒙主义与浪漫主义之间深远的思想关联。启蒙主义的"自然史"与浪漫主义的"生理学"之间,的确存在着某种"内在辩证性"。然而,正如赫尔德的思想轨迹所表明的,后者并非线性地从前者发展而来。从小写的历史到大写的历史(正如福柯所定义的那样,在其自身中获得客观的历史性)② 的过程,同时也是晚期启蒙主义哲学家表达的矛盾框架中两种概念的融合过程,那就是,将潜能的成分引入预定形式论的思想矩阵。

然而,赫尔德的历史思想并不能作为对后来发展出来的"真正"进化论概念的一种预言。他的哲学显然有着反进化论的基础。众所周知,他的哲学始终趋向却从未触及的那种综合,是在其去世多年后才得到澄清的。无论如何,只有当他的哲学所倚赖的"进化"和"有机"等核心概念得到重新定义,才可能完全澄清他的这种综合。更为重要的是,这根本不是赫尔德当时关注的理论重点。他的"自然主义转向"仍然由他攻击活力论的知识上的不诚实所决定,确切说来,也就是其思想中的晚期启蒙主义的理论基础,这种基础引导他根据实体(substance)(或"无质量的流体",如电或磁)的观念去构想生命之源或"力"(并引出他的整个"生成方法"的方向)。这种实体被理

---

① 坦姆金(O. Temkin),《1800年前后德意志的本体论与历史概念》("German Concepts of Ontogeny and History around 1800"),载《雅努斯的双重面孔和其他医学史论集》(*The Double Face of Janus and other Essays in the History of Medicine*, Baltimore, 1977),页 384–385:"赫尔德对基尔迈耶的影响是如此显著,然而不论是现代史学家,还是赫尔德同时代的学者,都忽视了这一点。(注释:根据雅各布歇根[E. Jacobshagen]……赫尔德的《人类历史哲学观念》是1800年左右开始的生物学运动的起点,这场运动不仅包括了基尔迈耶,也包括了歌德、居维叶和普法夫。)"

② 见福柯(Michel Foucault),《词与物》(*The Order of Things: An Archeology of the Human Sciences*, New York, 1970)。

解为一种在各种生物的躯体当中运动并造就了各种器官官能的质性原则。然而，这种实体却因此显得优先于或不同于其活动的结果（"我"述谓，且独立于述谓而存在）。据此，在内在（不可见）原则和外在（可见）形式之间，只存在一种因地制宜（contingent）的关系，而不再有一种概念上的联系。大写的"历史"的概念能够转而将人类造就为一种主体（Subject），它（就像冯贝尔的胚胎那样）是一种凭借其自身的特质而建构自我的教化（bildung）的形式化。

就此而论，如果赫尔德是一个范式代表，那也只能是当时自然科学的不平衡发展所导致的认识论缺陷的代表。在他的哲学当中寻找矛盾，这并不困难。然而，这些矛盾却并非由所谓内在的（如理性主义与唯灵论）或外在的（如民主与威权主义）的二律背反所导致，而毋宁说来源于自然科学的不平衡发展，这种发展一直推动着赫尔德的哲学并使其走入了死胡同。他的哲学不得不就其自身蕴含的"经济学"，而回答一个不可回避却又"不可思考"的问题：构想一种遵循其内在发展趋向而逐渐进步成型的世界秩序的观念。

在此，我们遭遇了赫尔德哲学的基本两难处境，正是这个两难处境推动了他的思想转向和变型。他的哲学不止是一种对模糊真相的未竟追求，一种转化后的形态，或者通向更高层次的省察和知识的巨大变革中的一小步。通过考察赫尔德的思想轨迹，我们可以看到，其中所呈现的并不是概念转化得以产生的方式。罗伊在其关于沃尔夫生物学概念的杰出研究中清楚说明：

> 值得注意的是，不论是在 17 世纪还是在 18 世纪，沃尔夫和追随他的表观遗传学者都没有"解决"当时已经颇为明确的"组织源头"问题。沃尔夫在其理性主义计划中重新定义了这个问题，以使得他的表观遗传学阐释基于一定的植物性物质，从而说明有机生命的遗传现象。正因为如此，19 世纪初的表观遗传学学者并没有将胚胎组织视为有待解答的问题，而是当作胚胎学研究的

既定起点。①

就在他们试图解释形成过程时，现代胚胎学之"父"已经不再如"自然史"的分类者那样力图解释世界结构了。他们仅仅将胚胎的形成假设为给定的基点。这种假设构成了他们整个知识体系所依赖的基础。这最终表明了为什么赫尔德的追问在概念层面（而绝非仅仅是受到时空的限制）是无解的。他的主要问题（如果这是个期待"答案"的问题）就是"错误的构想"。如同晚期启蒙主义学者那样，赫尔德通过把有机化的源头的问题搁置在一旁的方式，构想了自然和历史中的发展规律。尽管赫尔德仍然坚持能够打造一个系统同时回应这两方面的问题，但这是前后矛盾的。

最终，起决定性作用的并不在于"他仍然不知道什么"，而是在于"有什么是他无法忘怀的"。赫尔德的思想冒险开始于拒斥前人知识体系中的盲点。然而令人遗憾的是，赫尔德事实上却无法辨识他自己的理论盲点（这在构建思想体系过程中是不可避免的）。这使每一个知识体系的基础所共有的不确定性特征凸显出来。

最后，这也表明无知和知识在理论中相互关联。或者用麦金泰尔（Alasdair MacIntyre）的话说：没有任何一个哲学能够"如其所愿地彻底思考其自身"。②

---

① 罗伊，《物质，生命和繁衍：18世纪胚胎学与哈勒–沃尔夫之争》，前揭，页155。

② 麦金太尔（Alasdair MacIntyre），《谁之正义？何种合理性？》（*Whose Justice? Which Rationality?*, Notre Dame, Ind., 1988），页396。

赫尔德与培根

奈斯比特（H. B. Nisbet） 撰
周平　肖霄　译

赫尔德通常首先被描绘为孜孜不倦的反理性主义者以及德意志文学"狂飙突进运动"的发源者，而培根则是知名的经验主义者和审慎的理性主义者，其思想为皇家学会所践行——把两人联系在一起乍看之下会显得牵强。但是尤为重要的是，二者之间的联系确实十分紧密，不应再受到忽视。如果能够证明两者的联系确实存在并且不难被发现，那么我们就能立即提出问题，并重新衡量有关赫尔德的传统认知。因为传统的观念将赫尔德视为"非理性主义者"，一个反抗"理性年代"并且深恶痛绝科学对于现代文明作用的人，正是这种观念，使评论者们忽视或者轻视了培根对赫尔德一生思想的重大影响。

祖凡为赫尔德作品标准版本编制的附录，并不足以显示赫尔德受到培根多大的影响。附录不可能完全详尽地记录赫尔德对这位英国哲学家的引用。实际上，从1764年开始，赫尔德就在其作品和书信中明确引用培根多达八十多次，附和培根观点的言辞数不胜数。另外，在赫尔德未出版的手稿中，也含有对培根《新工具》(*Novum organum*)和《学术的进展》(*De augmentis scientiarum*)的长段摘录。[①]在赫尔德公开发表的作品中，对培根的绝大部分引用都来自上述两

---

① 普鲁士文化遗产基金会，国家图书馆图宾根托存图书馆，赫尔德遗物，第二十五辑，第69-75号。(Stiftung Preussischer Kulturbesitz. Depot der Staatsbibliothek, Tübingen. Herder - Nachlaß, Kapsel XXV, Nr. 69-75.)

部作品，赫尔德也频繁引用诸如《新大西岛》(*New Atlantis*)、《论古人的智慧》(*De sapoentia veterum*)、《论说文集》(*Essays* [*'Sermones fideles'*])这类作品。而且，在某处评述中，赫尔德显示出他自己确实对培根的英文和德文作品（当然还有拉丁文作品）所知甚详。① 有好几次，赫尔德在自己的作品中用自己的话融入了整整几页从培根那里翻译来的内容。18世纪80年代，赫尔德计划发表德文版或拉丁文版的《学术的进展》，但最终无果，因为其他编者先发制人，抢先发表了。②

有足够的证据表明，赫尔德对于培根的热情始于1764年左右，这种热情来自哈曼——尽管康德当时无疑也在柯尼斯堡课程中提及培根，而赫尔德也是该课程的学员之一。其实，哈曼自己也是在结识赫尔德前不久的1759年，才开始对培根感兴趣的。③ 哈曼在《袖珍美学》(*Aesthetica in nuce*, 1762)中提及培根九次。赫尔德引用这部作品的次数远远高于其他作品。的确，在为名言"诗是人类的母语"所加的一处脚注中，④ 哈曼明确提及培根《学术的进展》中一处类似的说法。我们发现，赫尔德引用过哈曼的语句，并且提到它们在培根作品中的对应出处；⑤ 在另一处赫尔德引用哈曼的地方，他也同时引用了在哈曼的《袖珍美学》中出现的另一段培根的文段。⑥ 可以明显地看到，这两个作者在赫尔德心中相互关联，我们也足以借此论证赫尔德最早是通过哈曼接触到培根的。

---

① 《全集》卷八，页320。

② 赫尔德致缪勒（Georg Müller），1787年12月30日。见《赫尔德通信集》(Aus Herders Briefwechsel, *Protestantische Monatsblätter* 14 [1859])，页120。

③ 见昂格尔（R. Unger），《哈曼及其解释》(*Hamann und die Aufklärung*, Halle/Saale, 1925)，页509注。

④ 《哈曼文集》(*Hamanns Werke*, herausgegeben von Josef Nadler, Wien, 1949-1957)卷二，页197。

⑤ 《全集》卷十六，页19。

⑥ 《全集》卷二十二，页121-122。又见《哈曼文集》卷二，前揭，页207。

像哈曼一样，年轻的赫尔德从培根对语言和诗歌的一些观点中发现了志同道合之处。两个思想家都被培根的经验主义所吸引；他们反对德意志启蒙哲学的抽象主义主张，信仰现实世界与感官世界的意义，并且发现经验主义的思想与这一切非常类似。例如，赫尔德数次引用培根来论述其如下的观点：

> 词语，特别是抽象概念可能误导我们去接受一些在我们的语言中根深蒂固却无法通过自然观察来证伪的传统偏见。（参见培根的 idola［偶像］概念）①

思想应该是主人，而非表达（expression）的奴隶。与培根一样，赫尔德也主张语言反映了民族性（national character），1785年，他还重申了培根"从语言中提炼民族普遍面貌特征"的诉求。②培根和赫尔德类似之处在于，他提倡借鉴其他语言来使自己的语言更富多样性，同时反对肤浅地模仿古典格律体。③培根的下列论述其实与赫尔德早期作品《当代德意志文学断片》中的论调颇为类似，虽然赫尔德更加强调轻率借用的危险性：

> 不仅语言可以因为相互的交流而丰富，甚至各自不同的美丽也会结合……成为一幅最美的图景……与此同时会达致……凭借语言绘就的关于不同民族和国家的天性、风俗的……颇具价值的信息。④

---

① 参见《全集》卷一，页415；卷五，页153；卷二十一，页42；也可参见《培根作品集》(*Works of Francis Bacon*, ed. James Spedding, Robert Leslie Ellis and Douglas Denon Heath, 1857–1874)卷四，页55、61。
② 《全集》卷十三，页364。又见《培根作品集》卷四，前揭，页442。
③ 《培根作品集》卷四，前揭，页444。
④ 《培根作品集》卷四，前揭，页441–442。

由此看来，赫尔德和培根都认为，每种语言都各自对应着某种历史和文化的语境，脱离了经验现实，所有语言都可能变得无意义，或遭到误读。

培根曾主张，"假如象形文字出现于字母前，那么寓言即出现于论证前"。① 哈曼曾引用这段话来支撑他的"诗歌的出现早于散文"这一观点，在其《当代德意志文学断片》中，赫尔德当然也采纳了这一见解。不同于赫尔德，培根对于抒情诗没有什么感觉，他最偏爱讽喻诗和说教诗。但就诗歌而言，在更一般的看法上，培根与赫尔德的观点类似。但是，同样在《当代德意志文学断片》中，赫尔德重申了哈曼对"新神话"的愿景，这种"新神话"将会代替借鉴自古典神话的陈旧的洛可可式习俗，认为要么所有的新生意象都应该源于自然史与科学，② 要么古代神话应该获得一种新的"精神意义"（geistigern Sinn）。③ 赫尔德不同意培根在《论古人的智慧》中从许多古代神话中读出政治意义的做法，原因大概在于，赫尔德认为诗歌应以表达诗人的情感为先，而非以表达任何实际或道德的教条为先。尽管如此，培根在上述书中根据自然现象解释了许多其他古代神话，赫尔德后来借用科学和自然世界的概念打造新的诗歌意象的做法也与此一致。④

1781年，赫尔德引用了一大段培根对于诗歌的论述。⑤ 在这段引述中，不仅出现了上文提到的关于"象形文字"的段落，还阐述了诗歌具有神圣品质的观点（可参见哈曼与赫尔德对诗歌神圣意义的论述），这段话得到了赫尔德精确的德语翻译：

---

① 《培根作品集》卷三，前揭，页698。
② 《全集》卷一，页434、448。
③ 《全集》卷一，页448。
④ 《全集》卷三，页261-262。
⑤ 《全集》卷十一，页81-82；又见《培根作品集》卷四，前揭，页315-317。

> 戏剧之诗是一种可以观看的历史，它的舞台如同世界一般宏大。

这些说法明显与赫尔德关于莎士比亚戏剧的论述相类似，即"一个戏剧历史的世界，如同自然一般广博深邃"。[①] 但是，赫尔德没有止步于追随培根认为戏剧即为"历史"（history）的观点。他还认为莎士比亚是天意（providence）的解释者，这就正如培根所说的，戏剧诗人为我们更加明晰地诠释正义、智慧与"天意的法则"（law of providence），[②] 然而，这一点经常被历史自身的模糊混乱所遮蔽。学界的普遍看法认为，赫尔德通过莱辛的作品了解并熟悉这一戏剧的神义论，而这自然源于德意志的莱布尼茨传统。但除此以外，赫尔德与培根还都坚信，诗歌应该通过对自然世界的感知而植根于我们的经验。在赫尔德的引述中，培根将诗歌比作植物；同样地，在赫尔德的早期文论作品中，有机物的比喻也不断出现。另一方面，与哈曼相比，对于培根关于比喻与寓言及其神秘的或者宗教的含义方面的说法，赫尔德并没有那么感兴趣。正如昂格尔所说，[③] 哈曼总是试图依据自己的神秘主义哲学来重新诠释培根的自然主义，这种宗教神秘主义与赫尔德对诗歌的看法相对而言无甚共通之处，与培根的看法就更不相像了。

然而，对于年轻的赫尔德来说，比培根关于语言与诗歌的零散表达更有意义的是，培根本人是赫尔德关于有学识的天才或博学多闻者的理念的鲜活范例。年轻的赫尔德相信，"天才"不是教出来的，而是与他同样具有天才的人激发出来的。因此，只有当一位像培根这样的人充当其他人的模范时，

---

① 《全集》卷五，页221。
② 《培根作品集》卷四，前揭，页316。
③ 昂格尔，《哈曼及其解释》，前揭，页244。

才能在他［即培根］面前产生另一位培根，就像阿喀琉斯坟前站着亚历山大、亚历山大柱像前站着凯撒一样。①

赫尔德再三称赞培根是能激发年轻人全方面学术欲望的天才。②培根像康德一样激励着年轻的赫尔德，以至于赫尔德在1764年的诗学断片中，称这两人为自己的导师。③赫尔德将培根视为与那些片面且病态的天才不同的完整健全的天才，他将各种聪明才智同等地激发出来，形成不可分割的整体。就此，他赞赏培根在多方面的"才智"（Witz）和整合不同领域的经验的能力，同时，他还认为培根具有分析辨别的"洞察力"（Scharfsinn）。在1775年与1778年的作品中，赫尔德皆提到，这两种能力都是非常必要的。④赫尔德早年对诗的天才有着狂热的赞美，与此相反，针对当时狂飙突进运动中涌现的对"有力天才"（Kraftgenies）的过度审美与道德诉求，赫尔德认为，天才的特征不该是浮夸的"热情"（Enthusiasmus），而应是节制（moderation），是自我各方面力量的均衡发展。⑤值得注意的是，昂格尔也曾提到，在建立天才迷信方面居功至伟的杨（Edward Young），亦把培根视为自己的偶像与良师。⑥培根自己极少论及诗与学术的天才，但吊诡的是，他宣称将其经验哲学用于自然研究方面时，会"将一切才智与理解力聚集在一个层次当中"。⑦

但是，在撰写其早期作品时，赫尔德并未将培根视为能有助于德

---

① 《全集》卷二，页266。
② 《全集》卷九，页427；卷十一，页58；卷三十，页413，等。
③ 《全集》卷二十九，页240。
④ 《全集》卷八，页196、216、320、329。
⑤ 《全集》卷八，页230。
⑥ 昂格尔，《哈曼及其解释》，前揭，页280。
⑦ 《培根作品集》卷四，前揭，页63。

意志诗歌复兴的那种诗之天才的典范。对于赫尔德来说,培根的天才在于他是博学之士,而非艺术家。他的思想包蕴学问的一切分支,他的宇宙哲学中蕴含着真善美三位一体的和谐统一。① 其实,赫尔德认为,培根之所以能成为其德意志同侪的模范,是因为他扮演着对一切可能学问的探索者的角色,而非扮演着诗人的角色——扮演诗人角色的是莎士比亚。然而,就算在博学之人中,培根也是特别的那一位:

> 我知道,于每位博学之人而言,诸多学科之间都应当存在关联,但是对培根来说,却是所有学科之间都存在联系……②

祖凡正确地指出,赫尔德早年想要囊括所有人类学问的宏大作品计划(如《关于世界教化的普遍历史》["Universalgeschichte der Bildung der Welt"]),③ 正是受到培根和康德的影响而兴发的:

> 学问的历史,人类理性的历史——出自一项宏伟企划的构想,它是一位由培根和康德唤醒的二十多岁青年人的毕生追求……几乎超越了我们时代文学家们的所有丰功伟绩。④

赫尔德像培根一样持之以恒地寻求扩展、补充以及联合各领域的知识。正如海姆所说:

> 我们的传主(指赫尔德)就像培根一样,心头总是怀有许多迫切的需求;也就会像培根那样,越发清晰地专注于学术领域中

---

① 《全集》卷二十七,页 352。
② 《全集》卷二,页 357。
③ 《全集》卷四,页 353。
④ 见《全集》卷七,页 405,"编者后记"。

尚未发现或不为人知的部分。①

赫尔德时常受到培根著作的激励，进而将培根推崇为导师，例如，他在 1769 年提到，

> 人们应当向培根看齐，点燃人生的热情，让青年人作为刚刚开始学习的人进入学术界，而不是作为学业有成者。②

由于排斥一切封闭的知识系统，赫尔德赞同培根关于求知应该是持续的动态过程的观点。在 1772 年，他强调：

> 就像培根所说，墨守成规是有害的，那些规则多么虚伪！它们为学问抹上了一层表象上的圆满！③

培根的片段化论述风格也与赫尔德类似，在 1781 年翻译并引述《学术的进展》时，赫尔德呈现了这样一种精神：

> 只要学问分散成格言警句与观察评述，它就能够成长：当它受到方法论的束缚与禁锢时，它可以被阐释，被打磨，被依照用途来塑造，却不能变得更加丰富。④

他同样赞同并引用培根的如下观点：知识应该以其自身为出发点而得到传授，而非为了任何功利主义目的。⑤ 赫尔德多次建议年轻的

---

① 海姆，《赫尔德的生平和著作》卷一，前揭，页 277。
② 《全集》卷四，页 382、384、385。
③ 《全集》卷三十三，页 217；又见《全集》卷九，页 413。
④ 《全集》卷十，页 401；参见《培根作品集》卷三，前揭，页 292。
⑤ 《全集》卷五，页 652；又见《全集》卷十一，页 101。

学生们学习研究培根,这一点在他 1780 年写给年轻的缪勒(George Müller)的信中有所体现。① 尽管歌德整体上拒绝培根的哲学,但是他仍承认其作品激励人心:

> 最令人喜悦的反而是它给予的激励、鼓舞与振奋。②

而赫尔德自己,特别是在早期,并没有在培根那里寻求存在之终极本质方面的解答。是培根关于知识的整全的、动态的、开放的、自然主义的一般方法吸引了他:

> 对我来说重要的不是培根想出了什么,而是他是如何思考的。③

批评者们大致认为,赫尔德思想中存在着明显的"经验主义"元素。他在理论上(实践上则未能贯彻)再三支持与"形而上学"(Metaphysik)相对的"经验"(Erfahrung)。④ 就其观点中真正的经验与归纳的基础而言,⑤(我们仅需回顾下他在《1769 年游记》中反对抽象哲学、热衷感官世界的卢梭式的反抗态度),赫尔德十分明确地提到,培根及其"心物互通"(commercium mentis et rei)的原则是自己

---

① 1780 年 10 月 18 日,见《赫尔德书简集》(*Herders Briefe*, ed. W. Dobbek, Weimar, 1959),页 198。又见《全集》卷九,页 427;卷十一,页 58。

② 《歌德文集》(*Goethe Werke*)卷二第三部,页 228,《色彩学》(*Zur Farbenlehre*)。

③ 《全集》卷二,页 263。

④ 见《全集》卷十三,页 9、110、177。

⑤ 见奈斯比特,《赫尔德与科学的哲学与历史》(*J. G. Herder and the Philosophy and History of Science*, Edinburgh, 1965)卷一,页 10、68,在这篇文章中,我想展现的是他自己怀有怎样先验的、抽象的思想,而没有考察他对这一切的反对。

的理论向导，在实践中，赫尔德的天性则通常让他痴迷于实物经验与自然世界。在批判先验的思想方式时，他再三提及培根，并在1769年的文章中全面展示了他自己的经验归纳概念与培根主义吻合得多么彻底：

> 引力的一切定律都只不过是排列有序的观察到的特征而已，除非将之融合为一个主要公理……我们为这些［公理］排序的能力越强，定律就越少、越简单，我们就越接近一个概念，即存在的首要概念。①

这一态度被杜威称为"对于确定性与秩序的需求"的典型，②并且体现了贝克莱和休谟之前的经验哲学与科学思考的特点。这完全是在复兴培根极度自信的那一信念：归纳法可以为我们提供关于宇宙法则与特性的全面可靠的答案。培根宣称，我们应从基于自己感觉的观察开始，"从细节到较小的公理；再到中级的公理，逐级向上；最终达到最普遍的公理"，③由此就会最终得出普遍的解释：

> 毫无疑问，存在一个单一的、总结性的法则，自然以此为中心，且服从于神。④

《1769年游记》中的另一篇文章表明，赫尔德非常清楚这些概念源自培根：

---

① 《全集》卷四，页465。
② 杜威，《经验与自然》(*Experience and Nature: The Paul Carus Foundation Lectures*, Chicago and London, 1925)，页12、13。
③ 《培根作品集》卷四，前揭，页97。
④ 《培根作品集》卷三，前揭，页730。

本着培根的精神，在高处展开他对于某个概念的见解，这会是一部什么样的作品啊！①

至少在正式的哲学作品中，赫尔德同意培根所说的知识来源于感觉的观点。例如，在1778年名为《论人类灵魂的知性和感性》的文章中，赫尔德提到，所有的认识都从感觉中获得，高级感官能力从低级感官能力那里获得信息，这就像培根所说的：

>……所有对于自然的解释都始于感觉，通过一条直接的、有规律的、谨慎的通路由感官的感知走向理解力的感知，而这就是真正的观念与公理。②

但是，到了赫尔德的时代，在休谟甚至早期康德的作品中，经验主义理论已经逐渐与怀疑主义纠缠不清，这种纠缠一直延续到现在。赫尔德天真的信念来自于更早的时代。因此，尽管他明确支持经验主义观点，但不管是参照现代的标准，还是参照他那个时代相对而言的更严格的标准，他都不能被归为经验主义者。他的"经验主义的""归纳的"甚至"实证主义的"方法，都保留着文艺复兴时期的天真乐观的传统特点。因此，这些词汇都不能准确描述他对反"形而上学"的感官经验的兴趣。

首先，赫尔德的经验主义缺乏所有现代科学经验主义都具有的怀疑论和自我限定的原则，甚至也与洛克的不相符——他会认为洛克对内在观念（innate ideas）的拒斥过于极端。③其次，赫尔德的归纳法单纯只是对我们如何获得关于外部世界的某些知识的未经反思的常识性解释，这一解释丝毫未曾关涉贝克莱与休谟以来的"归纳法疑难"

---

① 《全集》卷四，页384。
② 《培根作品集》卷四，前揭，页192。
③ 《全集》卷五，页411。

（problem of induction）和接踵而来的认识论困难。最后，赫尔德的实证主义缺乏对自然的一以贯之的现象式解释，但在之后的实证主义哲学中就能找到这种解释——反之，赫尔德在1787年的《神：对话数篇》和其他几部作品中，假定自然界中存在着无数精神般的"力"（Kräfte），并不断推敲这些"力"的内在品质或其"神圣本性"。

以上所描述的赫尔德这些所谓的经验主义或归纳法，的确局限在培根主义的视角当中，在很大程度上，他与这位博学之人拥有一致的信念，相信人最终可以求得关于自然法则的普遍知识；他从未像休谟之后的经验主义哲学家们那样，试图对实证调查的局限进行全面的逻辑分析。因此，将赫尔德这一阶段的思想描述为一般意义上的"自然主义"，或许更为恰当。或者，就1778年论文中更加具体的心理学写作而言，或应将其描述为洛克传统中的"感官主义"，描述为"凡是在感官和经验中所没有的，思想中也不可能有"（nihil est in intellectu, quod non fuerit in sensu）的态度。

赫尔德的"培根式自然主义"最为明确地体现在他对康德的批判中，然而，即使我们忽略关于先验观念的繁冗问题，他通过描述思维的心理发展来驳斥康德关于思维的逻辑功能的观点，也暴露了他在哲学上的基本误解。因为这两种方法并不是像赫尔德假设的那样互相排斥，而是互相补充。正如库尔纳尔（S. Körner）所说：

> 先验逻辑学中对内省心理学语言的使用，与客观经验的可能性而非与自然史相关，这很容易与心理学的主观内容相混淆。康德多次强烈警告要提防这种混淆。[①]

赫尔德没能注意到这样的危险。培根的自然主义加强了他对批判哲学的误解，同时，绝非偶然的是，在提出《纯粹理性批判》之所

---

① 库尔纳尔，《康德》（*Kant*, Harmondsworth, 1955），页60。

以不合时宜,其问题在于缺乏恰当的、真正的人类认知能力的生理学"之后,他引用了培根《新工具》中论述经验主义观察价值的一大段文字。① 这是其天真常识信念的又一例证,这种信念在如今与在赫尔德的时代一样,依然活跃。然而,当我们要从逻辑上首先检验知识的哲学可能性,然后检验经验知识导致的结论时,基于经验的因果论解释总是无效或没有必要的。

赫尔德与培根主义的关联,以及之后几年与康德的不和,其缘起可追溯至他早年的思想生涯。众所周知,正是受到哈曼的《纯粹理性主义的元批判》(*Metakritik über den Purismum der Vernunft*)启发,赫尔德才获得最初的灵感而写作了《纯粹理性批判之元批判》驳斥康德。② 哈曼攻讦康德批判哲学的观点,认为他分离了关于理解力的各种概念与感官经验。在《语文学十字军》(*Kreuzzüge des Philologen*)中,哈曼一如既往地延续并拓展了这一主题,并在1762年的《袖珍美学》中批评了德意志启蒙运动中的抽象美学。正如我们已经看到的那样,就是在这部作品中,他最频繁地引用了培根。当赫尔德在他的《论美》(*Kalligone*)(作为对康德美学的回击)中引用培根来反击康德时,我们发现他引用的下述段落(德文翻译版)同样出现在哈曼的《袖珍美学》里:

> 培根说,走开,你们这些笨拙的俗世之人!这些将属人的幻想放在了他们的哲学之中的猴子们……人类理性这个偶像不过是恣意的抽象……③

---

① 《全集》卷二十一,页41。
② 海姆,《赫尔德的生平和著作》卷二,前揭,页274;又见《哈曼文集》卷三,前揭,页283-289。
③ 《全集》卷二十二,页122;又见卷二十三,页312;《哈曼文集》卷二,前揭,页207。

赫尔德的培根式自然主义大多源自哈曼，这一点再次得到了印证。事实上，在与康德对抗之前，他已经开始在《1769 年游记》中拓展这些观点，包括批判教育系统的过失，认为他们没有在锻炼孩子的抽象思辨的理性思维之前锻炼他们的感性与想象能力。海姆对此的看法是：

> 培根攻讦经院哲学言语与争辩中的过度抽象，看来是从教学法的角度出发的。①

在 1780 年的一封信中，可以看到赫尔德援引培根来驳斥拉瓦特（Lavater），拉瓦特为意译正名，赫尔德则认为这是对原文本的扭曲。②

在《纯粹理性批判之元批判》中，赫尔德反复借助培根来驳斥康德，③ 认为真正体现形而上学疑难之本质的是培根的《新工具》，而非康德的"第一批判"。④ 如果要继续探求他怎样自觉地站在培根主义立场来反对康德，我们只需要回顾一下他给康德哲学频繁贴上的"经院哲学"（Scholastik）标签就足够了，就此而言，他其实重复了培根早年间对于经院哲学的驳斥。

然而，相当讽刺的是，由培根自然主义形成的典型认识论问题，在经历了完美的逻辑化过程之后，经由洛克的感觉论、贝克莱的唯心主义和休谟的怀疑论，最终通向了康德的批判哲学。⑤ 事实上，批判哲学也体现在培根著名的"偶像"譬喻中，培根用此譬喻来说明主体

---

① 海姆，《赫尔德的生平和著作》卷二，前揭，页 350。
② 《赫尔德书简集》，前揭，页 202。
③ 《全集》卷二十一，页 41、42、114、145、325 等。
④ 《全集》卷二十一，页 39。
⑤ 参见费舍尔（Kuno Fischer），《培根及其学派》（*Francis Bacon und seine Schule*, Heidelberg, 1904），页 332。

及观念本身可以将其独特本性引入关于经验的客观数据。尽管赫尔德引用培根的"偶像"来驳斥康德，但我们从文本中可以看出，他将康德的抽象观念本身视为"偶像"，而并未将之定义为可能获得的知识的局限。整体而言，赫尔德淡化了培根哲学的这一方面，正如我在其他地方提到的那样，他在思辨中过早对经验进行判断，这是深受"偶像"之害的表现。[①] 尽管他一度意识到培根的作品有自身的秩序和规则，[②] 但他似乎并未深思培根加诸归纳法上的（相对薄弱的）方法论的（methodological）原则。例如，尽管赫尔德曾引用培根的一篇为实验辩护的文字，[③] 但是似乎他并不赞同培根式方法论中（有计划的）实验的重要性，并且，尽管赫尔德的大部分科学理论都建立在其他人实验的基础上，但其中仍糅合了大量他自己的主观推断。

但是，赫尔德哲学自然主义的许多不足都与培根哲学中同样的不足有关。首先，二者都缺乏全面的批判认识论。[④] 他们都低估了（有计划的）演绎的功用，同样地，赫尔德在《人类历史哲学观念》中为了推出所谓的历史发展法则，虽然象征性地采用了数学运算方法，但从未运用经过核实的数据。其次，就与实验的关系而言，我们可能会注意到，这两位思想家在使用简单归纳法探求自然法则时，都没有意识到实验的重要作用，或者更确切地说，一般观察"旨在检验理论，而非修缮理论"。[⑤] 再者，他们并不完全认同科学假设的重要性，或者并没有意识到其与归纳法的差异——他们并不总是自动地从以往观

---

① 奈斯比特，《赫尔德与科学的哲学与历史》卷一，前揭，页 343。
② 《全集》卷十一，页 58。
③ 《全集》卷二十一，页 42。
④ 参见费舍尔《培根及其学派》（前揭）页 148 关于培根的论述："他从不研究感官认知的源泉本身……于是感官知觉看来是一切真正知识的未探究的、未验证的源泉，不过仍需精炼。"
⑤ 泰勒（A. E. Taylor），《培根》（*Francis Bacon,* British Academy Lecture, 1926），页 9。

察中产生；追问假设自身的产生方式是没有意义的，意义仅仅在于它们接受观察检验的能力或者说"可证伪性"（这是波普尔的说法）。①

因此，赫尔德自然主义的固有不足与培根类似。作为一名德意志人，赫尔德却不同寻常地对界限分明的逻辑系统怀有敌意，这也可以解释为何培根对他的影响比对其他德意志主要思想家（如哈曼）的影响更大。其他人对于培根激进的归纳法的反响截然不同。一个极端的例子是，化学家李比希（Justus von Liebig）以似是而非的"不道德"为由攻击培根，想要败坏其作为思想家的声望。② 除此之外，我们更为熟悉的歌德也坚决反对培根的方法。歌德事实上正确地驳斥了培根对于知识与经验中主观因素的忽视：

> 谁能说他更倾向于获得纯粹的经验？培根强烈建议的事情，人人都想去做，又有谁成功了？③

但是和其他批评者类似，他倾向于过度夸大培根归纳法的问题，并将其描绘为不分青红皂白地使用归纳法的始作俑者。在1809或1810年的《色彩学》中，他用轻蔑的语气，提及"维鲁兰式的分散法"（die Verulamische Zerstreuungsmethode）和培根的"无疆帝国"（grenzenlose Empirie），并且坚信这些方法会导致学术混乱。④ 他对此表达了拒斥的态度：

> 他所有的要求都是横向发展的，他的方法并不具有建设性，自身并不终其圆满，甚至没有指向某种目的，而是具有一个统一

---

① 波普尔，《科学发现的逻辑》（*The Logic of Scientific Discovery*, 1959），页78。
② 费舍尔，《培根及其学派》，前揭，页332。
③ 《歌德文集》，卷十二，前揭，页434。
④ 《歌德文集》，卷二第三部，前揭，页246、229。

的初衷。

进而,他的结论是:

> 谁若是不能理解一例常常有如千例,并且千例都圆满于自身,若是不能领悟并留意被我们称作最初现象的事物,就永远不能让自己或他人感到喜悦或者有益。①

但值得指出的是,培根的思想比赫尔德所认识到的更加系统得多,尽管培根的不成体系是赫尔德所赞赏的,同时也是歌德所批判的。培根对普遍归纳的推崇并不像大家普遍理解的那样,是要让科学观察变成无差别、无选择性的简单例子的枚举。我们只需要想想他在《新工具》中列出的例子,比如"光""闪电"和"优先事例"(Prerogative Instance),②这是一系列自然现象,相对于我们收集的大量无差别的混乱的观察结果而言,自然现象因其自身特点而更能为我们展示自然法则的运行,因为在某些情况下"形式(即自然法)比其他的东西更加显而易见、明白易懂"。③

但是,从德意志人对培根的批判当中,我们最终可以看出德意志观念论与英国经验主义由来已久的对抗。因为就连能够轻而易举同时采纳冲突立场的赫尔德,也发现了培根的朴素自然主义的某些不足,并提到"培根主义者只看到真理的光明,而非火焰与温暖"。④就像海姆所说,培根式的自然主义仅是赫尔德复杂思想的一部分:

---

① 《歌德文集》,卷二第三部,前揭,页228、236。
② 《培根作品集》卷四,前揭,页150、155。
③ 《培根作品集》卷四,前揭,页150。又参见歌德"一例有如千例"的观点。
④ 《赫尔德书简集》,前揭,页199。

培根的哲学早就在这个自然主义者的灵魂中遭遇了德意志观念论，遭遇了对道德和学术生活的兴趣。①

譬如说，在一篇1800年对图里尔德（Thorild）作品的评论当中，赫尔德对培根研究自然的定量（quantitative）方法表示支持，并且反对"全部先验哲学家"（即康德主义者）的抽象态度；但是，接着在下文中，他立马转换立场反对图里尔德本身，尽管仍然打着培根的旗号：

> 培根的方式是想要首先严格地寻求"那是什么？存在什么？"，随后才可以正视被发现之物或者被寻得之物，并可以发问："有多少？应当有多少？"②

他这种理解培根的态度显得暧昧不明：对于培根来说，定量的"多少"（wie viel）远比定性性质"为何"（was）更为重要。就此我们可以得出结论，赫尔德的自然主义与培根并不完全一致，他只是从培根那里找寻其哲学正当化的理由。

赫尔德在其神学写作中大量引用培根，这并不会让人感到意外，因为他自己的神学观与这位英国学者有许多共同之处，特别是当他比克堡时期不那么自然主义的宗教阶段结束后。

培根意识到不加区分地以经验主义方法研究宗教的弊端与危害，因而他在自己的理论表述中通常（与休谟相同）声称，宗教的原则性保证在于圣经的启示，建立在观察归纳基础之上的知识必须与之严格区分；否则，"这种混淆属人和属神事物的不健全的做法不仅会

---

① 海姆，《赫尔德的生平和著作》卷一，页346。
② 《全集》卷二十，页368–369。

造就空想的哲学，还会带来异端邪说"。① 为了维护这种区分，他有意撰写了一篇特别的论文，题为《索福伦：在诸神圣主题中对属人理性的合法使用》(Sophron, or the Legitimate Use of Human Reason in Divine Subjects)。有趣的是，1810年首次发表的赫尔德《学院讲座》(Schulreden)正是以"索福伦"为题。但是，尽管赫尔德在其《神学书简》(Theologische Briefe)中援引并支持了培根区分宗教与世俗知识的理论观点，②但他无法在实践中意识到这种区分，就这一点而言，培根也面临着同样的问题。

首先，他们均将宗教概念用于自然世界中。培根无视教义上的不可通约性，声称自然世界与圣经都是神圣启示，是"神之书，并且……在某种意义上是'第二圣经'"。③赫尔德则于1800年（此后还有两次）以赞许的态度翻译并引用了培根一段观点类似的文字，认为人可以通过被造的世界来感知神本身：

> 神之理性的概念是造物主在造物上做的标记，标记了质料如何通过真正的、精心雕琢的外观获得塑造和限制。事物本身即是真与善；通过它们，借由它们，造物……有如神之真理的存证。④

在1787年的《神：对话数篇》中，赫尔德假设了神圣地涌现出来的"力"或万物有灵（animistic）的诸种力量的存在。尽管这种观

---

① 《培根作品集》卷四，前揭，页20、66。
② 《全集》卷十一，页82。同样地，哈曼稍早时候也曾引用过这篇文章，见昂格尔，《哈曼及其解释》，前揭，页246。
③ 《培根作品集》卷四，前揭，页261。
④ 《全集》卷二十二，页122；又见《全集》卷二十一，页42和《全集》卷二十三，页311。这又是一段曾为哈曼引用的文本，《哈曼文集》卷二，前揭，页207。

点主要来自于莱布尼茨的单子论,但是我们可以在培根的《新工具》中发现类似的定理:

> 我们所熟知的所有有形的物体都内含着一个看不见摸不着的精神(spirit),这精神仿佛包裹着外衣。①

像赫尔德一样(但在牛顿之前),培根相信这种力量或"精神"可以远距离地发生作用,②这与赫尔德一贯提倡的万物有灵论更为相似:

> 所有物体,无论它们是什么,尽管没有意识,但它们肯定有知觉。③

同样,赫尔德在他的《另一种人类教育的历史哲学》中提到,历史展示着天意,但在人类(必然有限的)历史处境当中,这种天意必然不完整可见。1781年,在赫尔德引用的培根的一篇文章中,就出现了对"天意的历史"(History of Providence)的呼吁,④赫尔德用德语将这段话翻译为:

> 即使神的建议是人类所不可探知的……它们有时却也能获得如此显著的表现,以至于即使是转瞬即逝[的凡人]也能读懂。⑤

1785年,赫尔德像培根一样呼吁"创造的历史",认为这种历史

---

① 《培根作品集》卷四,前揭,页195。
② 《培根作品集》卷三,前揭,页731。
③ 转引自泰勒,《培根》,前揭,页16;又见《全集》卷八,页264。
④ 《培根作品集》卷四,前揭,页313。
⑤ 《全集》卷十一,页95。

会展示"一个至高无上的命运主宰"。① 赫尔德深信我们能够从自然的事功中总结出神作为第一因的实存,培根也持同样观点,认为自然神学"足够驳斥并说服无神论"。②

就此而论,我们可能会觉得,培根与赫尔德都热切地想要在自然界中找寻目的;然而,培根曾多次谴责那些断言自然的目的因存在的人:

> 显然,这只与人的自然本质有关,而不是宇宙的自然本质;如果设想这种存在,将会怪异地玷污哲学。③

赫尔德也在1787年进行了同样的理论驳斥,④尽管他经常在实践中运用目的论的观点,并且在晚年的论争中再度用其来批判康德。⑤然而我们发现,培根也恰恰采取了与赫尔德同样的含混态度。在对目的因进行了理论上的批判之后,他在《论无神论》(Of Atheism)一文中又说,这种论证能够有效说服无神论者相信神的存在。⑥这种含混与赫尔德的主要作品《人类历史哲学观念》的前两个(或科学的)部分的态度非常一致。在其中,赫尔德引入了"内在目的论"(immanent teleology)的说法,用动力因与目的因来解释同一事件。他相信这二者并不互相排斥,即使我们运用动力因来解释某一事件,仍可以再在其中加上一个目的论的解释。培根的观点与此相同,他认为"如果将这两者划归在恰当的边界内,并认为两者势如水火,那可就犯了大

---

① 《全集》卷三,页368。
② 《培根作品集》卷四,前揭,页341。
③ 《培根作品集》卷四,前揭,页57、120、364。
④ 《全集》卷十四,页145、202。
⑤ 《全集》卷二十一,页238。
⑥ 《培根作品集》卷三,前揭,页413。

错"。① 尽管与培根相比，赫尔德的目的论观点更接近莱布尼茨，但其中的相似性仍值得注意；而且，莱布尼茨本人也十分钦佩培根的哲学。因此，可以看到，赫尔德的作风就是尽力调和、解释模式上的冲突，甚至同时接受冲突立场；至于培根，赫夫丁（Höffding）则指出，"培根关于信仰与知识的学说……有着深刻的妥协印记"。②

然而，这两位思想家都准备依据信仰的尺度来研究自然世界，同样地，他们也试图将自然主义的尺度引入神学。除了在信仰倾向更重的比克堡时期，赫尔德一贯拒斥对奇迹进行解释，或是对此持怀疑态度；培根则认为神迹在自然界中是不可能的，并建议我们质疑所有关于神迹的迷信表述。③ 另一方面，培根又从未直接怀疑圣经中神迹的真实性，而赫尔德则多次用自然的话语来解释诸如圣灵降临的奇迹之类。④ 赫尔德赞同并翻译了培根下述文字：

> 基督更多地通过真理来展现他的力量，而不是通过奇迹：祂征服的与其说是自然，毋宁说是无知。⑤

1781年，赫尔德翻译了《学术的进展》中关于宗教的下述语句：

> 它由神圣的历史构成，由神的诗篇构成，如同寓言，出自一种永恒的哲学，那是它的职责与义理所在。⑥

---

① 《培根作品集》卷四，前揭，页 364。
② 赫夫丁，《现代哲学史》（*A History of Modern Philosophy*, trans. B. E. Meyer, 1900）卷一，页 205。
③ 《培根作品集》卷四，前揭，页 168、169。
④ 《全集》卷七，页 470；又见其随后的《基督教文稿》（*Christliche Schriften*）。
⑤ 《全集》卷十，页 401。
⑥ 《全集》卷十一，页 81。

这种区分在赫尔德中晚年的神学思想中体现得淋漓尽致,他的兴趣在于将圣经视为希伯来和希腊化时期社会的历史来研究,并认为其中体现了显著的诗性之美(参见《希伯来诗歌精神》),是一座宝库,贮存着我们在追求"人性"过程中产生的道德价值。

这二位思想家的哲学都有着鲜明的唯物主义特质,比如,赫尔德在1769年发表的第四篇《批评之林》中提到过"质性灵魂"(materielle Seele)的理论,① 培根则偏爱德谟克利特和卢克莱修。② 接着,在《人类历史哲学观念》中,赫尔德引用了一些培根的观点为自己的环境决定论提供佐证。③ 抛开这些为赫尔德所引用的关于一切自然实体之灵魂与知觉的话语不谈,培根通常持一种机械论的宇宙观,认为"所有人类手段能够施加于自然界的真正影响不外乎是让物体发生从这儿到那儿的位移"。④ 然而,赫尔德并不赞同这种机械论;他对无处不在的"力"深信不疑,以至于用这种"力"来让唯物主义与灵魂论或活力论发生密切联系——在《人类历史哲学观念》当中,这种做法有时就会出现。然而,这也就暗示,自然并非如机械论者所深信不疑的那样是无生命或无灵魂的。而根据费舍尔的观察,培根则更加倾向于"无灵魂的、机械的、盲目运转的自然"的观点。⑤

整体而言,培根在区分神学与世俗知识方面的立场比赫尔德更加彻底,而赫尔德的野心则是调和这二者。与众多自然神学的追随者一样,赫尔德在中晚年努力要促成这种调和,让宗教日益世俗化,所以,他越来越少地将与宗教相关的标准(如目的论)用于自然世界。重要的是,此时的他时常大段引用培根在宗教方面的论述。因为培根

---

① 《全集》卷四,页105。
② 费舍尔,《培根及其学派》,前揭,页180。
③ 《全集》卷十三,页272。
④ 泰勒,《弗朗西斯·培根》,前揭,页12。
⑤ 费舍尔,《培根及其学派》,前揭,页318–319。

是新教思想运动最伟大的起源之一,他从一种不稳定的彼此妥协出发,其注意力则越来越转向作为启示对立面的自然与自然宗教,而这极有可能使得赫尔德在其个人思想历程中也采取这种倾向。颇具讽刺意味的是,恰恰是作为神秘主义者的哈曼,将赫尔德引向了培根。正如费舍尔所说,是哈曼在18世纪为自然神论开路,布莱克则将其思想描述为"建立撒旦王国的好建议"。①

赫尔德的作品涉及各个学术领域,其中充斥着大量培根思想的回响和对培根论述的大段摘引,其中包括对一些具体内容如共济会的起源之类的描述,② 或是一些脱离文本的简单概括——这一般是为了巩固赫尔德自己的观点,与培根自身无甚干系。培根的影响体现在另外的主题上,那就是人类的历史——尤其是科学发展史和人类不断征服自然的历史这一主题。

在考察自然界时,赫尔德对运动中的力量、对生成(becoming)而非存在(being)的关注和他所谓的"发展中的思想"(Entwicklungsgedanke),本就与培根的观点有着很多共同之处。培根呼吁人类将自然视为自然之事功(works)而加以研究,而不要专注于静态的、孤立的产物:

> 奇怪的是人们对此关注甚少;因为他们只以断断续续的视角研究自然,只着眼于事物完成的结果,而非她发生作用的过程。③

培根被恰如其分地誉为"历史科学的先驱之一",④ 因为他像赫尔

---

① 费舍尔,《培根及其学派》,前揭,页301。又参见威利(Basil Willey),《17世纪背景》(*The Seventeenth Century Background*, 1934),页10。
② 《全集》卷十五,页64-67、74。
③ 《培根作品集》卷四,前揭,页201。
④ 法灵顿(Benjamin Farrington),《培根:工业科学的哲学家》(*Francis Bacon, Philosopher of Industrial Science*, New York, 1949),页45。

德一样，同等地关注人事的驱动力与自然界的变迁。我们已经注意到，是培根的思想激发了年轻的赫尔德，使之产生了撰写关于人类知识之普遍历史的计划。同时，赫尔德发现自己对历史的观点在更广泛的意义上亦与培根有许多共同之处，这一点十分明显，因为他曾大量引用过培根在诸历史领域方面的看法。① 譬如，培根曾经像赫尔德那样批评过实用主义的或道德化的史学，赫尔德则引用培根的段落来表达自己同样的态度。② 更重要的是，培根曾呼吁一种新型的文明史（civil history），赫尔德则通过将这段话译为德文来传达自己的观念。带着这种欲求，他们都表达了一种鉴赏的态度，将过去视为某种直接且真实的对象，试图进入过往的年代和作者：

> 材料并不是从评论家那里得到的，而是来自每个时代最高雅的书籍，品味它们的内容、风格、方法，召唤时代的天才（den Genius der Zeit），③ 就像通过咒语召唤死者一样。④

在 1774 年的《另一种人类教育的历史哲学》中，赫尔德称古希腊世界是人类历史的"少年时代"（Jünglingszeit），⑤ 培根则曾称希腊智慧是"知识的少年期（boyhood）"。⑥ 此外，在《当代德意志文学断片》第一辑和《另一种人类教育的历史哲学》中，赫尔德曾用人类的年龄段类比语言和欧洲文明，并且暗示现代已经陷入老年；而培根在《新

---

① 《全集》卷十一，页 94；《全集》卷二十二，页 219。
② 《全集》卷十一，页 94。
③ 培根拉丁文原文作"时代的文学天才"（Genius illius temporis Literarius）。赫尔德省略了最后一个词，可对比他的"时代精神"（Zeitgeist）的说法。
④ 《全集》卷十一，页 95。
⑤ 《全集》卷五，页 494。
⑥ 《培根作品集》卷四，前揭，页 14。

工具》中就曾写道：

> 唯有世界的老年阶段才应当被誉为真正的古老；但这恰恰是我们自己时代的特质，而非古人生活过的早期时代。①

我们之所以要关注这两人关于人类年龄阶段的观点，并非因为他们表面上的相似之处，而是因为其中隐藏的根本不同。对青年赫尔德来说，一种文化乃至于整个人类的"青春时光"带有积极的意义，而"老年"则意味着萎缩和衰落。对培根而言则相反，知识和人类激情的"少年期"（boyhood）隐含着贬义，而"现代的古老"（modern antiquity）在任何方面都优于过去。年轻的赫尔德要么坚持历史相对主义并认为各个年代具有彼此平等的价值，要么主张一种文化盛衰循环的学说，总之，他激烈反对18世纪的发展信条。但培根整体上提出的是乐观主义的福音，他坚信人类能够实现更高的知识并最终征服自然。

培根的进步信念源于他对技术史和应用科学的研究，这种研究显示，人类应该追求对其环境的更高程度的控制。赫尔德在《另一种人类教育的历史哲学》中也表现出与培根同样的技术史兴趣，但即便如此，他并没有得出同样乐观的结论。与此相反，他描绘并谴责了很多现代的集权化国家（如普鲁士）随着机械技术传播而发生的"机械化"，民众因此与以前享受的更加"自然"的存在之间的联系越来越浅：

> 人们不再需要科学、战争、公民生活、航海和国家统治的那些美德了：机械出现了，操纵机械，只需是一个人就够了。②

---

① 《培根作品集》卷四，前揭，页82。
② 《全集》卷五，页534。

因此，在这本书中，赫尔德对技术发展表现出更倾向于卢梭的悲观态度，而非培根式的乐观态度。即便在《人类历史哲学观念》中，他也指出，虽然发明家甚少，但他们创造的进步文明所带来的好处只会被大众盲目消费，大众则不会自发渴望文明化。① 他似乎处心积虑要评判一番培根的那个理论，即，是机械技艺造就了文明与野蛮之间的差异。②

但在进入中年后，赫尔德对技术进步的态度渐趋乐观，在观念上也就与培根更加接近。1781 年，赫尔德赞扬了技术上的研究，因为它们有实际效用，还能免于学院内的纷争，进而"它们是长青的树林"。③ 培根也认为，机械的技艺"本身具有生命的吐息，能够持续成长并渐趋完美"。④ 在《人类历史哲学观念》中，同培根一样，赫尔德呼吁应当研究发明的历史：

> 关于发明创造的史学研究可能更算得上是充满教育意义的工作，能使得人类的天才成为后人的楷模。⑤

此外，与歌德不同，赫尔德还赞同培根的观点，认为增强感知能力的工具（如望远镜和显微镜）会对人类有益。⑥ 就《人类历史哲学观念》而言，赫尔德早期的悲观情绪有所减轻，甚至认为所有的发明（即使是火药）最终都会带来好的结果（尽管它们可能会被直接应用于有害的方面），并且"人类的力量就这样随着时间转弊为利"。⑦ 因

---

① 《全集》卷十三，页 372-374、370。
② 《培根作品集》卷四，前揭，页 114。
③ 《全集》卷九，页 406。
④ 《培根作品集》卷四，前揭，页 14。
⑤ 《全集》卷十三，页 368。
⑥ 《全集》卷二十八，页 367。
⑦ 《全集》卷十四，页 490、241-243。

此，在赫尔德看来，机械发明可能造成的结果或好或坏，最终取决于具体的使用方法和情境。比起培根片面且固执的乐观主义，这种平衡的态度明显更进一步。

有更多的细节迹象能说明培根对赫尔德在技术观方面的影响，但无需在此讨论。① 总而言之，我们可以注意到，他们两人都认为伟大的发明通常都是偶然发生的。② 培根将技术上的探索视为人类历史当中最重要的推动因素，赫尔德则在1797年将人类发明和"大地的变革"（Revolutionen der Erde）（比如地质学上的大变动）列为历史变革的主要原因；帕斯卡尔（Roy Pascal）也看到，在1774年，赫尔德曾认为重要发明与重大历史事件同等重要。③ 因此，这两位思想家对人类历史发展中技术的重要性（而非实际影响）的看法是相似的，没有别的因素能像培根的思想那样，对赫尔德造成如此显著的影响。

赫尔德离他比克堡时期的宗教观念越远，培根对他的人类发展观的影响就越大。赫尔德的大主题是"人"，其中涉及对人类的各种能力、历史命运和人类在自然与宇宙中的位置的探讨。比克堡时期的他更强调自然中的神圣性，有时会重提哈曼的神秘主义。此后，他越来越关注作为物种的人类与自然的联系，而越来越少关注神性、情绪化个体或有灵性的"天才"。他在1781年写道：

每当人的精神或多或少感受到他与神之相像性的闪光，他在

---

① 例如《全集》卷五，页533和卷十四，页490；对比参见《培根作品集》卷四，前揭，页114。又见《全集》卷四，页351；对比参见《培根作品集》卷四，前揭，页234和卷三，页163。

② 见《全集》卷八，页472和卷十三，页368等处；参见《培根作品集》卷四，前揭，页48。

③ 帕斯卡尔，《赫尔德与苏格兰历史学派》（"Herder and the Scottish Historical School"），英国歌德协会会刊（*Publication of the English Goethe Society* 14［1938–1939］），页38。

思想之中便会以之探索天地，挑战星辰，撕裂阳光，挑战深渊的秘密，分割物体，揣度自然的定律，测算永恒。①

在此，他提出了一种宗教价值"与神的相似"（Gottähnlichkeit），但这种价值深深植根于世俗世界。就在同一页里，他明确提及培根，并显然受到了后者的激励。接下来的几年，他在类似的表述中显现出一种乐观主义和受到培根尊崇的一种类似文艺复兴时期的人文主义理想。

自17世纪80年代以来，赫尔德开始宣扬培根理想中最伟大的部分，那就是希望并确保人类将要且必须统治自然，并在一切事物上烙上自己的印迹。正如伯纳德（F. M. Barnard）所说，赫尔德"接受了培根主义的知识就是力量的观点"。②1800年，赫尔德曾写道：

通过人类可以构建出什么？一切。自然、人类社会、人的本性……可以并将会在自然之中培育出这一切，谁敢为之加以限度？③

人类并不仅仅研究或对抗自然。与培根一样，赫尔德相信人还应该通过研究来利用自然：

你们与元素的对抗，并非
你们最伟大的工作；最伟大的
是将其排序并加以利用。④

---

① 《全集》卷九，页351。
② 伯纳德，《赫尔德的社会与政治思想》（*Herder's Social and Political Thought,* Oxford, 1965），页129。
③ 《全集》卷二十二，页314。
④ 《全集》卷二十三，页251。

然而，自然作为一个整体比人类更有力量。培根曾认为，"正如原因的锁链不会被任何力量松弛或毁坏，人只有服从自然才能控制自然"。① 这种吊诡的表述将我们引向培根关于人与自然关系的核心的双重想象：一方面，人是"自然的奴仆以及解释者"，另一方面，人的目的与普罗米修斯一样，不外乎是实现"技艺对自然的胜利"。②

赫尔德有意吸纳了同样的吊诡表述，尤其在 1787 年以后，他在《神：对话数篇》中为其添上了半斯宾诺莎式的自然泛神论的色彩。自然诚然比人类更伟大，但是人类不也是自然中最伟大的存在吗？在更高的意义上，通过人自身，自然得以发出声响，变得富有建设性和目的性，就此"人类成为自然的灵魂（Seele）、心（Herz）与手"。③在《论促进人性进步的书简》的弃稿里，赫尔德率性地表达了他朋友克涅贝尔（Knebel）1788 年一篇文章的观点，正如祖凡所说，这是受了"培根研究"的启发。④ 带着自然泛神论色彩的同样思想在这一时期反复出现，比如，在 1787 年，赫尔德就将人类描述为"自然的祭司"（Priester der Natur）。⑤1799 年，他翻译了培根著名的论人类是"自然的奴仆与解释者"的文字，将其处理为"人类，自然的一位奴仆，也是她的诠释者"。⑥ 之后不久，他将培根主义与泛神论合并在一个句子里：

人啊！你是自然的诠释者，是她的管家与祭司。⑦

---

① 《培根作品集》卷四，前揭，页 32。
② 《培根作品集》卷四，前揭，页 105。
③ 《全集》卷十八，页 341。
④ 《全集》卷二十八，页 574。
⑤ 《全集》卷二十六，页 312。
⑥ 《全集》卷二十一，页 42。
⑦ 《全集》卷二十三，页 259，《机运女神》(*Adrastea*)。

最终，在《机运女神》中，在另一处大段引用培根开头的那一页，赫尔德创作了一首诗，其中囊括了迄今为止讨论过的所有零散的观点，从自然泛神论，到人类作为自然的"心灵"、解释者或普罗米修斯般的第二创造者的观点，都统一于饱含诗意的词句中：

> 世界精神催生并哺育的一切，
> 他都在你心中为其烙下了含义。
> 人啊，你将你内心的话语，还有
> 你对这线索的感知，称作被诠释了的自然。
>
> 仅仅是诠释者么？不！你运动的力量
> 在你内心揭示了崇高的特性
> 只有你能作为自然之机制、
> 之伟业、之造物的造物者。
> 造物的宏伟心灵，满怀喜悦与痛苦的同情，
> 在你的心胸之中激荡。
>
> 注意吧！在你宽阔的走廊上
> 你的胸膛便是自然的律动。
> 你应当圆满她命你所做之事，
> 接替她留给你所做之事
> 存在之物的齐唱与和谐，
> 满怀激情与爱意，终将圆满。①

赫尔德早年首先被培根点燃了浮士德般寻求普遍知识的理想，自17世纪80年代以来，这种寻求所关注的对象从狂飙突进时期的个体

---

① 《全集》卷二十三，页310。

天才,转向了作为群居物种、为生存而控制自然的人类。赫尔德关于人类进步的信念曾经受到极大限制,如今则实实在在地获得了增强。他深信,随着科学发展,我们最终可以解释自然中看似变幻莫测的任何事:

> 强调留心观察的自然科学仍然如此年轻,但有朝一日将有影响深远的成就,并最终会将盲目恣肆统统从自然中抹除……①

就此而论,赫尔德再度获得了文艺复兴时期那种超乎寻常的信心与热情,尤其是培根的那种信心与热情,希望"扩大人类帝国的边界,影响所有可能的事物",②加强"人类种族自身对宇宙的权力和统治"。③

对于今天的我们来说,这些话听起来总是带有讽刺意味,但并非因为他们表达的理想看起来还远远未实现。原因其实在于,几个世纪之后,我们发现,人在控制宇宙之前必须先学会控制自己。

以上就是那位伟大的英国宗师吸引、鼓励并影响赫尔德的一些方面。只是我们无法确切地把握这种直接影响具体何时开始,又在何时结束。我们只要能证明这种影响确实发生过且极为重要,也就足够了,尤其是就赫尔德思想中的自然主义倾向而言。当然,考虑到赫尔德思想的复杂性与广泛性,肯定还有很多尚未触及的方面。尽管如此,培根对赫尔德的影响还是值得注意,因为直到最近,赫尔德思想中的自然主义成分还常常为那些唯灵论的成分所掩盖,他作为传统启蒙主义与理性主义者、作为培根与早期康德的学生的身份,也被他作为青年狂飙突进运动的参与者、似是而非的反理性主义者或哈曼门徒的身份所掩盖。只有兼顾德意志文学复兴的具体语境和欧洲思想的宏观语境,

---

① 《全集》卷十六,页557。
② 《培根作品集》卷三,前揭,页156。
③ 《培根作品集》卷四,前揭,页114。

才能纠正这种扭曲的视角。因为不仅是在文学史还是思想史当中，关于巨大的变革和似是而非的古今断裂的观点，往往模糊了整个欧洲文学与思想的连贯一致性；另外，抛开比较文学当下的发展不谈，19世纪民族主义的遗产留下了许多误导性偏见，这影响了我们对于以前思想家的态度。只有从欧洲传统的角度出发，而非囿于他们各自民族的语境，才能全面地品评培根与赫尔德，以及前者对后者的影响。

赫尔德与斯宾诺莎

佛斯特（Michael N. Forster） 撰

姚啸宇 译

众所周知，在18世纪晚期和19世纪早期的德意志哲学中，斯宾诺莎主义[①]异常兴盛了一段时期。莱辛、赫尔德[②]和歌德，德意志浪漫派的施莱尔马赫、施勒格尔和诺瓦利斯，德意志唯心论者谢林与黑格尔——他们都以不同的方式赞同斯宾诺莎的一元论与决定论的形而上学。

这一兴盛期的源头是什么呢？人们倾向于认为雅各比和门德尔松功不可没，他们在1785年挑起了一场著名的公开争论，论题是：莱辛是否成了一个斯宾诺莎主义者——因为雅各比声称莱辛在1781年去世前不久对自己承认了这一点。然而雅各比和门德尔松都并不欣赏斯宾诺莎。在《与门德尔松先生商榷斯宾诺莎学说的书简》（*On the Doctrine of Spinoza in Letters to Mr. Moses Mendelssohn*, 1785）一文中，基督教虔信派（Christian fideism）的拥护者雅各比认为，斯宾诺莎哲学是哲学由于依赖理性而造成的所有最大错误的缩影。根据雅各比的观点，斯宾诺莎的哲学比其他案例更清楚地表明这种依赖不可避免地

[①] 本文中斯宾诺莎《神学政治论》和《伦理学》的引文来自埃尔维斯（R. H. M. Elwes）的译作（B. de Spinoza, *A Theologico - Political Treatise; A Political Treatise*; B. de Spinoza, *On the Improvement of the Understanding; The Ethics; The Correspondence*）

[②] 文中赫尔德作品的引文来自两部德文本，《文集》指的是盖尔（Ulrich Gaier）本，《全集》指的是祖凡本。

会导致无神论和宿命论。诚然，门德尔松在早年作品《哲学对话录》（*Philosophical Conversations*, 1755）中，为了挽救斯宾诺莎的声誉，试图把他的哲学说成是纯正的莱布尼茨—沃尔夫哲学的重要先驱，虽然斯宾诺莎并不够格。后来，门德尔松撰写了他那更加声名遐迩的对雅各比的答复，即《清晨》（*Morgenstunden*, 1785）和《致莱辛的朋友们》（*To Lessing's Friends*, 1786），此时他对斯宾诺莎哲学的态度本质上也是不友善的，并且根本上同意雅各比的指控：斯宾诺莎哲学意味着无神论和宿命论（虽然他也为斯宾诺莎哲学的"净化了的"版本留下了余地，使之能够避免诸如在莱布尼茨和沃尔夫的精神指引下被彻底改造的这类危险）。① 至少乍看上去，在我刚才提到的积极借用（appropriations）斯宾诺莎哲学的大潮中，雅各比和门德尔松似乎配不上多大的赞誉。

这波浪潮的主要源头想必可能来自它最早的典范，即莱辛、赫尔德与歌德那里。此三人与雅各比和门德尔松相比，存在着明显的差别，他们都是斯宾诺莎哲学的狂热拥趸。② 一旦认可了这一事实，我们很快就能认识到，其中的中心人物非赫尔德莫属。因为，在赫尔德的《神：对话数篇》（*God: Some Conversations*）中有着显著的对斯宾诺莎主义的陈述，在这种强烈的映衬下，莱辛后期对斯宾诺莎主义的私下表白简直暧昧不明，在哲学上也不成熟——尽管雅各比发现了他的态度，并且使之绽放光芒。③ 此外，歌德最初对斯宾诺莎的钟爱可

---

① 若想考察雅各比与门德尔松之间的论战，并且在两位哲学家对斯宾诺莎之态度的问题上获得帮助，可参考拜泽尔，《理性的命运》（*The Fate of Reason*, Cambridge, Mass.: Harvard University Press, 1987）。

② 试比较林德（H. Linder），《歌德与赫尔德创作中的斯宾诺莎主义问题》（*Das Problem des Spinozismus im Schaffen Goethes und Herders*, Weimar: Arion Verlag, 1960），页 150、176。

③ 站在莱辛的立场上看，他那可追溯到 17 世纪 60 年代初的手稿多少弥补了他的模棱两可与不成熟，不过这些手稿直到 18 世纪末才出版，在当时并未造成公共影响。参波拉切尔（M. Bollacher），《青年歌德与斯宾诺莎》（*Der junge Goethe und Spinoza*, Tübingen: Max Niemeyer, 1969），页 194 以下。

以追溯到 1771 年在斯特拉斯堡接触《神学政治论》的时候,① 后来,他在 1773 年 4 月又频繁地接触《伦理学》,② 此事更加广为人知,并且这种接触十有八九是受到赫尔德的启发。他们 1771 年在斯特拉斯堡的首次会面改变了彼此的人生,那个时候的赫尔德对《神学政治论》已经产生浓厚的兴趣,③ 在 1773 年 4 月时,他对《伦理学》及其一元论的形而上学也兴致勃勃。④ 因此,歌德后来情愿在赫尔德的指引下对斯宾诺莎进行解释,那时候是 18 世纪 80 年代初,他们在魏玛一起重读斯宾诺莎。⑤ 歌德也热情地服膺于赫尔德在 1787 年《神:对话数篇》中对斯宾诺莎的解释。⑥ 总之,赫尔德在这方面是一个核心人物。

贝尔(David Bell)在富有启发性的著作《斯宾诺莎在德意志:从 1670 年到歌德时代》中得出了相似的结论(虽然是通过多少有些

---

① 见波拉切尔,《青年歌德与斯宾诺莎》,前揭,页 88;林德纳,《斯宾诺莎主义问题》,前揭,页 73 以下。

② 费舍尔,《培根及其学派》,前揭,页 180。

③ 试比波拉切尔,《青年歌德与斯宾诺莎》,前揭,页 149、160;林德纳,《斯宾诺莎主义问题》,前揭,页 72,当时赫尔德自己正汲汲于专研《神学政治论》的主要话题,亦即对旧约的解释。我们稍后会在本文中看到,他当时已经受到了《神学政治论》的影响。

④ 譬如,在《莎士比亚》(*Shakespeare*, 1773)中,赫尔德讨论了莎士比亚的心灵如何把整个世界都纳入其中,以及如何为这个世界的思想品质和方式赋予了属于它的显著特征:"我们大概可以把这个整体称作斯宾诺莎的神、泛神、宇宙大全!"(《文集》卷二,页 515)1774 年赫尔德向他的雇主绍姆堡－利佩公爵(Duke F. E.W. zu Schaumburg - Lippe)推荐了斯宾诺莎的《伦理学》,并且给了他一个抄本(见《赫尔德书简集》[*Johann Gottfried Herder Brief*, Weimar: Hermann Böhlaus Nachfolger, 1977]卷三,页 140);1775 年初,赫尔德则在一封给格莱姆(Gleim)的信件里明确宣扬了某种形式的斯宾诺莎主义一元论(《赫尔德书简集》卷三,前揭,页 151)。

⑤ 见贝尔,《斯宾诺莎在德国:从 1670 年到歌德时代》(*Spinoza in Germany from 1670 to the Age of Goethe*, London: Institute of Germanic Studies, University of London, 1984),页 97。

⑥ 见林德纳,《斯宾诺莎主义问题》,前揭,页 172。

不同的路径）。赫尔德 1787 年的《神：对话数篇》中为斯宾诺莎形而上学—宗教的（metaphysical - religious）一元论与决定论的改进形式所作的辩护，在后来的斯宾诺莎主义大潮的产生过程中扮演了重要角色，贝尔密切注意到了这点。然而，正如贝尔（受到较早的德意志学者福尔拉特［Vollrath］和林德的启发）所表明的，① 赫尔德对斯宾诺莎的兴趣在时间上远远发生在那部作品之前，至少要追溯到 1768 年 9 月，那时他开始对斯宾诺莎《伦理学》中的形而上学产生兴趣（尽管那兴趣一开始是粗糙的，在之后的一段时间则带有显著的批判性）。② 我在这一点上与贝尔的看法完全一致。

可是，贝尔接下来却主张，直到 18 世纪 70 年代中期，斯宾诺莎才对赫尔德产生最早的积极影响，而这一影响主要来自斯宾诺莎的伦理价值观领域，早年的赫尔德发现它非常契合于基督教的价值标准。③ 但我想指出的是，这种影响早在 1768 年 9 月就开始了，而且

---

① 福尔拉特，《赫尔德与斯宾诺莎之争》（Die Auseinandersetzung Herders mit Spinoza, CF Winter, 1911），页 11-19；尤其参看林德，《斯宾诺莎主义问题》，前揭，页 68-69。

② 贝尔，《斯宾诺莎在德国》，前揭，页 41 以下。正如贝尔所指出的，赫尔德在 1768 年论及《伦理学》中形而上学的那些内容是比较粗糙的，只表现出浅薄的理解（这些内容出现在赫尔德对吉塞克几首诗作所作的评论当中，他称赞后者把斯宾诺莎的神用一种浑然天成的诗意手法表现了出来［《全集》卷四，页 276］）；但到 1769 年，他的理解就变得准确多了，这可能反映出他已经严肃认真地阅读过这部作品（尤其应当作为参照的是赫尔德题为《哲学原理》［Grundsätze der Philosophie, 1769］的随笔）。（尽管我们仍然能在《全集》卷八页 154 中记载的 1770 年的写作，甚至在 1773 年的《莎士比亚》当中找到他对这些问题更加粗糙的解释。）

③ 贝尔，《斯宾诺莎在德国》，前揭，页 55 以下；试比较波拉切尔，《青年歌德与斯宾诺莎》，前揭，页 70、144-145。贝尔的解释主要关注的是赫尔德在《新约注解》（Erläuterungen zum Neuen Testament, 1775）中关于斯宾诺莎的明确表述，以及他与基督教道德的关键性一致（《全集》卷七，页 374、462）。如贝尔所说，斯宾诺莎为赫尔德的道德一致观点提供了极好的

它体现在其他三个更重要、更令人感兴趣的重大方面：首先是在某种解释学的（例如解释的方法论）方面，尤其是圣经解释学方面；[1]其次是在民主和自由主义的政治理念方面；最后是在一种与众不同的心灵哲学方面，这种哲学是功能一体化的（faculty - unifying），是反二元论、反理念主义的，并且是决定论的——简言之，是自然主义的。我还要说明的是，赫尔德早在1773年5月（大约和他接受上述心灵哲学同一时间）就已经接受了斯宾诺莎形而上学-宗教方面的一元论。事实上，我希望表明，斯宾诺莎施加在青年赫尔德身上的这些积极影响组成了一条渐增的序列，随着时间的流逝，它体现了斯宾诺莎思想日益增长的重要性：以18世纪60年代末的解释学作为开端，接着进入到70年代初的政治哲学方面，然后在大约70年代中期的心灵哲学与形而上学-宗教的一元论方面达到顶峰。

在接下来的论述中，我不会谈论贝尔已经讲过的整个故事中相对无趣的那部分，也就是赫尔德早年对斯宾诺莎似是而非的基督教伦理价值观念的发现和赞同。[2]但是我将试着一一讨论赫尔德对斯宾诺莎思想进一步的借用。

基础，其中包括斯宾诺莎对憎恨、愤怒、蔑视与嫉妒的反对，以及他对爱、帮助邻人和慷慨大方的赞同（甚至包括用这种方式来报偿前面所说的那些敌对态度）；此外，有一些基督教的道德价值观是斯宾诺莎所公开拒斥的——尤其是"谦卑"与"忏悔"这两种道德，但即便是这些道德，也得到了他有限的赞同（尽管"同情"要另当别论）。贝尔对斯宾诺莎与基督教之间更进一步的道德一致略而不谈，但是这一点对于赫尔德而言十分重要，那就是他们所共同分有的道德的普世主义，或者说是对全人类的道德关怀。

[1]　试比较波拉切尔，《青年歌德与斯宾诺莎》，前揭，页140-142、165-166。在一定程度上，波拉切尔洞见到了我的解释的第一部分，但他没能看到后面的两部分。

[2]　关于这一点，参见贝尔，《斯宾诺莎在德国》，前揭，页55以下。

赫尔德与《神学政治论》

我的一个基本观点就是,斯宾诺莎的《神学政治论》早于《伦理学》对赫尔德的思想产生了积极影响。在赫尔德认真研究《伦理学》的心灵哲学与形而上学版本之前,他就已经吸收了《神学政治论》中关于(圣经)解释与政治问题的核心原则。这是一个相当新奇且富有争议性的论点,我会尝试通过一些初步的观察来证明这点。

首先应当注意的是,赫尔德年轻时是一名博学的路德教牧师,对圣经尤其是旧约的解释问题尤为关心,如果我们说他不知怎的就忽视了《神学政治论》,那就太没道理了。我们得考虑到,这部著作在圣经解释方面影响深远,从17世纪70年代开始,它在路德教世界中就已经成为圣经解释学争论中的固定话题(stock fixture)了。[①] 此外,我们也很容易发现,青年赫尔德为何在确实阅读过《神学政治论》并从中获益后却保持缄默——那是因为,在18世纪的德意志,人们普遍认为认为这部书就是一口盛满无神论和政治激进主义的女巫大锅,[②] 赫尔德难以承受与之牵连所导致的后果。

然而,幸运的是,我们不用仅靠这类间接证据来证明青年赫尔德阅读了《神学政治论》并受到了影响。还有大量更直接的证据:就像贝尔论证过的那样,赫尔德于1768年9月开始对斯宾诺莎的《伦理学》产生兴趣,[③] 而他正好同时在阅读《神学政治论》并受其影响。举

---

① 关于17世纪70年代以来这部作品在路德教世界中的显著地位的讨论,参见以撒勒(J. I. Israel),《激进的启蒙:哲学与现代性的产生(1650—1750)》(Radical Enlightenment: Philosophy and the Making of Modernity 1650-1750, Oxford: Oxford University Press, 2002),页216-217。

② 以撒勒,《激进的启蒙:哲学与现代性的产生(1650—1750)》,前揭,章34。

③ 贝尔,《斯宾诺莎在德国》,前揭,页41以下。

例来说,在 1768 年 4 月写给哈曼的信中,赫尔德复述了《神学政治论》中关于圣经解释的两条原则:一是拒斥《摩西五经》(旧约前五卷)为摩西所作的观点,① 二是摈弃对旧约的寓意式解释。他接着又对自己进入旧约的门径发表了如下开诚布公的评论:

> 我的阅读方式是东方人的、犹太教的、古代的与诗化的,而不是北方的、基督教的、现代的或哲学的。②

没过多久,赫尔德在 1768 年 8 月致信尼科莱(Nicolai),要后者从埃德尔曼(Edelmann)那里索取手稿,后者是 18 世纪德意志最为声名狼藉的斯宾诺莎主义者,尤其拥护《神学政治论》中激进的圣经解释原则和政治观点。赫尔德在信中声称自己是替一位无名的学者邻居来索取手稿,但这想必是一种托辞,形象地揭示出赫尔德意识到了和斯宾诺莎的著作及其信徒扯上关系的危险性。③ 最后,在 1769 年一篇关于旧约解释学的随笔《东方考古学断片》(*Fragments for an Archaeology of the East*, 1769)中,赫尔德明确引用《神学政治论》来

---

① 事实上,赫尔德没有像斯宾诺莎那样断定以斯拉(Ezra)是"摩西五书"的作者。赫尔德的确在 1769 年的一篇短文《论摩西》(*Ueber Moses*)中与这种立场划清了界限,他说"摩西五书"并非以斯拉所作,至少不是他写下的(《全集》卷三十二,页 204)。然而,这篇短文也使我们的那个印象得到了证实,即赫尔德在那个阶段正在思考《神学政治论》的问题,并与之有所争论(赫尔德同时期的作品《东方考古学断片》中对《神学政治论》的一段引证更明显地表现了这一点,我们后面会加以讨论)。

② 《赫尔德书简集》卷一,前揭,页 97–98。我们要注意到,赫尔德在其中经常把斯宾诺莎和东方人联系起来(例如赫尔德《文集》卷四,页 718–720 所表明的)。

③ 《赫尔德书简集》卷一,前揭,页 106,试比较贝尔,《斯宾诺莎在德国》,前揭,页 41。正如贝尔所注意到的,在赫尔德去世的时候,他手里有至少五本埃德尔曼的著作。

佐证自己的一个论点——确切地说是以此来支撑对旧约中"神的儿子们"（sons of God）这一表述的某种解释——从而谨慎地表现出他对这本著作的了解和尊重。①

以下再列出其他一些与此相关的历史时刻：1768年9月，赫尔德不仅对《伦理学》，而且对《神学政治论》产生了浓烈兴趣，之后没多久，他于1770年1月至2月访问了斯宾诺莎的祖国荷兰，前往斯宾诺莎的故乡阿姆斯特丹，以便在那里完成一篇关于政治哲学的文章。②我们可以合情合理地猜想，这次访问一定程度上是出于他对斯宾诺莎的广泛兴趣——尤其是对《神学政治论》中政治话题的兴趣。不管怎么说，此次访问一定比以往更加强烈地让赫尔德关注到这本著作中的民主和自由理念，这些理念既以在荷兰实际流传的斯宾诺莎主义政治文献和观念的特定形式表现出来，同时也有一种更加普遍的形式，那就是这个国家共和—自由主义的政治实践。1770年下半年，赫尔德住在斯特拉斯堡，在9月的一个著名的、意义重大的日子里，他于当地一家名叫"入神"（Zum Geist）的小酒馆邂逅并结交了青年歌德。当时他们都住在这座城市，赫尔德在《神学政治论》的启发下继续进行对旧约的研究，③歌德则在《神学政治论》启发下写了一篇讨论教会与国家关系的学位论文，④这极有可能是受到了赫尔德的影响。⑤

许久之后的18世纪80年代，赫尔德写了一篇《神学政治论》的

---

① 《全集》卷六，页109，试比较贝尔，《斯宾诺莎在德国》，前揭，页43。
② 海姆，《赫尔德的生平和著作》卷一，前揭，页355-356。
③ 海姆，《赫尔德的生平和著作》卷一，前揭，页401。
④ 试比较波拉切尔，《青年歌德与斯宾诺莎》，前揭，页55以下。可惜的是，歌德这篇学位论文已亡佚了。
⑤ 试比较林德，《斯宾诺莎主义问题》，前揭，页72；波拉切尔，《青年歌德与斯宾诺莎》，前揭，页149、160。是林德，而非波拉切尔，假设是赫尔德首先激发了歌德早期对斯宾诺莎的兴趣。

摘要。① 正如我明确指出的，在那之后，他还在 1787 年的《神：对话数篇》中，谨慎称赞了《神学政治论》的圣经解释学原则和政治原理，以此开展对斯宾诺莎哲学的积极借用。②

总而言之，我们有相当有力的初步证据证明，赫尔德不仅在 1768 年 9 月对斯宾诺莎的《伦理学》产生兴趣，还在那时候阅读了斯宾诺莎的《神学政治论》并受到影响，尤其是其中与圣经解释学和政治哲学相关的部分。

解释学

我们已经提到，赫尔德自己当时正全身心投入解释圣经尤其是旧约的工作，并潜心研究圣经解释的方法论。这从他的几部作品可以看出来，包括《论圣经的神性和用法》(*On the Divinity and Use of the Bible*, 1768) 和《人类最古老的文献》。他也在更广泛的意义上投身于对解释学方法论的研究——这一点我们尤其可从《论阿比的著作》(*On Thomas Abbt's Writings*, 1768) 一文中看出来。

更细致地比较《神学政治论》和赫尔德自己当时的文本，结果会引人注目。二者具有一致的解释原则，这相当明晰地表明，《神学政治论》对赫尔德那时的解释学方法论产生了强大的甚或决定性的影响。以下几点具体说明了他们之间的一致：

（1）在《神学政治论》第七章中，斯宾诺莎拒斥了两种一般的解释圣经的方法：一种是依赖于神圣的灵感进行解释；另一种

---

① 见《全集》卷十四，页 699，注释 3。试比较贝尔，《斯宾诺莎在德国》，前揭，页 97。

② 《文集》卷四，页 685–686。（1787 年也是《神学政治论》的德文译本首次面世的年份，这有可能是受到赫尔德的影响。）

则是把圣经当成寓言（或隐喻）来解读，以期从中发现合理的意义。① 同样，赫尔德在例如《最古老的文献》这篇文章中也批判并拒斥了这两种方法。②

（2）斯宾诺莎在《神学政治论》中坚决抵制依赖于权威来解释圣经的做法（例如天主教的做法）。③ 赫尔德在相关时期（包括更晚的时候）的所有有关圣经的文章中也表达出这种拒斥。④

（3）在《神学政治论》中，斯宾诺莎主张另一种可作为替代的圣经解释法，这种方法要求，解释者根据有关作者意图的证据所做出的推断，应与自然科学家根据有关定义和公理做出的推断相似。⑤ 在《论阿比的著作》中，赫尔德同样明确地主张，解释学要吸收自然科学的方法。⑥ 此外，在同时期的作品中，他还特别运用这种方法来解释圣经。⑦

（4）在《神学政治论》中，斯宾诺莎坚持"言辞仅仅从其用法中获得意义"，⑧ 所以古代文本解释者的首要任务，就是确定相

---

① 《神学政治论》，前揭，页 114-118、180。
② 赫尔德拒斥对依赖神圣灵感的观点，特别见《文集》卷五，页 27-30（试比较《文集》卷九上册，页 35）；他拒绝使寓意式解读合理化的观点，特别见《文集》卷五，页 92-93（试比较《全集》卷六，页 74 以下）。
③ 《神学政治论》，前揭，页 118-119。
④ 可见《全集》卷六，页 33-38；《文集》卷九上册，页 73、80-83。
⑤ 《神学政治论》，前揭，页 99。
⑥ 尤其见《文集》卷 2，页 571-572。
⑦ 譬如，在《东方考古学断片》和《人类最古老的文献》中，赫尔德认为，古希伯来人希望自己能够合情合理地腾出一天时间来休息，他用这种愿望来解释旧约中神在创世第七天的休息（《全集》卷六，页 58-63；《文集》卷五，页 32-34）。另一个很好的例子是赫尔德在《人类最古老的文献》中对巴别塔故事的解释（《文集》卷五，页 163-165）。
⑧ 《神学政治论》，前揭，页 167。

关言辞的用法是什么。① 赫尔德早年也持有相同观点。②

（5）斯宾诺莎在《神学政治论》中也强调，在解释圣经这样的古代文本时要密切注意其独特历史语境（包括被使用的语言的独特环境），这一点很重要。③ 赫尔德当时也强调这点。④

（6）斯宾诺莎还在《神学政治论》里强调，在解释过程中特别留心作者思想的特殊品质也很重要。⑤ 赫尔德在《论阿比的著作》中也勾勒出了这一解释学方法论的核心原则。⑥ 在后来的著作，比如《论人类灵魂的知性和感性》中，这条原则也一直是他解释学方法论中最显著与最重要的特征。

（7）斯宾诺莎在《神学政治论》中强调了明确区分真理与圣经文本的意义的重要性，⑦ 因此在很多问题上，他愿意将圣经中错误的意见归咎于先知们。⑧ 他甚至还在圣经（包括旧约和新约）当中发现了大量矛盾。⑨ 早期赫尔德解释圣经的方法也明显与之相似：他也坚持区分意义和真理，⑩ 并将许多错误信念乃至矛盾归咎于圣

---

① 《神学政治论》，前揭，页 101。
② 例如可参见早先的《当代德意志文学断片》(*Fragments on Recent German Literature*, 1766–1767)，《文集》卷一，页 322、421–423，以及后来的《希伯来诗歌精神》(*On the Spirit of Hebrew Poetry*, 1782)，《文集》卷五，页 1007。
③ 《神学政治论》，前揭，页 101。
④ 例如可参见《文集》卷九上册，页 30–31；《全集》卷六，页 4、34–35。
⑤ 《神学政治论》，前揭，页 103、111–112。
⑥ 《文集》卷二，页 575–576、604–608。试比较《文集》卷九上册，页 33–35；S6:34。
⑦ 《神学政治论》，前揭，页 101、106、170–171。
⑧ 《神学政治论》，前揭，页 35 以下。
⑨ 《神学政治论》，前揭，页 39–40、106、153、163、193–194。
⑩ 见《文集》卷二，页 579–580。（《论阿比的著作》中的这段话，总体上是关于解释学的，特别说来，是关于圣经解释学的。）

（8）在《神学政治论》中，斯宾诺莎也对圣经中的道德教义（例如关于拯救和神恩的教义）与圣经的理论概念做出了明确区分。他认为道德教义是真实显明的，是圣经神圣源头的唯一证据，而理论概念则是不可靠且不明晰的。② 赫尔德在《论〈圣经〉的神性和用法》这类早期作品中恰好也给出了相同的区分。③

（9）斯宾诺莎在《神学政治论》中解释了发生在先知身上的错误信念乃至矛盾，那就是，先知们在理论上确信，神选择使启示适应于他们及其听众低下的理解能力。④ 赫尔德在他早年关于圣经的著作中也做出了完全一样的解释。⑤

（10）斯宾诺莎在《神学政治论》中强调了旧约的诗学特征。⑥ 赫尔德在他早期讨论旧约的著作，例如《人类最古老的文献》中

---

① 例如可参见《文集》卷九上册，页 23-24，尤其是《全集》卷六，页 32-33、76。在赫尔德早年的著作中，他强烈地暗示过最后一点；比如他在那些作品当中普遍声称圣经的作者们经常持有错误的信念，圣经是一部随意编成的文集，那些文本都是由时代各异的不同作者所写，等等。他偶尔也会直言不讳："糊涂混乱的禁令"（《文集》卷九上册，页 24）；"与我们的一切物理现象……以及它的所有可能性、必然性与一致性相矛盾"（《全集》卷六，页 33）。他后期作品中的观点就相当坦率了，比如在《希伯来诗歌精神》中，他观察到，旧约中希伯来人关于灵/肉关系、死亡以及来世的观念会随着时间发生戏剧性的变化。他在 18 世纪 90 年代所写的《基督教文稿》（Christian Writings）当中还注意到了新约内在的矛盾。

② 《神学政治论》，前揭，页 100、113、194。

③ 《文集》卷九上册，页 36-38。

④ 《神学政治论》，前揭，页 40、77、88-89、90-92、163-164、180、182、193。

⑤ 《文集》卷九上册，页 25-26、29；G5:28-29、35-36、170。

⑥ 《神学政治论》，前揭，页 92。

也表达了同样的观点。① 正如《希伯来诗歌精神》的标题所揭示的，这种强调继而也成了他后来著作中旧约解释方法的核心特征。

（11）斯宾诺莎在《神学政治论》中进一步总结出来的原则与他的圣经解释学联系特别密切，这一原则是：违背自然规则的奇迹不可能发生，神也无法通过奇迹为我们认识，我们只能通过自然规则本身来认识神。② 早年的赫尔德也持有完全相同的立场。③

认为赫尔德仅从斯宾诺莎那里接受了所有这些原则，这是一种夸张的说法。赫尔德还有其他来源，包括他更加明确地讨论过的基督教圣经学者，比如洛特（Lowth）、厄内斯提（Ernesti）、塞姆勒（Semler）和麦凯利斯（Michaelis）。他们显然也扮演了重要的角色，例如主张在解释圣经时拒斥依赖任何权威的原则（2），这是新教教义中的主要观点；主张言辞仅能从其用法当中获得意义，因此解释者需要尤为关切这方面的原则（4），也得到了厄内斯提的有力捍卫；原则（8）和原则（9）赞成圣经具有道德（或救赎）意义，而并非在理论上屈尊俯就其人类作者和听众的文化水平，这两条原则的其他版本在斯宾诺莎之前就得到了伽利略的支持；原则（11）否认奇迹并认为神是从自然规则中显现出来的，这也是赫尔德自己的老师，前批判时期的康德所特别欣赏的信条。

尽管如此，假如可以信任赫尔德在相关时期专注于斯宾诺莎《神学政治论》的独立证据（如前所述），那么，赫尔德与我们之前刚刚

---

① 尤其参见《文集》卷五，页 26–27、34 以下；《全集》卷六，页 3 以下、29 以下。

② 《神学政治论》，前揭，页 82。

③ 见《论语言的起源》（*Treatise on the Origin of Language*，1772），在这本书中，赫尔德将此立场运用在了语言是不是一个神迹或有没有自然的解释这个问题上（《文集》卷一，页 808–809）。

概述的这部作品中在解释学原则方面令人注目的广泛一致,的确表明他在此领域中受到了这本书的强烈影响。

我们同样应当考虑到,除了《神学政治论》的直接影响之外,赫尔德似乎还受到其他一些间接的影响。而其他影响了赫尔德的作者们(比如我们刚才提到的基督教圣经学者们)可能其实也受惠于《神学政治论》。

政治哲学

阅读赫尔德 1768 至 1774 年间的著作时,我们会注意到,他的政治思想在这段时间经历了不同寻常的转变。① 他 1760 年代末的布道词,以及他 1769 年离开里加前往法国旅行期间写作的《游记》,都表明他本质上仍是叶卡捷琳娜二世(Catherine the Great)当时在俄罗斯实行的开明专制主义的拥护者,② 相比之下,他对共和主义的态度相当复杂。③ 然而,当他于 1770 至 1773 年间开始写作四部诗作,即《查理曼大帝》(Charlemagne, 1770)、《雄鹰与蠕虫》(Eagle and Worm, 1771)、诗剧《布鲁图斯》(Brutus, 1772)的初稿和《君主制的起源、条件、目的与历史》(Origin, Condition, Purpose, and History of Monarchy, 1773)时,④ 他的政治立场已经发生了逆转。在这些著作中(甚至包括 1770 年最早的那一篇),他传达了一种强烈的反君主制且

---

① 试比较拜泽尔,《启蒙、革命与浪漫主义:现代德意志政治思想的起源(1790–1800)》第 8 章,前揭。

② 参见《全集》卷三十一,页 43 以下的布道词,尤其是 1768 年的那次布道。同时参见《日记》,尤其是《全集》卷四、页 354–356、371、404–405、420–421、431–432、467–468、473–474 的内容。

③ 尤其参见《全集》卷四,页 409–410、467。

④ 《全集》卷二十八,页 11–27;《全集》卷二十九,页 35–39、335–337、400–401。

强调平等、自由的政治信息。到他出版《另一种人类教育的历史哲学》时，这种政治立场的转换变得更加正式和公开：当时的他将自己呈现为一名现代君主制的严厉批评者，① 同时还是民主共和主义和自由主义的拥护者。② 此后他一直保持这一政治立场，《人类历史哲学观念》可以为例。

此外，几乎就在转变政治立场的同时，赫尔德开始把自己的新政治理念归于早期的古希伯来人。在《人类最古老的文献》中，他认为古希伯来人起初就拥有一种由摩西创立的神权"共和制"。③ 而在后来与《另一种人类教育的历史哲学》同时刊行的《人类最古老的文献》版本中，他更加用心地论证希伯来人从一开始就实践了共和主义与自由主义。④

如何解释赫尔德政治哲学上的突然转向呢？他的新政治理念必定形成于他早年所受的各种影响。一个影响因素，是他的老师康德承认共和主义和自由主义。1764 年到 1769 年，赫尔德在里加发现当地实行了一种有限的共和主义与自由主义制度，这件事给了他一次积极正面的体验。而他 1771 年搬到比克堡后，则在那里看到一种暴虐的专制主义，这是与前者形成对比的负面经历，它成了另一个影响因素。但是这些影响尚不足以解释他向新政治立场的转变。首先，时间并不是特别吻合：在转向发生的时候，康德对他最强烈

---

① 尤其参见《文集》卷四，页 72-74、93；试比较页 15-16、22-23。

② 尤其参见《文集》卷四，页 25-28，在这段文字当中，他称赞了古希腊这些方面的理念（尽管在页 97-100、103-104 中，他对它们的现代对应物更多地抱着批判的态度）。

请读者注意，在 1774 年的时候，赫尔德也出版了他那部反对暴政的、富有共和主义精神的诗剧《布鲁图斯》的最终版本（《全集》卷二十八，页 52 以下）。

③ 《文集》卷五，页 39；试与页 126 进行比较。

④ 《文集》卷五，页 650-651。

的影响已经持续数年了；他在里加最后所写的著作表明他仍然热情地捍卫开明专制主义；此外，他在到达比克堡之前，就改变了自己的政治立场（正如1770年的诗歌《查理曼大帝》所表明的）。然后，刚才提到的这些影响也无法解释他的新政治立场中对于民主、平等的旨趣（无论我们怎么发挥想象力，也不能说康德和里加是站在民主一边的）。最后，这些影响也不能解释为什么赫尔德将古希伯来人作为他新政治理念的典范。

那么更加确切的解释是什么呢？首先，这是由于赫尔德在构思他关于雕塑的主要论著《论雕塑》(*Plastic*, 起草于1770年，出版于1778年）的初稿时，曾专注于研究古典时期的希腊。因为古典时代的雅典无疑就是民主共和主义与自由主义的典范，所以赫尔德在《论雕塑》1770年的初稿中热情洋溢地谈到了"希腊的自由"。①

不过我想指出另一种更加合理的解释，那就是斯宾诺莎《神学政治论》的影响。斯宾诺莎在《神学政治论》中态度鲜明地表明了他坚定捍卫民主自由（尤其是思想和言论自由）的立场，②而且证明了这种类型的政治体制已经在摩西生前和逝世后的一段时期内（在最终被实质上的君主制替代之前）由古希伯来人实践过了。③正如我们所看到的，赫尔德在1768到1769年这段时间里开始受到《神学政治论》的影响，考虑到这一点，认为这部作品就是他政治立场转变背后的决定性因素，这不仅在内容上、而且在时间上都完全契合。

我还要指出，赫尔德于1770年初访问荷兰，好在那里写作一篇政治方面的论文，这在某种程度上可能是出于他对《神学政治论》中相关政治理念的兴趣所使。此次访问荷兰使他对这些理念有了更加深

---

① 《全集》卷八，页131、136。试与他几年后在《另一种人类教育的历史哲学》(1774)中对希腊的民主共和主义自由所表达的相似热情进行比较。
② 尤其参见《神学政治论》，前揭，页205-207、241、258-264。
③ 《神学政治论》，前揭，页220-221。

刻的了解，由于身处荷兰生气勃勃的共和主义自由的实践中，这些理念对赫尔德的吸引力得到了加强。

心灵哲学

现在我们转而考察赫尔德在斯宾诺莎《伦理学》（而非《神学政治论》）影响下的思想发展。

起初，赫尔德发现斯宾诺莎《伦理学》的结论比其论证更具吸引力。注意到这一点很重要，因为在他事业的早期，赫尔德就已经对哲学中基于先验的论证的价值充满怀疑，因此我们足以证明，赫尔德早在1769年的时候，就对斯宾诺莎的先验论持怀疑态度。① 在这些方面最为重要的两篇作品是《论人类灵魂的知性和感性》和《神：对话数篇》，赫尔德在其中有意拒斥了斯宾诺莎的先验方法，而赞同另一种方法，这种方法明显涉及在赫尔德看来是实验科学中进步部分的内容。赫尔德非常自觉地在《神：对话数篇》中特别明确地拒斥了斯宾诺莎几何学方法中的先验主义，转而主张根据最新的实验科学来修正斯宾诺莎的理论。② 但赫尔德在《论人类灵魂的知性和感性》中就已经开始这种修正了，例如，他努力通过哈勒最新的"刺激"（Reiz）实验理论来证成斯宾诺莎式的结论。（很快就不仅如此了。）

注意到这一切之后，让我们来研究斯宾诺莎《伦理学》中的理论如何影响了赫尔德自己的思想。在我看来，这些理论似乎决定性地影响了赫尔德的形而上学–宗教观和他的心灵哲学，而这两者似乎同时

---

① 关于这一点，参见福尔拉特，《赫尔德与斯宾诺莎之争》，前揭，页18–19。

② 尤其参见《文集》卷四，页698、708、717。（尤其）由于这个原因，贝尔认为赫尔德在《神：对话数篇》中严重歪曲了斯宾诺莎观点，这一批评是不中肯的。赫尔德那本书的目的不是直接对斯宾诺莎进行解释，而是哲学上的重构。

发生于 18 世纪 70 年代中期。

正如贝尔表明的那样，早在 1768 年 9 月，赫尔德就开始对斯宾诺莎《伦理学》中的形而上学－宗教一元论产生兴趣，这种兴趣最初比较零散，但一段时间之后就变得相当具有批判意味。① 但是极具说服力的证据表明，1773 年到 1775 年这段时期，赫尔德已经成了《伦理学》，尤其是其中的形而上学－宗教一元论学说的忠实信徒。比如在《莎士比亚》(*Shakespeare*, 1773) 这篇文章中，他赞叹道，莎士比亚的心灵将整个世界都纳入其中，使这世界的思想性质和方式都融入它自己的特质里，

> 我们大概可以把这个整体称作斯宾诺莎的神："全体（Pan）、宇宙大全！"②

之后，在 1774 年的比克堡，赫尔德迈出勇敢的一步，向他的雇主、公国的统治者绍姆堡－利佩公爵推荐了《伦理学》，并呈上一份抄本。③ 最后也最重要的一点乃是，在 1775 年 1 月的一封给诗人格莱姆（Gleim）的信中，赫尔德敦促格莱姆把一个（体现斯宾诺莎精神的）短语"大全中的大全"（all in all）或其他类似的词组放进诗里，然后还说：

> 可以用如此独特的方式表达一个距离我们西方十分遥远的想

---

① 贝尔，《斯宾诺莎在德国》，前揭，页 41 以下。
② 《文集》卷二，页 515。
③ 《赫尔德书简集》卷三，前揭，页 140。与之相似，1774 年 3 月，齐默尔曼（Zimmermann）感谢赫尔德将"荷兰的柏拉图"寄给了他，这几乎可以肯定是在暗指斯宾诺莎的著作。顺便提一句，这一暗指再次表现出一种危险意识，即害怕自己被人与风靡当时的斯宾诺莎联系起来（试比较林德纳，《斯宾诺莎主义问题》，前揭，页 68）。

法：天国无处不在，时空在神面前毫无踪影，神只存在于有思想、有最为纯粹的思想、有实实在在之爱的地方！这就是神，无在无不在。他的行动表明他的永恒，高踞时空之上，容纳万事万物，与那些思者和爱者一同涌流不息，就这般完成了世上可见的所有事功，这就是神！——这些想法听上去是迷狂的，但又是最冷静、最真实的形而上学（请读一读斯宾诺莎的《伦理学》……）①

简言之，比雅各比和门德尔松之间著名的泛神论论争（Pantheismusstreit）早整整10年，赫尔德在18世纪70年代中期就已经变成了《伦理学》，尤其是其中形而上学－宗教一元论核心原理的狂热信徒。

然而，就赫尔德公开的哲学进程而言，其实是斯宾诺莎《伦理学》中的心灵哲学，而非形而上学－宗教原理最先影响了他的写作。所以我们首先要仔细考察斯宾诺莎的心灵哲学。如前所述，在赫尔德1773年5月更加全面地转向斯宾诺莎主义后不久，他就出版了《论人类灵魂的知性和感性》（1778），在这部著作中，他发展出一套非常独特的心灵哲学，这种心灵哲学显然受到了前人的影响，而且不止一个（其中包括莱布尼茨和哈勒），但是没有人比斯宾诺莎的影响更大。我要着重从这部著作中的关键学说出发，来阐明这一事实。

《论人类灵魂的知性和感性》其实有三版初稿：第一版写于1774年，第二版写于1775年，而第三版初稿则于1778年付梓出版。这本书的核心学说已经在1774年最早的那份草稿中出现了，那就是知性（cognition）与意愿（volition）实际上是同一个东西（赫尔德也如此描述知性和感性之间的关系）。在1774年的另一部作品《致讲道人：外省书简十五封》（*To Preachers: Fifteen Provincial Letters*）中，赫尔

---

① 《赫尔德书简集》卷三，前揭，页151。

德在论及"理解力和意志"的一致时阐述了这一学说。① 几乎可以肯定赫尔德受教于斯宾诺莎，② 因为斯宾诺莎在《伦理学》中用明显类似的笔法写道："意志和理解力是一回事。"③

但斯宾诺莎对赫尔德的影响在后者 1778 年的最后一稿中变得愈发明显，其中一些学说的发展同样也反映了这一点。我们从最重要的谈起：在 18 世纪 60 年代到 70 年代初的这段时间里，赫尔德拥护的通常是一种相当传统的心灵哲学，它是二元论的，④ 有时会按莱布尼茨的方式，观念论式地将身体还原为心灵；⑤ 此外，这种哲学还是自由论的（libertarian），⑥ 简言之，是反自然主义的。没错，赫尔德直至 1775 年还偶尔会暗示这种立场：

（灵魂）是女王而非一个奴隶：它位于自身之中，世界之外，推动着整个世界的运动。⑦

然而，在《论人类灵魂的知性和感性》的 1778 年刊行本中，他却站在了反二元论的一方，坚持认为身体和心灵至少在本体论的意义上同等重要且具有确定性——总而言之，此时的他是自然主义的。我想说明的是，这整个转变主要是受到斯宾诺莎《伦理学》影响。让我们依次考量其中的两个维度，即物理主义和决定论。

---

① 《文集》卷九上册，页 99-100。
② 试比较波拉切尔，《青年歌德》，前揭，页 147。
③ ［译按］对《伦理学》中译采用贺麟译本，商务印书馆，1998，页 88。
④ 《伦理学》，前揭，页 121；试比较页 120-121。以下这个事实可能也没什么价值，那就是：《论人类灵魂的知性和感性》1774 年的第一版初稿当中就包含了对自我知识（self-knowledge）之局限的深思（《文集》卷四，页 1093），这令人想起《伦理学》中类似的思考。
⑤ 见《全集》卷四，页 364、《全集》卷三十一，页 213。
⑥ 见《文集》卷四，页 236、《全集》卷八，页 151-152。
⑦ 见《文集》卷二，页 716-717。

在《论人类灵魂的知性和感性》的 1778 年刊行本中，二元论和任何有利于将身体还原为心灵的观念论态度都为赫尔德所断然拒斥，他转而主张一种赋予身体至少和精神同样重要的本体论地位的心身一致论。赫尔德说：

> 牢固的墙壁或许并非自然而然地就把身体……和灵魂（psychê）区隔开了，就像我们形而上学的空间把它们区隔开那样（原文如此）。

他还坚持认为：

> 心理学（psychology）如果不在每个步骤上都作为一种确定的生理学（physiology）而存在，那么这种学术就不可能实现。①

而斯宾诺莎在《伦理学》中已经提出过类似的观点，他认为"心灵与身体是同一个个体，不过一时由思维这个属性、一时由广延这个属性得到认识罢了"。②

如果要更精确地说明斯宾诺莎对赫尔德的影响，就要将这种影响分为两个阶段。

首先，正如我之前提到的，尽管赫尔德在 18 世纪 60、70 时代通常会暗示一种二元论，或是按照莱布尼茨的方式将身体观念论地还原为心灵，但在这一常态之外仍然存在着一个引人注目的例外。那就是《人类最古老的文献》里的一篇文章，赫尔德在其中主张对旧约中的"灵"概念进行反二元论的、物理主义的解释，并且他自己也认可这样的概念。③ 他给出了以下的总结：

---

① 《全集》卷八，页 295。
② 《伦理学》，前揭，页 102；试比较页 131-134、247-248。
③ 《文集》卷五，页 69-72。

摩西的教义所坚信的是这一感性且质朴的真理：人是一种在尘世间被赋予生命的动物；他享受尘世，使用神赋予的生命；他是属尘世的、被赋予生命的存在，以一种天真的方式，在自然的边界之内享受幸福。进而，切勿让他摧毁了他自己的这一本质，因为那本是神的目的之一；既然神可以说已经给予了他身体，那么他就不该试图通过成就为纯粹的灵而从身体当中解放，以追求幻想出来的福祉。神从地上取来尘土，仅往那尘土里吹进了一口微弱的生命之息，造就了人类。这就是人类。①

这与他后来的立场形成了鲜明的对比：他后来固执地将"灵"从"肉体"中分离出来，并且想象拯救是基于灵肉分离。现在，似乎可以确定，赫尔德这段话在哲学上承认了对旧约中"灵"概念的解释，这直接取自斯宾诺莎的《神学政治论》，因为赫尔德的解释的基础，是一种更加特殊的对旧约地位的解读。他在前文这样说道：

然而人难道仅仅是尘土吗？——不！这泥土所制的生物喘气（haucht），呼吸（atmet），生活。②

而在《神学政治论》中，斯宾诺莎曾对旧约中的"灵"（ruagh）概念有细致的分析：

我们必须确定 rough 这个希伯来字的意思。此字通常译为"灵"。rough 这个字的含义是风，例如，南风。但常用于别的引

---

① 《文集》卷五，页 72。
② 《文集》卷五，页 69。

申的意思,其用法等于:(1)气息……(2)生命或呼吸……①

斯宾诺莎对赫尔德影响的第二个阶段与《论人类灵魂的知性和感性》有关,在1774年的第一稿中,赫尔德就已经设想出心灵和身体之间的某种紧密结合。然而,当时他的观念的本质依然是以莱布尼茨的方式,把身体还原为心灵或单子(monads)。② 可是,在1775年的第二稿中,他添上了一段关于斯宾诺莎的直白讨论,这段讨论某种程度上是批判性的,但也具有部分的肯定意义。在此过程中,他注意到斯宾诺莎区分了神为人所认知的两种属性,即思维和广延(或者像赫尔德那样将后者称为"运动")。这一区分导致了赫尔德对斯宾诺莎著名的指责,他认为后者没能成功地把二者结合起来(他后来在《神:对话数篇》中重申了这一指责)。但是赫尔德还暗示(这一点不如前者知名,却至关重要),斯宾诺莎渴望以某种方式将这两种属性合为一体,在某种意义上他更加明确地拒绝了基于其中任何一方进行的还原:

> 它们都是属于同一个存在的特性,由于斯宾诺莎把它们隔得那么远,所以他进而忘记了,或是不再抱希望把它们拉近一些。③

在《论人类灵魂的知性和感性》的第二和第三版初稿中,赫尔德基于哈勒的"刺激"(Reiz)现象的学说,对心灵进行了似是而非的哲学式描述,此类描述可以说明,赫尔德或许认识到斯宾诺莎的目标并不是通过将两者中的一者简单还原为另一者的方式来建立灵与肉的同一性。因

---

① 《神学政治论》,前揭,页19。
② 《文集》卷四,页1094。试比较《文集》卷四,页236;《全集》卷八,页151-152、300。
③ 《全集》卷八,页266;特别应与后来的《文集》卷四,页707、709进行比较。

为赫尔德通常认为,"刺激"这种现象(肌肉纤维受到物理的刺激就收缩,刺激消失后就松弛)中就体现着身体和原始精神特征的结合。①

之后,赫尔德从自由意志论转向决定论,在《论人类灵魂的知性和感性》1778年刊行本中,他明显拒斥了关于人类个体的自由意志论,而主张某种类型的决定论:

> 人是机械机制的奴隶……但想象自己是自由的;被锁链奴役着,却误以为它们是花环……这着实是自由的第一个胚芽,我们能感觉到自己是不自由的,并且知道是什么束缚着我们。②

而十分类似的主张已经由斯宾诺莎在《伦理学》中表达过了:

> 人之被欺骗是由于他们自以为是自由的,而唯一使他们作如是想的原因是,他们意识到了自己的行为,而不知道决定这些行为的原因。③

赫尔德在这方面显然受惠于斯宾诺莎。他在文中说,自由是一个幻象,其基础是某种事实上的奴役;他还暗示,承认这一点乃是迈向一种更真实的自由的第一步("它着实是自由的第一个萌芽,我们能

---

① 事实上我认为,赫尔德1768年9月关于旧约中"灵"概念的文章,和《论人类灵魂的知性和感性》第二与第三版手稿中的某些文章,都体现了更加激进的立场,主张一种将心灵还原为身体的观点。而在其他著作中,我已经强调了他思想中更激进的一脉,这是由于其内在的哲学价值而产生的,可参看我的著作《赫尔德之后:德国传统中的语言哲学》(*After Herder: Philosophy of Language in the German Tradition*, Oxford: Oxford University Press, 2010),页28。为了将重点集中在他更公开的立场上,此处只能按下不表。
② 《文集》卷四,页362。
③ 《伦理学》,前揭,页108。

感觉到自己是不自由的。"）。就在他完成这篇文章之后，赫尔德立即发展出这种思想的一个更加明确的版本，斯宾诺莎在《伦理学》中已经清楚地表达过这种思想，赫尔德也明确地承认其来自斯宾诺莎：

> 哪里有主的灵，哪里就有自由，我们的认识愈深刻、愈纯粹、愈神圣，我们的能力也就愈纯粹、愈神圣、愈普遍，我们进而就愈自由……万物都匍匐在**各自的**地面上，但我们站得更高，我们在神创世的伟大感官中枢里漫游徜徉，这一感官就是那所有思想和感情的火焰——爱。这是至高的理性，也是最纯粹、最神圣的意志。如果我们不愿在这方面相信圣约翰的话，那么我们可能就会相信那无疑更加神圣的斯宾诺莎，他的哲学与伦理学整个地围绕着这条轮轴旋转。①

最后，我们还能从这段话当中看到，赫尔德《论人类灵魂的知性和感性》中的心灵哲学，在另一方面也依赖于斯宾诺莎《伦理学》中的思考（尽管这一点可能会引起今天哲学家的注意，但它不如之前讨论过的其他问题那么吸引他们），那就是认为知性和爱在根本上是一体的。这当然又是斯宾诺莎著名学说的另一个版本，它出现在《伦理学》靠近结尾的地方，讨论的是一种 amor dei intellectualis［对神的理智的爱］。②

总之，赫尔德1778年《论人类灵魂的知性和感性》中拥护的心灵哲学中，一系列最为核心和最为有趣的学说在很大程度上受到了斯宾诺莎的影响。

---

① 《文集》卷四，页363。试比较赫尔德在《神：对话数篇》中对斯宾诺莎决定论观点的明确支持（《文集》卷四，页734、741-742、766-767、786-787）。

② 《伦理学》，前揭，页263-266。试比较波拉切尔，《青年歌德》，前揭，页147-148。

形而上学－宗教一元论与普遍的决定论

赫尔德公开运用斯宾诺莎哲学的下一个阶段，也是最后一个阶段，体现在哲学上更加关键的形而上学和宗教方面，尤其是与形而上学－宗教的、普遍的（亦即不受限制的）决定论学说相关。这一阶段比之前几个阶段大体上要广为人知得多，所以我的讨论会略微简洁一些。

正如我们已经发现的，赫尔德从1768年9月开始对斯宾诺莎这方面的思想表现出兴趣，而在1773年到1775年期间，他基本上已服膺于这种思想。我最近引用的1778年《论人类灵魂的知性和感性》里的那段话，或许能被解释为这方面的公开暗示，但即便如此也只是相当模糊的暗示。赫尔德和歌德在18世纪80年代早期开始一起集中学习斯宾诺莎的《伦理学》，这一事实表现出赫尔德对斯宾诺莎持续且不断提升的认同。之后，赫尔德在1784年为《人类历史哲学观念》所写的序言中，清楚地暗示了一种新斯宾诺莎主义（neo - Spinozistic）的形而上学－宗教一元论[1]和普遍决定论。[2] 因此，在1785年雅各比和门德尔松关于这个问题的"泛神论论争"爆发前很久，赫尔德就已经接纳了斯宾诺莎形而上学－宗教一元论的核心立场。

泛神论论争在很大程度上给了赫尔德作为斯宾诺莎主义者亮相的勇气（尤其是通过公开揭示德高望重的莱辛也是一个斯宾诺莎主义者）。所以，赫尔德在1786年写给格莱姆的一封信里直言不讳地宣称

---

[1] 《文集》卷五，页17。

[2] 《文集》卷六，页14-15。正如《人类历史哲学观念》一书所呈现的，赫尔德以一种斯宾诺莎主义的方式拒斥了为解释自然或历史而诉诸目的因（final cause）的行为（我们还可以在1787年版的第三部分中看到这些内容，《文集》卷五，页568-569、623、625）。

"我是一个斯宾诺莎主义者"①之后,他在1787年出版了对新斯宾诺莎主义一元论和决定论最为明确、详尽的申明和辩护,这本书就是著名的《神:对话数篇》。

泛神论论争也促使赫尔德比过去更加彻底地发展和捍卫他自己的斯宾诺莎形而上学-宗教的立场。我们来考察这种发展和辩护所采取的形式。

在雅各比《书简》和门德尔松的回信《清晨》、《致莱辛的朋友们》的刺激之下,赫尔德出版了《神:对话数篇》。在《书简》中,雅各比表明,莱辛这位德高望重的哲人、评论家和剧作家(赫尔德对他尤其景仰),在去世前不久曾向他坦白自己已经抛弃了正统的宗教观念,转而支持斯宾诺莎主义。雅各比自己则在《书简》中以一种截然相反的哲学精神,主张斯宾诺莎主义和任何对理性的事实上的根本依赖都意味着无神论和宿命论,因此,为了实现对传统基督教一神论的信心一跃,应当对其加以拒斥。作为回应,门德尔松对雅各比关于莱辛的说辞在很多方面提出了疑问(譬如,莱辛可能仅仅是故意说反话,或只是在和雅各比开玩笑,等等);他还主张,指控斯宾诺莎暗示了无神论和宿命论,这在本质上是正确的,但也可以合理地驳斥这种看法,就此而言,理性自身是无辜的,可以在一种"净化后"的形式下重铸,从而避免他们所谈到的那些缺陷。雅各比的著作和门德尔松对其著作的回应引发了舆论的轰动,赫尔德要在《神:对话数篇》中对他们的观点进行调和。总体而言,他站在莱辛一边,反对雅各比,在某种意义上,他也通过捍卫某类"斯宾诺莎主义"的方式反对门德尔松。②但是,赫尔德版本的"斯宾诺莎主义"在很多重要方面对其原型进行了修改,这主要是为了缓和那些反对意见。

最重要的是,(1)赫尔德支持斯宾诺莎关于一元论的基本论点,

---

① 《赫尔德书简集》卷5,前揭,页172。
② 尤其参见《文集》卷四,页747-748。

他像斯宾诺莎那样,把这条单一的、包罗万象的法则等同于神(这当然立刻对斯宾诺莎主义是无神论的这一指控提出了挑战)。但是斯宾诺莎将唯一法则描述成实体(substance),赫尔则却把它说成力,或原力(primal force)。①

这一关键的修正,与赫尔德其他更进一步的修正之间存在密切的关系,包括以下几个方面。(2)赫尔德指控斯宾诺莎把唯一法则理解为不动之物(inactive thing),这种指控至少看起来是合乎道理的(他的"实体"概念和他当时的学说显然都以某种方式表明了这一点,尽管他立场中蕴含其他几个方面——比如把实体视为 causa sui [自因]和 natura naturans [自然而然]——势必与之相矛盾)。相比之下,赫尔德的关键修正则更加明确地使唯一法则变成了一种活动(activity)。

(3)斯宾诺莎的理论将思维的原因归于唯一法则,但是斯宾诺莎否认唯一法则自身拥有理智、意志和意图或者其自身就是一个心灵,赫尔德却声称唯一法则确实拥有理智、意志和意图。②此外,考虑到赫尔德的普遍心灵哲学将心灵等同于力,他将唯一法则和原力根本上等同的做法,也暗示了唯一法则就是一个心灵。进而,他在 1787 年的《神:对话数篇》中将神描述成"诸力之源,众魂之魂",③又在 1798 年的《论基督教的精神》中说神是一个精神(Geist)、一个心灵,这实际上就将斯宾诺莎的神重新心灵化(re‑mentalize)了,从而进一步削弱了雅各比和门德尔松说斯宾诺莎主义是无神论的这一指控。

(4)斯宾诺莎继承笛卡尔的思想遗产,以机械的方式看待自然

---

① 有意思的是,赫尔德在他 1769 年所写的一句半斯宾诺莎主义、半莱布尼茨主义的格言中就已经预示了这一重大的改动。在那句格言中,他说所有的现象"都是非常隐匿的思想之力集合的表现,说到底都是同一的!因为生命力,亦即电流与运动之力,还有重力,到最后都一定会被还原为一(auf Eines)"(《全集》卷三十二,页 199,试比较《文集》卷四,页 237)。

② 《文集》卷四,页 724–728。

③ 《文集》卷四,页 710。这一点需要特别强调。

（因此引发了雅各比、门德尔松关于宿命论的指责），而赫尔德（虽然他对力的正式态度是不可知论的）更倾向于认为那些在自然中做功的力是有生命的或有机的（他主要从莱布尼茨那里获得了这些概念）。

（5）赫尔德相信，斯宾诺莎的原初理论中包含着令人反感的二元论残余（继承自笛卡尔），这些残余在斯宾诺莎关于神的两种已知属性——思维和广延——之间关系的观念中存在着，在关于有限心灵及其身体之间关系的观念中也能找到（然而正如我们在《论人类灵魂的知性和感性》第二稿中所看到的，赫尔德也认识到，斯宾诺莎渴望克服这种二元论）。① 赫尔德则将神及其思维视作力，还把有限心灵及其心理过程也看作力，以此来克服所谓的二元论残余，这是由于赫尔德把力理解为在有广延的身体的行为当中展现出的那类自然本质。②

（6）赫尔德也和斯宾诺莎一样，认为时间最终只是神的显现，是真正永恒之神的一种形象，③ 所以他同样把空间也仅仅视作神的显现，而不是完全的实在。④ 赫尔德由此主张一种可以描述成观念论的无宇宙论（idealist acosmism），而非泛神论的斯宾诺莎主义。通过这种方式，

---

① 关于这一认识在《神：对话数篇》中的体现，见《文集》卷四，页707、709。

② 《文集》卷四，页709-710。

③ 斯宾诺莎并没有像他处理空间/广延那样，把时间列为神的属性之一。在第十二封信中，他反而把时间和尺寸、数字一起说成是"想象的模式，此外无他"；他暗示，以这种方式试图来理解物质和永恒是不可能的；他还补充说，很多人"把这三个概念与现实（混淆）起来，因为他们忽视了现实的本性"。见《斯宾诺莎书简集》（Spinoza: The Lettters，Hackett Pub Co Inc），页104。

④ 《文集》卷四，页713。试比较赞米托（J. Zammito）关于这一主题的讨论，见《赫尔德、康德、斯宾诺莎与德意志观念论的起源》（"Herder, Kant, Spinoza und die Ursprünge des deutschen Idealismus"），载《赫尔德和德意志观念论哲学：费希特研究增刊》（Herder und die Philosophie des deutschen Idealismus: Fichte - Studien - Supplementa, vol. 8, ed. M. Heinz, Amsterdam / Atlanta, Georgia: Editions Rodopi B.V., 1997）。

他进一步抵御了雅各比和门德尔松对斯宾诺莎主义是无神论的指控。①

（7）在《神：对话数篇》的末尾，赫尔德也简单地说明，自然作为一个由活生生的力组成的系统，是以一个原初之力为基础的，那原初的力就是神。他解释说，在这个系统中，相反的力之间的对抗发挥着重要作用，一个典型的范例就是磁体。这种系统进而被归纳为一种向着更高环节（articulation）不断进步的自我发展。②

德意志浪漫主义和观念论的形成

本文着重探讨了赫尔德从斯宾诺莎那里学到的四个方面的学说。他对斯宾诺莎哲学的挪用是一个渐进的过程，发端于18世纪60年代末，在70年代中期到80年代达到顶点。这四方面包括：解释学，尤其是圣经解释学；民主和自由的政治理念；自然主义的心灵哲学——拒绝对知性和意志进行任何的判然区分，拒绝灵肉二元论或用莱布尼茨的方式把身体还原为心灵，主张身体至少在本体论的层面上与心灵具有同样重要地位，以此方式使二者等同起来，并在对待人类时拥护一种决定论（同时伴随着更具神秘色彩的学说：认为最高级的认识乃是爱的一种形式）；最后，则是某种形态的形而上学-宗教一元论，它和普遍的决定论关系密切。

---

① 有趣的是，在1769年的《哲学原理》中，赫尔德对斯宾诺莎的解释已经预示了他的这一整个变动："斯宾诺莎相信万事万物都存在于神当中。他于是就拒绝了所有的距离和所有的星体；他只假定了一个单一的中心，他称其为神或世界。因此可以说斯宾诺莎既是一个观念论者，同时也是个无神论者。但其实他不是后者。"（《全集》卷三十二，页228，试比较《文集》卷四，页237）其次，我之前引用到的赫尔德1775年写给格莱姆的信对这整个变动的彰显则稍晚一些（《赫尔德书简集》卷三，前揭，页151）。请注意，在这一变动与赫尔德的斯宾诺莎主义心灵哲学之间存在着深刻的张力。

② 参见《文集》卷四，页778–794。

这些学说接下来构成了德意志浪漫主义的基础，晚期的德意志唯心主义也至少共享了这些基础，因此我们可以说，斯宾诺莎确实处于这些伟大的德意志哲学运动的心脏地带。对于后边这些在哲学上更为基本的学说来说尤其是如此，所以就让我们从后往前展开考察。

首先是形而上学－宗教一元论。正如我之前所说，在18世纪末至19世纪初，一股新斯宾诺莎主义形而上学－宗教一元论的旋风席卷了德意志哲学。除了我们已经在文中讨论过的三位开拓者——莱辛、赫尔德和赫尔德的追随者歌德之外，德意志浪漫主义的奠基人施莱尔马赫、施勒格尔和诺瓦利斯也都接受了这种学说，德意志唯心主义后期最重要的代表人物谢林和黑格尔也是如此。① 这很大程度上都是赫尔德拥护新斯宾诺莎主义的结果——尤其是在《神：对话数篇》这部著作中——他们也在很大程度上采纳了赫尔德对斯宾诺莎的修正立场。比如，施莱尔马赫在18世纪90年代接受斯宾诺莎形而上学－宗教一元论时也吸收了赫尔德的观念，即作为一个原力的一元法则。

此外，正如我们在别处详尽论证过的，黑格尔一开始也是如此，尽管他最终通过对赫尔德这一观念的内在批判，实现了对那种一元法则（和有限心灵）的更加激进的解释。这种解释事实上把它和它在物理行为中的表现等同起来。② 黑格尔也接受了赫尔德对斯宾诺莎的修正：赫尔德依据斯宾诺莎关于时间本体论地位的观念，修正了斯宾诺莎关于空间本体论地位的观念，亦即把空间看作永恒之神的单纯显现（唯心主义的无宇宙论），黑格尔也用这种方式解释斯宾诺莎。此外，赫尔德对斯宾诺莎的"实体"进行了重新的心灵化，这一点也为黑格

---

① 早期的德国唯心主义者如康德和费希特也受到了斯宾诺莎的形而上学立场的影响，尽管其受影响的方式并没有那么明显和直接。关于这一点，参见林德，《斯宾诺莎主义问题》，前揭，176-182。

② 参见我的论文《黑格尔精神概念的起源与性质》("Ursprung und Wesen des Hegelschen Geistbegriffs")，载《黑格尔年鉴》(*Hegel - Jahrbuch*)，2011。

尔所采纳，他像赫尔德那样把实体也当作精神或心灵来看待（尽管黑格尔比赫尔德说得更加清楚，后者的学说只是对斯宾诺莎的修正而非解释）。

再举一例，谢林的自然哲学就像黑格尔的自然哲学那样，从赫尔德《神：对话数篇》末尾对自然的概述中汲取了很多灵感，尤其是赫尔德如下的观点：自然是一个以原力亦即神为基础的、由各种活生生的力组成的自我发展的等级系统，它在不同力的对抗中发展，磁体就是一个典型的例子。①

与此相似的意象接下来开始涌现，它与斯宾诺莎—赫尔德的普遍决定论密切相关：18 世纪 90 年代，施莱尔马赫版的斯宾诺莎主义就包括了这一要素。稍晚一些的成熟的黑格尔哲学也认为，有限精神和绝对精神都得屈从于必然性。

我们再来看心灵哲学。施莱尔马赫从他 18 世纪 90 年代最为彻底的斯宾诺莎主义阶段开始，就把斯宾诺莎—赫尔德自然主义的三条主要法则吸收到自己的心灵哲学中，以此来构建他自己心灵哲学的核心。他在后来的心理学讲座中也继续坚持这一点：拒绝在认识和意志之间进行明确区分，拒绝二元论，也拒绝用莱布尼茨的方式把身体还原为心灵，而主张一种非还原论的灵肉一元论和决定论。黑格尔亦然，虽然他已经做了必要的修正。

从斯宾诺莎与赫尔德，到德意志浪漫主义与唯心主义，在这一思想谱系当中，民主自由政治理念的连续性要弱一些，尽管如此，这一点依然意义重大。譬如，施勒格尔在 18 世纪 90 年代的时候就是一名激进的民主自由派（他 1796 年的一篇短文就在捍卫这些政治原则）。施莱尔马赫在 18 世纪 90 年代对民主和自由主义也抱有同情态度，在以后的生涯中，他始终都是一个自由主义者。这些政治理念对青年谢

---

① 关于最后一点，试比较林德《斯宾诺莎主义问题》，前揭，页 174-175。

林和黑格尔也产生了强烈的吸引力。

最后一点关乎斯宾诺莎和赫尔德的解释学方法论。他们共享的一些原则，后来也成为施莱尔马赫解释学的核心原则。比如：切忌把对圣经的解释建立在对神圣感应的臆想基础上，也万万不可求助于没有正当化的寓意或听从权威，而应该像解读其他所有古代文本那样小心翼翼地进行求证；在解释此类文本时，必须特别关注它们与众不同的历史语境；即便解释的是圣经，也必须把意义的问题和事实的问题明确地区分开来；必须承认圣经当中出现的错误和矛盾；意义是由言辞的用法所决定的，所以发现与之相关的语言用法乃是解释工作的中心任务；一定要依凭关于作者个人心理状态的知识来进行解释。斯宾诺莎和赫尔德的这些法则，在施莱尔马赫的同道施勒格尔的早期解释学理论中——尽管不如施莱尔马赫那样广为人知——也发挥了重要作用。(但是这种解释学方法对德意志观念论的影响就弱多了)。

我们可能已经证明，斯宾诺莎主义的一元论原理本身可以接受不同的版本和变体。斯宾诺莎自己认为那条一元法则就是神，而且在某种程度上赋予思维与广延同等的地位。因此，早期的谢林和黑格尔在他们的"同一性哲学"(philosophy of identify)中成了斯宾诺莎的忠实追随者。相比之下，成熟时期的黑格尔虽然也把一元法则视作神，但他在修正该法则时把思维(或心灵)提升到了广延(或自然)之上。最后，费尔巴哈、马克思和之后的自然主义哲学传统不再把这条一元法则与神等同，而是采取与黑格尔对立的方法对其进行改造，使物质保持对精神的优越性，而非相反。[①] 像当代的许多哲学家那样，我的哲学直觉对最后一个变体——无神论的唯物主义也抱有最多的同情。虽然我们不能准确地说这是斯宾诺莎原理的本来面目，但它仍然属于

[①] 对于了解费尔巴哈和马克思的斯宾诺莎主义变形有所帮助的见解，参见约维尔(Y. Yovel)，《斯宾诺莎与其他异端者》(*Spinoza and Other Heretics*, Princeton: Princeton University Press, 1989)，章3、4。

斯宾诺莎原理的变体和派生。就此而言，我们可以说，他的原理至少可能包含着一种洞见，并在今天仍维持着它的哲学承诺。

结 论

和前辈莱辛一样，赫尔德服膺于一种富有远见的普世主义，也因此能够像莱辛一样，抵抗那种腐蚀了他许多德意志同代人的反犹主义，这些人当中包括他著名的老师康德（他自己的正式身份是一个"世界主义者"，但是比起全人类来，那些骇人听闻的反犹主义者、种族主义者和歧视女性者可能会对他的"世界主义"更加感到亲切）。除此之外，赫尔德也因此对作为宗教和文化传统的犹太教深感同情。关于这一点，我们可以回想一下他对自己旧约阅读法的评论："我的阅读方式是东方人的、犹太教的、古代的与诗化的。"[①] 这种对犹太教的世界主义开放心态，也使莱辛和赫尔德严肃地对待并最终接纳了现代最伟大的犹太哲人斯宾诺莎的思想。由此，他们不仅使一种巨大的文化不公得到了纠正，还使斯宾诺莎从德意志的弃儿变成了那个时代最为声名卓著的哲人。在此过程中，他们也为德国哲学中极其重要的概念赋予了形体，这些概念将在未来的几代人中变得充实。

---

① 这种方法最终在他的《希伯来诗歌精神》(1782)中获得了最辉煌的成果。

赫尔德与卢梭
——民族文化和政治合法性

伯纳德（F. M. Barnard） 撰

姚啸宇 译

赫尔德往往被视为文化民族主义的鼻祖，据说是他特别强调了人民的伦理特质独一无二的重要性。而卢梭则被视为政治民族主义学说的创立者，据说是他把民族性（nationhood）完全等同于人民集体意志的表达。此类评价是否准确？这是一个关键的问题。搞清楚以下两种比较有影响的对文化民族主义的评价哪一个更加接近真相，并不是我研究的主要目的。这两类评价分别来自梅尼克与汉斯·昆（Hans Kohn），前者认为文化民族主义在政治上无害，后者则认为它在政治上危险。他们可能都对。梅尼克怀疑赫尔德与早期德意志浪漫派的思考仍偏于普遍主义（universalism），很难将他们与启蒙普世主义（cosmopolitanism）一刀两断，他们以权宜的态度决定实际的政治方向，这在政治上也过于天真。与之相似，汉斯·昆恐惧文化民族主义的原因在于，文化民族主义有可能对开放社会、个人选择和言论自由造成威胁。

然而我更想说明的是，假如赫尔德的"文化"学说或卢梭的"政治"学说仅仅关注庆典习俗、传奇故事、语言和民间舞蹈，或是国家性（statehood）本身的创造、保存与复兴的话，那么，它们对民族主义的核心观念又能有多大的贡献？当然，无论"文化"的还是"政治"的民族主义者，往往会认为"民族性"的内涵不仅是作为现有国家的一员，而且不仅源于梅尼克所说的国家民族（Staatsnation）意义上的现实存在的国家，[①]确切地说，是民族性与国家性之间一致性的缺乏，促使民族主义者追寻政治民族独特认同的合法化。因为民族性与任何特定国家之间不可能天然地一致，所以，一个国家的合法性基础也就成了问题。在这个问题上，民族主义者们得到了卢梭与赫尔德同等程度的指引，因为卢梭坚持一个国家或政治民族必须建立在基于集体特征而统一起来的文化民族（cultural nation）的先天存在基础之上。

但如果政治民族主义——根据卢梭以来的理解——要求民族性先于国家性，那么文化民族主义与政治民族主义之间的对立就失去了力量。那么它们之间的区别还剩下什么呢？我们还能否在赫尔德与卢梭的贡献当中找到什么差别？对此加以探究，或许我也能阐明一个更加普遍的问题，那就是文化民族主义是否在总体上不同于政治民族主义，或者，两者根本上——正如我想表明的那样——都仅仅是同一种民族主义学说的变体？

把赫尔德与卢梭之间的对立视为非政治的和政治的民族主义之间的对立，我认为这是相当成问题的，但我绝不否认他们之间存在着重大差异。事实上，这些差异在很大程度上显得更加基本且意义深远，因为它们体现为赫尔德与卢梭关于政治本身的不同观念。认识到这一点并不困难，从接下来的讨论中，我们可以明显地看到，即便并不是极端对立，赫尔德与卢梭在关于自然人、关于人类语言与社会契约，以及关于历史发展模式和社会总体福祉等方面的观点都大相径庭。在讨论这些分歧时，我要采用四组最主要的区分，它们分别是："制作"（making）与"生长"（unfolding）之间的区分；托马斯主义关于实质性的整体（substantive wholes）与偶然的整体（accidental wholes）之间的区分；社会学上对共识（consensus）与合作（cooperation）的区

---

① 梅尼克（Friedrich Meinecke），《世界主义与民族国家》（*Weltbürgertum und Nationalstaat,* Munich, 1963），页 10–26。

分；以及梅尼克对国家—民族（state‑nations）和民族—国家（nation‑states）所进行的区分。我的论点包括：（1）赫尔德对民族主义学说的贡献不在于他使民族性的概念去政治化了，而在于他像卢梭那样，重新对政治本身进行了定义。（2）赫尔德与卢梭的路径尽管存在显著差异，但他们本质上都在共同追问政治的合法性——他们都渴望揭示社会实现自我认识并只能通过这种方式使自身合法化的根源。

一　文化与自然

如果不考虑实质和重点上的区别，那么可以说，赫尔德与卢梭共同分享了一个亚里士多德式的预设，那就是一切事物皆因其固有本性（inherent nature）才能够实现完善。既有（the given）和意欲（the aspired to）、实然和应然的交织，使得事实与价值、传统与理想、被发现物与被创造物之间的界限有可能变得极其模糊。"文化"和"自然"的含义，就其本身而言，也就始终含混不清。

诚然，将文化与自然融为一体的尝试有它自己的问题意识。卢梭、赫尔德或浪漫派呼唤自然时，他们的目的在于用真实和自然来反对做作和人为。他们希望提醒人们，自然的生长可能受到了妨碍，人的能力与人的发展遭到了扭曲，简而言之，"进步"可能意味着衰败和异化。显而易见的是，人类的文化不单单是一个历史连续性的问题，也不单单是在人们身上的确发生或由人造就的事情随着时间流逝而逐渐累积的结果。为了获得合法性，文化不得不从表面上的连续性中恢复过来，这种连续性处心积虑地隐藏了意义和实质的重要断裂，从而有助于把堕落伪装成真正的发展。因此，为了使未来成为合法的，就必须对过去进行重构，进而不得不在各个方面都重新追溯过去走过的道路，并且再次占有我们真正的遗产。为了将民族文化呈现为真正的文化，我们必须让人们看到，民族文化的呈现意味着恢复原初的和真正的本质，总之，这一本质就是有机体这一隐喻背后蕴含的那种冲动。

不加区别地把所有恶意、反动、极权主义、种族歧视和精英主义的谋划都归于有机体论,这样无法抓住要领。在大多数情况下,有机体的隐喻是必要工具,可以使文化和自然的动态融合变得明白易懂并且具有说服力,对于卢梭与赫尔德来说情况无疑就是这样。

融合自然既有之物和文化创造之物的尝试包含某些困难,相应的那些解决方案立不住脚,然而民族主义的学说并未遭到削弱,事实上其吸引力反而因此增强。因为,可以证明,自然与文化的融合所需要的那种含混,毫无疑问为民族主义意识形态的传播提供了极其肥沃的土壤。我会详细说明两种影响深远的通往民族性观念的进路之间的区别,但在这之前,我还是要先概括一下它们的共同之处。

首先,赫尔德与卢梭都拒绝接受霍布斯的自然状态学说。的确,卢梭认为人天生就不具有社会性,然而他跟赫尔德一样,都同意自然人天性爱好和平。然后,他们都对普世主义怀有一种深刻的不信任感。尽管内心都是普遍论者,但他们都把普世主义当作一套空话、一种无意义的抽象而不予采纳。他们将普世主义视为流传至今的自然法传统中的一个部分,但在他们眼里,这一传统建立在对并不存在的国际秩序的幻想之上。此外,赫尔德和卢梭一样,是一个极端的平等主义者,他质疑财富和财富间接创造的社会特权。他们都厌恶所谓的高级文化,主要是因为它生长自不平等的社会土壤。与他们众多的浪漫派"追随者"迥异的是,无论卢梭还是赫尔德,都无意将中世纪理想化,因为中世纪严格的等级制度与根深蒂固的不平等无法吸引他们。在他们眼里,民族性或国家性得以建立的根基是普通民众,而非贵族、教士和知识人。尽管在关于"缔造民族国家"(nation‑building)的问题上观点不合,但他们一致同意,民族的根基若要具有本真性,就必须源于普罗大众。最后,在敌视一切形式的个人依附关系的方面,赫尔德丝毫不亚于卢梭。超出家庭之外的社会关系不应要求有主奴之别,因此法治应当取代人治。

除此之外,他们二人都认为宗教本质上是民族的;从历史上看,民族和宗教总是相互伴随的。卢梭之所以重视宗教，主要是因为宗教在增强民族凝聚力和政治纽带方面起着工具性作用，而赫尔德作为一个相当虔敬的思想家，则十分重视宗教本身的价值。虽然如此，他们都注意到宗教在加深一个民族的集体认同感和自我意识方面的作用。卢梭和赫尔德这方面的灵感都来源于以色列的历史。对赫尔德来说，摩西乃是"万世师表"；[1] 卢梭则极力敦促波兰人追随由摩西和希伯来人所设立的典范。

他们对待基督教的态度也相近。赫尔德对古老宗教遭到摧毁深感痛心，因而指责基督教的传教士和统治者从许多土著人民那里残酷地剥夺了"他们的特性、他们的情感和他们的历史"。[2] 卢梭则更进一步在组织化了的基督教当中看到了民族毁灭的种子。耶稣希望在尘世建立一个精神王国，通过这种方式，他把宗教制度与政治制度割裂开来，从而摧毁了民族的统一。卢梭还补充说，从那以后，基督教就"造成了信仰基督教的各个民族永不休止的内部分裂"。[3]

接下来，虽然卢梭与赫尔德主张民族的独特性，但他们没有像很多浪漫派分子那样，把这一观念与类似弥赛亚传统中的选民观的那种民族神圣使命联系起来。他们说每个民族通过充分认识自己的独特本质，而使自身的人性品质得到完全充实，但这绝非暗示普遍的救赎依赖于任何独特民族的自我实现。

最后，除了他们两人在文化民族向政治民族转型方面的分歧之外，赫尔德与卢梭还有一个完全一样的信念：他们都认为最关键的问题，在于一个人对自己和与自己一样的其他个体的体察和理解。他们

---

[1] 《全集》卷七，页 128、168。

[2] 《全集》卷二十四，页 42-49。

[3] 《全集》卷二十四，页 219。卢梭，《社会契约论：附日内瓦手稿与政治经济学》(*On the Social Contract: with Geneva Manuscript and Political Economy*, ed. Roger D. Masters, trans. Judith R. Masters, New York, 1978)，卷四第八章"论公民宗教"，页 126。

觉得，这种体察和理解唯有在某种构成我们关于自己和他人的经验语境当中才能获得。只有靠这些语境，才能确保我们在任何特定的发展时期或阶段中的真实自我认知。一个人的自我体验和像自我体验般体验他人感受的经历，将构成一段连续的、有意义的本真体验，这一体验本质上基于一个人的语境式存在，同时又反过来决定着这种存在。

在接下来的两章里，我将转而对两位思想家各自进行探讨，同时我还要重点讨论与我们的目标密切相关的两个问题。首先，是什么让个人的简单聚集转变成一个集体？换句话说，是什么使孤立的个体变成了一个庞大整体中的成员？又是什么使人民（people）变成了一个民族（a people or nation）？其次，一个民族一旦建立之后，是什么让其生存下来？卢梭与赫尔德都乐意承认，就这两个问题而言，他们很大程度上受到了孟德斯鸠的启发。他们像孟德斯鸠那样，着手解决文化的相互关系（cultural interrelation）与社会互动（social interaction）的问题。

然而除此之外，他们还特别关心一系列更加具有特殊规范性的问题：是什么构成了最可欲的生活单位（unit）？在治理这一单位的种种形式当中，哪一种——假如存在的话——是最合于自然的，或者至少是最不违反自然的？尽管他们在心理学方面的洞察力和对独一性和不可比性的特殊倾向都超过了孟德斯鸠，但他们和孟德斯鸠一样，在探讨"民族精神"或"民族品质"形成过程中起作用的力量时，对内在的或"遗传"的动因和外在的或"环境"的因素的评价总是摇摆不定。但是从总体上看，相当离奇的是，赫尔德热衷于一种内在发展亦即自发生长（spontaneous unfolding）的观念，而卢梭更加强调外在因素的作用，尤其是立法者在塑造民族的过程中所扮演的角色。我之所以说这是"相当离奇"的，是因为他们两人当中只有赫尔德承认自己是一个改革者，而卢梭并没有这样说过。在赫尔德那里，我们看到了非比寻常的使命式的热情和最为高亢的乐观主义精神。反观卢梭，即便不是彻底悲观，却也没有那么乐观，他对彻底改变世界的行为充满了怀疑。尽管如此，二人都认为，为了使发展获得合法性，就必须在文化和自然之间保持某种平衡。换句话说，文化永远不能离自然需求太远。但赫尔德与卢梭都意识到，这种平衡是相当脆弱的。

二 卢梭：缔造政治民族

卢梭的思想众所周知，所以我会限制在单纯的比较性探讨当中。赫尔德完全承认他受惠于卢梭，而且几乎毫无疑问的是，赫尔德广泛地吸收了卢梭的观念，甚至在他最极端地反对卢梭的时候也是如此。可以这样说，这些观念成了赫尔德自己反思民族诞生问题时所用的滤器或筛子。

卢梭主张，一个人通常无法感受到所有的人性情感。为了使人性的情感活跃且有意义，他必须把对他人的兴趣和同情心限制在和自己朝夕相处的那些人的范围之内。他必须体验到这种情感。对卢梭来说，对自己祖国的爱"比对情妇的爱数以百倍地激烈与愉悦"，并且除了身临其境的真实体验，我们根本没有别的办法去设想那是怎样的感觉。[1] 然而为了成为爱国者和公民，人们必须首先成为其中一员：他们不再是一个个独立的个体，而是转变成更大整体当中相互依存的各个部分。然而在这一切的发生成为可能之前，他们还必须先体验一番与他人的亲和，因为只有这样，某些共同生活的基本原理方能呈现为现实。但其实，卢梭并没有明言这一变化如何发生。他完全承认，这种变化可能已经以很多方式发生过了，而他自己也仅仅给出了种种推测的其中之一而已。与此同时，他又认为这些推断合情合理，"尽管它们无法用事实来证明其确定性"，但也不能轻而易举地推翻它们。[2]

---

[1] 卢梭，《政治经济学》，载《社会契约论：附日内瓦手稿与政治经济学》，前揭，页 219。

[2] 见卢梭，《论不平等的起源》（*A Discourse on the Origin of Inequality*, ed. and trans. Lowell Bair, New York, 1974）第一章，页 172。

关注卢梭这一假设的依据，对我们的研究将会有所助益。他说，当推论"根据事物的自然本性（nature）最有可能时，它就是合理的"。①卢梭进而在"事物的自然本性"中预设了某种进化的逻辑，通过这种逻辑，人性必须到达"自然状态当中的最后阶段"。②在这个阶段，个人还不是一个完全的社会存在，更不用说成为社会整体中具有自我意识的其中一员，但他已经得到了某种亲近他人的意识，并且开始认识到相互关系中的一些准则。卢梭把人类发展进程中这最后的自然阶段近似地呈现为从离群索居的动物性（unsociable animality）到无意识的社会性（unconscious sociability）之间的过渡，这一阶段的特征是语言和超出家庭范围的沟通交往。③在这一阶段，人们的生活据说变得更加固定安稳，并终于形成了"有共同风俗和显著性格的"个别民族。这些人之所以形成这样的个别民族，"并不是由于规章和法律，而是由于分享单一的生活方式"，以同样的食物为生，说共同的语言，居住在特定的地区和气候环境当中。④这些早期的集体只是民族的雏

---

① 卢梭，《论不平等的起源》第一章，前揭，页172。
② 卢梭，《论不平等的起源》第二章，前揭，页173。
③ 卢梭，《论不平等的起源》第一章，前揭，页162。
④ 卢梭，《论不平等的起源》第二章，前揭，页177。对于卢梭而言，语言不同于手势和无意义的声音，只在有人需要用它来充当两种交流角色时才会发生，一种角色要主动向他人传达观念和情感，另一种则要被动地从他人那里接收信息。只有等到语词被说出来，语言才能够存在；因此，它的产生完全是不断增长的社会交往的产物。见卢梭，《论语言的起源》（*Essai Sur L'origine des Langues*, Paris, 1974），页88-89。卢梭的这种语言概念是对亚里士多德语言观的效仿。后者认为，既然自然的一切作为是为了某种目的，那么她［译按：即自然］之所以单独把理性言说的能力赋予动物当中的人，其目的完全在于使人成为一种政治动物，而不是像蜜蜂那样纯粹只是一种群居的动物（《政治学》卷一，1253a2-9）。在卢梭的描述当中，语言与政治同样密切相关，在他看来，语言反映了一个特定国家的政治状况。如果像发号施令那样，言辞总体上简短且精确，那么就不会有人费事训练口才了，因为在一个被强力所控制的民族当中，说服并不是必要的。另一方面，当这些民

形,是民族——确切地说是政治民族——得以建立的基础。因为尽管他们已经"被一些共同的起源、利益和习俗捆绑在了一起",但他们还没有意识到他们是一个民族,也没有通过规章和法律正式地联合在一起。① 用黑格尔式的术语来说,这些不假思索形成的集体可以视为纯粹自在而非自为的民族。

显而易见的是,正是在(非政治)自然状态的最后阶段,"文化"进入到了"自然"当中。因为随着社会性的出现,人们开始意识到他们还需要某些准则和价值,而不仅仅是对自我保存的纯粹生理需求。换言之,一旦它们开始意识到彼此之间的亲密关系,并且意识到从相互依赖当中产生的价值,有关相互理解的准则就开始占据他们的脑海,并且影响他们的日常追求。他们在作为自然人(persons of nature)的同时也开始成为文化人(persons of culture)。然而,在卢梭的图景当中,从这一刻开始,那自然的、进化的、有机的内在发展模式就要求一个更高的、像神一样的人的外在干预,这个人作为立法者而存在,他要促使一个民族从自在的变成自为的。②

卢梭再清楚不过地描述了这一干预的外在性(externality):立法者不属于这个民族;他是一个具有超凡魅力的外来者,他的作用就是确保民族性从非反思、非政治的阶段进入到反思和政治的阶段。他必须具有超凡的魅力以确保他拥有的全部权力,这是由于卢梭杜绝使用

族处于自由环境当中的时候,由于说服取代了公共的强力,他们的语言就会是洪亮且富有韵律的,口才与雄辩就成了语言所不可或缺的一部分(《论语言的起源》,前揭,页 173–174)。

① 卢梭,《论语言的起源》,前揭;又见《社会契约论》卷四第 10 章("论人民"),前揭,页 74。然而语言不能凭借自身就聚集人民,因为对卢梭来说,语言不具备一种可以维持团结意识的凝聚力。语言的价值本质上是工具性的:它使公意成为可能。所以,语言对社会和政治凝聚力的贡献仅仅是间接的。

② 卢梭,《社会契约论:附日内瓦手稿与政治经济学》,2.7("论立法者"),前揭。

武力，而且立法者的职能的确相当有限，因为在这个正在产生的政治民族的结构中，他并没有公认的地位或者官方权威。① 卢梭也同样直白详尽地处理了这个变革过程中的各种微妙的变动。虽然这一变革是彻底的，而且总会使这个民族面目全非，但它绝不能抹去该民族独特的文化认同。换句话说，变革永远都不应该彻底摧毁一件事物本质的自然天性（nature）；毋宁说，这样的变革更应当使自然天性得到恢复、还原、保存，并臻于完善。因此，变革的时候必须小心谨慎，如履薄冰。绝大多数情况下，变革都是不可逆的，木已成舟的事情不可能轻而易举地回到原初的状态。卢梭明确强调，就何时、何地和如何"缔造民族"的问题而言，有三点至关重要，亦即合时性（timing）、适宜性（suitability）与可行性（manageability）。彼得大帝因为极其糟糕的时间选择而受到责难，他试图缔造俄罗斯民族的行动过于冒进了。更糟的是，他完全没有考虑适宜性和可行性的问题。结果，他并没有使一个自在的民族转变成自为的民族，也没有让俄国人成为更完全意义上的俄国人，而是试图把俄国人变成德国人和英国人。"由于他说服他的臣民相信自己是他们本来所不是的那种样子"，从而永远妨碍了他们变成他们所可能变成的那种样子。②

但如果说这一尝试在俄国进行得过早，那么在波兰则为时太晚。所以，其立法者面临的首要问题与其说是该创造什么，不如说是该摧毁什么。③ 相反，科西嘉的时间选择却刚刚好。根据卢梭的评价，在

---

① 卢梭，《社会契约论：附日内瓦手稿与政治经济学》，2.7（"论立法者"），前揭。

② 卢梭，《社会契约论：附日内瓦手稿与政治经济学》，2.8（"论人民"），前揭，页71。

③ 卢梭，《社会契约论：附日内瓦手稿与政治经济学》，2.10（"论人民"），前揭，又见卢梭，《关于波兰政体的思考与其他政治论集》（*Considerations sur le gouvernement de Pologne, Political Writings,* ed., C. E. Vaughan, Cambridge, England, 1915），卷二，页 427–37。

成为一个政治民族方面，科西嘉是非常成熟、合适而且易于操作的欧洲国家。明智的立法者应该成竹在胸，了解他即将塑造的民族，凭借自己的人格和"灵魂的伟大"，而不是借助发号施令来施加影响，可以在不正式拥有权威的情况下靠说服而非任何武力施行权威，总之，这样一个近乎超人的人可以创造奇迹，他能使一个最渺小的民族在体格（stature）而非体量（size）方面变成最伟大的民族。[1]

一个立法者什么时候能够成竹在胸呢？对卢梭而言，这是决定性的问题。他心知肚明，哪怕最优越的体制，若对于民族本身不具有适用性，也不会有什么益处。智慧的立法者"并不从制订良好的法律本身着手，而是事先要考察一下，他要为之立法的人民是否适宜于接受那些法律"。[2] 必须给每个民族最适宜自身的制度。既然法律仅仅是在"保障、伴随并矫正"种种自然关系，那么从非政治文化当中生成的一个民族的政治文化，就必须与种种自然关系相和谐。[3] 与此相反的情形是可怕的：一个没有成竹在胸的立法者可能使一个民族沦落到远比过去更为恶劣的状态。[4] 根据卢梭的观点，我们根本不可能脱离自然本性、文化和历史来创造一个政治民族。也就是说，民族的建立不仅与其理性目的和政治意志相关。一个民族既要求同一性，也需要连续性，既要求政治结构的创造，也需要文化传统。

从适宜性和可行性的问题当中引出了体量方面的问题。在这个问题上，卢梭极其迫切地使自己不显得过于教条主义。在一片既定土地的区域大小与生活其上的居民的理想数量之间，不可能存在一个固定

---

[1]　卢梭，《社会契约论：附日内瓦手稿与政治经济学》，2.7。

[2]　卢梭，《社会契约论：附日内瓦手稿与政治经济学》，2.8，前揭，页70。

[3]　卢梭，《社会契约论：附日内瓦手稿与政治经济学》，2.11（"论各种不同的立法体系"），前揭，页76。

[4]　卢梭，《社会契约论：附日内瓦手稿与政治经济学》，2.8（"论社会状态"），前揭。

的、算术意义上的精确比率。① 卢梭认为，一般说来，"按比例而言，小国要比大国坚强得多"，其原因在于"社会的边界越是伸张，就愈加松弛"。② 比如波兰与科西嘉相比，就过于幅员辽阔了。卢梭建议波兰人尽其所能缩小他们的国家，使其达到易于管理的均衡比例。③ 真正重要的问题不是扩展民族边界，而是强烈的民族意识。为了获得这种民族意识，一个民族必须足够小，以便体验作为一个独特自我的自身。

在卢梭看来，这一朝向自身的转向需要非常猛烈的手段。一个民族必须完全地独立，只有避免与其他民族贸易往来和比较的民族，才能指望获得真正的独立自主，并获得确保其生存的隔离手段。只有完全以自我为中心的民族，才能真正地保持其自身。此外，一个民族还必须在内部实现某种程度的团结一致，弥合整体利益与每个成员利益之间的鸿沟。为了获致这种程度的团结，必须创造出一种民族的 esprit de corps［集体精神］，在其中，每个公民都能在公民性当中看到至高的道德的善。这至少要求一种新道德、一种完全的公共精神的出现。但是对公民来说，为了感受到对本民族高于一切的忠诚，仅仅拥有优良的法律还不够。由可预期的最好立法者设计出来的可预期的最佳制度，还不能保证这种忠诚。一个民族的体制只有在它具有活力（vécue）的时候，在它被充分体验到的时候，在它"不是铭刻在铜表上，而是铭刻在公民们的内心"时，才能够生机焕发。④ 这种强烈的

---

① 卢梭，《社会契约论：附日内瓦手稿与政治经济学》，2.10，前揭。
② 卢梭，《社会契约论：附日内瓦手稿与政治经济学》，2.9（"论人民"），前揭，页 71。
③ 卢梭，《关于波兰政体的思考与其他政治论集》，卷二，前揭，页 442。
④ 卢梭，《社会契约论：附日内瓦手稿与政治经济学》，2.12（"法律的分类"），前揭，页 77。卢梭对"每日重生"（daily renewal）的强调十分明显地预示着一个多世纪之后勒南（Ernest Renan）"每日表决"（daily plebiscite）的观念。

民族归属感说到底并不是法律或任何正规体制的产物。归根结底，习惯、风俗，尤其那种真正意义上的公意，才是至关重要的因素。卢梭认为，政治理论家们一直以来都令人遗憾地忽视了"公意"，没能认识到它应有的重要性。对卢梭来说，无论就来源还是内容而言，公意都是民族团结最为可靠的希望。而检验其存在的最为可靠的提问就是：是否每一个人都会不断扪心自问其行动是否有利于国家和民族？①

并不是说通过一星半点的妥协就能实现这种程度的民族意识。为了实现这种意识，个人必须彻底摒弃他原有的一切自我中心的思维模式。任何没有与个人的"自然"权利完全划清界限的事情都不能做。②为保障个人而与不同于君主国（dynastic state）的民族国家敌对，这样的问题是不该出现的，因为那意味着个人仍然认为自己与整体有别，其利益与民族的利益也不一致。③

卢梭心知肚明，社会上的人并不必然有这样的观念和感受。公民、esprit de corps［集体精神］、公意，以及对普遍意志的认同，都不是理所当然的事情。立法者完成了他的工作之后，这一切就不是自发出现的了。一种旨在维持卢梭设想的严格意见一致的政治文化，需要的东西比法律更多，这种东西要么源于其自身，要么与一个民族的前政治品性相协调。在卢梭看来，这"更多"的需要，就是教育、宗教，还有对公共活动本身的近乎不间断的参与。教育必须服从于最为严格的公共管控和审查，不能把它交给私营的教师，正如不能把宗教委托给独立的神职人员那样，因为无论是教育还是宗教，其目的都不在自身之内。它们的存在、它们被设计时的目的，都是服务于民族团结，

---

① 卢梭，《社会契约论：附日内瓦手稿与政治经济学》，4.1（"论公意是不可摧毁的"），前揭。

② 卢梭，《社会契约论：附日内瓦手稿与政治经济学》，1.8（"论社会状态"）；卷二，第七章，前揭。

③ 卢梭，《社会契约论：附日内瓦手稿与政治经济学》，1.7（"论主权者"），前揭。

都是为了在每个公民的心中灌输永不消褪的对祖国的忠诚。公共比赛、庆典、严格的体能训练和一支公民军队,则从其他方面开展服务。卢梭表明,通过这些办法,公民们将很少有时间也几乎不会倾向于沉思反省或从事派系斗争。①

确切地说,一个19世纪的自由主义者不会为卢梭的民族缔造蓝图而奋斗,而卢梭也不是19世纪的自由主义者——不管他除此之外是什么。他视国家和社会为一体,而不是彼此矛盾冲突。他试图把私人事务与公共事务、道德问题与政治问题统一起来,而不是将其割裂。卢梭所要求的一元化的一致,以及他设想的那个不可分割的民族,其目的都是为了提供一种政治与伦理上的补救。接续前政治文化的,是政治的文化,而非政治的强力(force)。有人可能反对这样的观念,认为这类政治文化不仅是一株十分纤弱的植物,还是极可能受到操纵的人工制品,是社会治理的产物而不是自然天性的展现。无疑,卢梭可以这样回应:一切文化都包含了某种人为的操纵和某种社会治理,但是归根结底的重要问题是——它服务于什么目的?它能使人类的根本天性完善或堕落到怎样的程度?

---

① 卢梭,《社会契约论:附日内瓦手稿与政治经济学》,4.7和4.8("论监察官制"与"论公民宗教")。关于这一点的杰出研究,见史珂拉(Judith N. Shklar),《人与公民:卢梭社会理论研究》(Men and Citizens: A Study of Rousseau's Social Theory, Cambridge, England, 1969),页160。对卢梭与文化民族主义之间的关联这一更普遍的问题的探讨,见科勒尔(Anne M. Cohler),《卢梭与民族主义》(Rousseau and Nationalism, New York, 1970),尤见页113-151;科班(Alfred Cobban),《卢梭和现代国家》(Rousseau and the Modern State, London, 1964),页99-125。

三　赫尔德：政治民族的诞生

作为最高价值的民族个性，作为"人民祖国"（patrie）的国家，作为人民自然本性和命运的完善，以及作为文化的政治——这一切卢梭的主题，都能在赫尔德关于民族性的哲学中找到现成的回声。但我们看不到康德像崇拜卢梭那样对待赫尔德。康德对卢梭非常了解，却从来不加批评。赫尔德与卢梭的观点有重合之处，但他们之间同样也存在很多的分歧。

和卢梭一样，赫尔德也明白，即便最完美的国家也不会与一个自然的家庭相似。但他仍然选择把"最为自然的国家"比喻为一个"拥有一种民族特性的扩大了的家庭"。①赫尔德这么说，旨在提出两种看似有联系但本质上有所区别的观点。其中一个观点是，民族不会取代家庭、部族、部落和其他历史上已有的组织方式，而是会成为这些的延续，成为一种和家庭一样的自然生长物。②另一个观点是，将民族成员联系成一个相关整体的文化纽带，并非某种外在强加的事物或人为制作，而是由内而发的力（Kräfte），是最终形成民族集体灵魂的共享的意义和情感。③集体灵魂从共同遗产当中获得滋养，同时也将养料输送回去，通过这笔共同遗产，一个民族和它的每个成员得以持续拥有他们独特的品质。正是这种共同遗产为一个民族赋予了延续、认

---

① 卢梭，《政治经济学》，载《社会契约论：附日内瓦手稿与政治经济学》，前揭，页 209–211；赫尔德，《全集》卷十三，页 384。

② 民族被比作植物，被比作人性花园当中种类繁多的花朵（"花园"当然是创造能力和组织能力的传统象征）。关于赫尔德人性的民族主义观念，参见汉斯·昆，《民族主义的观念》（*The Idea of Nationalism*, New York, 1961），页 427–451。

③ 赫尔德关于力（Kraft）的哲学极其明显地预示了柏格森（Bergson）的"生命力"（life force）概念，这方面的有力探究，参见克拉克，《赫尔德的"力"概念》（"Herder's Conception of 'Kraft'"），见《现代语言协会会刊》（*PMLA* 57［1942］），页 740。

同和团结的情感,这种情感和家庭成员所能体会到的情感并不相似,那些家庭成员们的联合仍然没有摆脱物质的必然性,他们无法进行选择,也没有一种使家庭得到持存的欲望。卢梭在论及由同意缔结的家庭时,急切地表达了同样的观点。[①]要注意的是,"同意"(agreement)一词在赫尔德那里与在卢梭那里所表达的意思并不相同,对卢梭而言,"同意"意味着意见的一致。同样地,在赫尔德那里,国家性甚至民族性自身的意义也和卢梭的看法并不完全一样。然而,这种意义上的不同更多源于他们哲学人类学起点的关键差异,源于他们观察各民族生活策略(modus Vivendi)发展时采取的不同视角和认知态度,而不是源于他们在语义理解上的根本分歧。

卢梭和赫尔德对"同意"一词的理解存在深刻的分歧,看透这一分歧的线索,埋藏在他们关于自然人的不同概念当中。这个分歧从根本上可以回溯到二人在解释民族的兴起与存续时的分道扬镳。卢梭笔下离群索居的野蛮人"在森林中漂泊,没有农工业、没有语言、没有住所、没有战争,彼此间也没有任何联系"。[②] 与此不同,赫尔德的原始人既不是"孤立的岩石",也不是"自我中心的单子",因为这个原始人在最初就已经是一个拥有语言的社会生物了。[③] 与卢梭不同的是,在赫尔德看来,语言是某种本质上内在的东西,其最基本的功能是内在的言说而非外部的交流。语言构成人最深处的思想和感受,也就是它们的内容和含义,进而对其加以表达。那些分享了对语言意义的共同理解的人们就构成了一个民族的雏形。民族是家庭的自然延伸,

---

① 卢梭,《社会契约论:附日内瓦手稿与政治经济学》,1.2("论原始社会"),前揭。
② 卢梭,《论不平等的起源》,第一章,前揭,页169。
③ 赫尔德,《论语言的起源》(*Abhandlung uber den Ursprung der Sprache*, 1772),《全集》卷五,前揭,页5。赫尔德断言,当个人之间或集体对语词的语义发生分歧时,冲突就会频繁爆发。然而赫尔德觉得,在操不同语言的集体之间,这类冲突发生的可能性更大。

因为家庭是分享语言意义的最早的群体。同样地，这一点又和卢梭不同——赫尔德并不认为语言和社会哪一个更早形成是一个问题。成为一个人就意味着立刻掌握了语言，并且生活在社会当中，但并不是掌握一切语言、生活在一切社会当中。人类是某种特定语言和某个特定社会的造物，通过在一个独特的语言和社会文化母体中出生与成长，从而成为其所是，这个母体也就是一个民族（Volk）的母体。①

赫尔德进而坚持以下两个观点：首先，人在最初作为人类而存在的时候就拥有了语言；并且，作为社会生物，他们是从与其他人最初的原始纽带当中掌握语言的。赫尔德拒斥卢梭的进化理论，认为人类并不是从动物进化而来的。人和动物的差别不在于程度上的"或多或少"，而是质的区别。人的语言远不同于动物的语言，它作为人之天赋，与贮存蜂蜜作为蜜蜂的天赋，其意义是不同的。②赫尔德非常不解的就是，一个如卢梭那般聪慧的思想家，却"竟然在某个时候"会把人类语言的起源置于动物世界当中。③对赫尔德而言，人性的完善和败坏——这一些习性是动物世界无法分有的——与人类语言的独特性密切相关。因为概念和观念正是通过语言形成的，其实也是语言使它们成为可能的。概念和观念的形成反过来又使规训人们行为和社会互动的标准得以形成。于是，经过调节的人的行为和自然进程之间存在着根本上的不同。通过言辞的中介（mediation），人拥有了反思和行动的能力。尽管我们仍然像植物和动物那样是自然的一部分，但通过反思和行动的能力，我们不再完全是"自然盲目决定"的产物了。④

---

① 关于语言和"民族"（Volk）的更加细致的讨论，请参看我的《赫尔德论社会与政治文化》（*Herder on Social and Political Culture*, Cambridge, 1969），页 17-32。

② 《全集》卷五，页 135；亦参见《赫尔德论社会与政治文化》，前揭，页 25、98-99；又见《全集》卷十三，前揭，页 116-117。

③ 《全集》卷五，页 23。

④ 《全集》卷五，页 28。

换句话说，对语言的掌握使人类的世界与自然的其他部分隔离：这就是文化的可能性和随之而来的发展的可能性。以语言为中介的思想在人与自然之间、在作为主体的自己和作为客体的自己之间创造出了某种距离。一方面，这提供了追寻自由的机会，一个在由必然性所统摄的自然世界中进行选择的机会；另一方面，语言的中介还提供了自我反思——"在自身中反映自己"——的可能性。[①] 创造的能力，通过选择而非受必然性驱使采取行动的能力和对自我及其行为进行反思的能力，使民族的成员与兽群的成员得以区分开来。当一个人意识到作为自我的自己（oneself as a self）的时刻，他也就意识到了是什么将他与那些不同于他的其他自我联合了起来。

对赫尔德来说，一个人意识到自己是一个德国人、俄国人或法国人，似乎完全是一个内在发展的过程，是人类文化或发展的运动中不可或缺的一部分。对于民族意识的创造来说，不需要一个外在的立法者，社会契约也不是必要的。另一方面，尽管认为赫尔德不需要社会契约或一个立法者的介入来引领那个固有的民族，但他并不特别相信现代各个民族建立在基于早先"野蛮无定的生活"的自然语言之上；相反，他认为现代民族的根基是某种高度成熟的语言：随着语法在迫切创造说话写作统一方式的大学教授手上系统化，语言被"禁锢在书写符号当中了"。

事实上在1787年的时候，赫尔德自己就曾为"爱国学会"（Patriotic Institute）起草过一份方案，旨在通过有意地培养一种统一的德语，来为全德意志的民族自觉奠定基础。[②] 同样，赫尔德也认识到，从世袭君主制向自治民主制的转变并不纯然是自然发展的成果，也不是普通人在完全没有外力帮助的情况下依靠自己力量自

[①] 赫尔德，《全集》，卷五，前揭，页29。
[②] 赫尔德，《全集》，卷五，前揭，页124-134。亦见海姆，《赫尔德的生平和著作》卷二，前揭，页487-488。

我提升的结果。他勉强承认，腐化的上层——赫尔德预想贵族统治终要崩溃——自身并不能确保底层的成长。① 他因此承认，需要某种形式的领导来帮助人民实现所渴望的那种转变。然而，那新政治秩序的首席设计师并非外来的立法者；赫尔德把这些人想象成民族当中的一份子，由于卓越的能力和献身精神而"崭露头角"，他们的任务是塑造一种公共气质，以实现永久的或制度化的政治领导。他称这些领袖为"贵族民主派"（aristodemocrats），还把他们要创造的秩序称为"法治"（nomocracy）。② 显然，他所设想的政治文化不仅与卢梭的图景存在明显的类似关系，还（甚至更为鲜明地）与柏拉图的护卫者的统治类似。但更细致地加以考察就会发现，赫尔德显然与他们大为不同。尽管他和卢梭一样关心教育，尊崇法律并把法律当作个人和民族自决或自治的工具来看待，但他关于"团结一致"的观念与卢梭存在实质差别（正如我们马上就会看到的），其结果就是，赫尔德是用多元论而非一元论的方式在构思理想的政治文化。虽然他明显将贵族民主派视为某种护卫者，但他并不认为他们构成一个永恒的阶级。赫尔德的"护卫者"的首要目标，就是让他们自己变得可有可无，而且越快越好。护卫者只能指导人民到他们学会自己走路为止，任何更进一步的指导只能阻碍自强意识、真正的自治和民主独立的发展。③

赫尔德政治思想的推动力是"人民"（Volk）的观念。作为社会

---

① 对赫尔德政治革新（political regeneration）概念的批判性讨论，见我的著作《赫尔德的社会与政治思想：从启蒙到民族主义》（*Herder's Social and Political Thought: From Enlightenment to Nationalism*, Oxford, 1967），页72-87；亦见我的文章《文化与政治发展：赫尔德的启发性洞见》（"Culture and Political Development: Herder's Suggestive Insights"），见《美国政治科学评论》（*American Political Science Review* 63 [1969]），页379-397。

② 《全集》卷十八，页331。

③ 《全集》卷四，页454；卷十三，页149；卷十八，页339。

最底层的秩序，人民不只是一帮笨口拙舌的乌合之众，而是民族文化的创造性来源。这一观念实质上为一些人提供了意识形态的铠甲，这些人随后将努力地为这一观念提供民族主义和民主的例证，并把它们本质上看成同一立场。

我对赫尔德的解读与大多数的注家不同，他们的注意力完全集中于赫尔德在发掘民族语言、民歌民谣、神话传说等方面的心血倾注，却忽视了赫尔德的政治和民主关切。他们错误地假定赫尔德的"文化"思想全然反政治（unpolitical），或充其量无涉政治（apolitical）。他们这方面的论证事实上经过了他们自己的重新描述。赫尔德虽然在方法的选择上与卢梭存在重大分歧，但是他与卢梭的政治目标是一致的，即用文化取代强力。[①] 不可否认，赫尔德既不是政治理论家，他的作品中也没有哪一部是专门讨论政治思想的。绝大多数情况下，他提及政治时都很隐晦，甚至刻意隐藏政治观念，但政治思想在他的作品中确实存在，而且就其方式而言，完全不比卢梭的激进程度逊色。或许因为赫尔德的政治观念紧密包裹在"文化"之下，所以这些观念的影响力比不上卢梭的观点；但至少在中东欧，对于有追求的民族主义者而言，如下观念是那么悦耳：现存的国家仅是梦幻泡影，种族文化才表现了有待发展的真实。

在这里有必要简要解释一下"发展"的两种含义之间的区别。一种理解认为，发展是一个生长或揭示的过程，在此过程中，潜在的内容得到了展现，这与植物或有机体的生长没什么不同。人的职责就是

[①] 关于赫尔德"文化"概念的更加充分的讨论，见我的文章《现代的文化与文明》("Culture and Civilization in Modern Times")，载《观念史词典》(*Dictionary of History of Ideas* ed., Philip P. Wiener, New York, 1973) 卷一，页613–621。赫尔德倾向于赞扬那些"消失"的民族并没有自己的政治实体，这有时也是卢梭的倾向。在那些为民族"解放"而斗争的民族主义者那里，这样的观念一定能找到听众，尽管众所周知的是，这些受到褒扬的美德在政治上是灾难性的。赫尔德因为斯拉夫人的和平特性而赞美他们，同时，他又把这种和平特性归因于他们民族在政治上的死亡。

帮助潜在的内容得到发育,或在唤醒那原本潜在着的东西的过程中推动这个进程。另一种对发展的理解,重点则在于"制作""塑造"或"塑形"。这里的发展被视为有目的行为的结果,这行为在某种事先形成的观念或计划的指引下进行。它并不认为变化像生长那样,是一种内在力量或能量的展开,而认为变化是外在引导的结果。是关于动力因的科学法则,而不是含蓄的自然目的论,造就了这种发展概念的特征。

以上两种含义各自引出了关于民族发展的独特范式。在前一种范式当中,一个民族的形成是渐进的,这种过程可以比喻为自然生长的节律。而在后一种范式当中,一个民族的形成则主要是人为创造的结果,自然屈从于人为设计。在前者当中被称作生长和腐坏的阶段,在后者当中则被称作建立和毁灭。尽管两种理解在观念上毫无疑问存在重合,隐喻也是混用的,但整体上看,赫尔德对发展的理解与生长的范式一致,而卢梭的理解则与建立和治理的范式相合。

四 民族自觉与政治联合

虽然赫尔德重视一致性与同意,但他并不打算牺牲多样性,即便这意味着在实施公共事务时会出现某种程度的张力、冲突、混乱与低效。① 赫尔德为一个民族谋划的政治秩序深深地受到古希伯来人榜样的灵感鼓舞,正如他所阐释的那样,这种灵感尤其来自摩西创立的宪政:② 希伯来人被划分为多种体制或部落团体,与此同时,他们又意

---

① 《全集》卷五,页 516;卷九,页 357-360;卷十三,页 340-341。
② 我已经在以下两篇文章中讨论过赫尔德对摩西式立法的解读对他的政治思考所产生的影响,它们分别是《希伯来人与赫尔德的政治信条》("The Hebrews and Herder's Political Creed"),见《现代语言评论》(*Modern Language Review* [1959]),页 533-546;《赫尔德与以色列》("Herder and Israel"),见《犹太社会研究》(*Jewish Social Studies* 28 [1966]),页 25-33。

识到彼此属于同一个民族。通过延续家庭、部落的结构和传统，并为希伯来人民立法，摩西在缔造民族时，并没有取消由历史决定的社会实体的多元性，反而使之得到强化；这是一个由中介化的集体而非个体化的公民组成的民族。当赫尔德谈到作为家庭之延伸的民族时，他心中所想的无疑就是这种类型的集体联合，他将其视作一个复合物，在其中，整体并不比它的构成部分更伟大，它在质的层面与部分也并无不同。在这种似是而非的多元论的典范指引下，赫尔德否认了中央权威的必要性。赫尔德在提及跨民族的"国家－民族"（state-nations）的时候，轻蔑地表示"那些拼凑起来的精巧玩意儿，可以适当地称为国家－机器（state-machines）"，其中各种民族都被一个王权所管辖；与此相较，由"拥有自己民族特色的一个民族"所构成的国家，则不需要权力的焦点和永恒的至高秩序。① 个人与集体都应当获得最大范围的尺度去以追逐不同的目标和利益，同时要形成一种自治制度之下的多元格局，以服务于这些目的和利益。赫尔德的法律观是民间法（folk-law），他认为，作为民族文化不可或缺的部分，法律应当在他的多元图景中起到综合代理（integrative agents）的作用。②

赫尔德并没有关于公民性（citizenship）的独特理论。他并没有把社会的事物和政治的事物截然分开；与卢梭不同，赫尔德并不认为当个人或社会的关切与某种至高无上的民族关切发生冲突时，能够以公民性的名义放弃前者或全然服从后者。赫尔德的民族性多元论观念的必然结果，就是以合作、"共同行动"（Zusammenwirken）的原则取代卢梭关于公意和团结的共识观。③

尽管共识（consensus）与合作（cooperation）二者都预设了关于

① 《全集》卷十三，页 384–385。
② 《全集》卷十八，页 137、271、300。
③ 《全集》卷十三，页 346；卷十四，页 227；卷十六，页 119、551；卷十七，页 116；卷十八，页 137、300–302、408；卷二十四，页 375；以及卷二十九，页 133、129。

什么该做与什么不该做的共同理解，预设了对某种基本规则的接纳，但是，合作与共识不同，并不旨在根除分歧，而仅仅追求一种生活策略，由此使连续性成为可能，也不会造成社会整体的断裂和瓦解。因此，可以理解，合作并不意味着在实质性内容上达成同意；分歧只是得到了容忍，而没有得到化解。①

在卢梭关于公意和团结的理解中，信仰和价值观上的差别对民族凝聚力来说是无法容忍的威胁。这种团结要求共识与同意，要求关于公共善的一元化的一整套意见和情感，只存在一条发现、追寻这一切的正确道路。而在赫尔德对团结的认识中，分歧，甚至矛盾冲突，都可以作为任何共同体的十足的自然本质和潜在帮助而得到接受。很多赫尔德必然会说的话，后来又出现在他最伟大的仰慕者之一密尔（J. S. Mill）的笔下。② 出于公平起见，有必要补充的是，赫尔德之所以恳求宽容（如果不是鼓励的话）分歧并以此设计出合作多元主义，是出于他对发展的有机体的哲学信念，而非一种理性论证。他相信，与亚里士多德的圆满实现（entelechy）概念类似，在事物的自然本性当中，存在着一种有机的倾向（能量或力），它处于分歧和冲突当中，为了实现统一而运作着。一个相关的信条强化了这一信念：赫尔德十分信任共同文化的凝聚力，这是由于他假设文化与自然之间是一致

---

① 霍洛维兹（Louis Horowitz）对共识（consensus）与合作（cooperation）的区分给了我很大的帮助。关于这一区分的更加详细的讨论，参见氏著《共识、冲突与合作：一种社会学的清点》（"Consensus, Conflict and Cooperation: A Sociological Inventory"），见《社会力量》（Social Forces 41 [1962]），页177-188。

② 我所指的是赫尔德的一篇（不为人知的）获奖文章：1779年于柏林获得皇家科学与艺术院奖掖的《论政府与科学的相互影响》（"On the Reciprocal Influence of Government and the Sciences"），见《全集》卷九，页311-377。英文翻译见拙著《赫尔德论社会与政治文化》，前揭，页227-252。密尔对赫尔德充满赞赏的引用，见氏著《论边沁与柯勒律治》（On Bentham and Coleridge, London, 1950），页131。

的，进而也部分地与自然的圆满实现相一致。①

然而，在这种联系当中，存在着另一个在哲学上截然不同的重要问题。我说的乃是阿奎那（St. Thomas）关于实在整体（substantive whole）与偶然整体（accidental whole）的区分。一个混合且统一的物体，比如人体，可以作为一个实在整体的例证。另一方面，偶然整体则完全不构成一个身体，它是部分通过偶然的排列组合而构成的集合体（ensemble）。这些部分各自又是一个整体。在任何社会实体当中，人都不单单是构成物理群体的质料，还是互相分离的个别实体。我相信，赫尔德多元化的人民共同体的图景，与阿奎那的偶然整体概念之间存在密切的对应关系，尽管这一图景也能让我们想起亚里士多德将国家视为一个混合体的看法。在赫尔德关于民族性的哲学当中，除了有机体比喻之外，找不到丝毫迹象能证明他认为 Volk［人民］是一个统一的身体，在这个词被卢梭改动过后的意义上也没有。身体意味着一种高于或有别于组成它的个人和集体的总体存在（corporate existence）。在赫尔德那里，Volk［人民］是一种排列组合，是各种事件的关系复合体，而非身体那样的实体，是偶然的而非实在的整体。赫尔德拒斥民族排他性，这也证实了他对 Volk［人民］的多元主义理解。他在论语言起源的文章中明确发出警告：过分的排他性可能具有自我毁灭性。一个完全转而依靠自身的 Volk［人民］的民族文化的发展很容易被阻碍，由于"从内部孤

---

① 对这一点更加充分的讨论，参见拙作《赫尔德对历史中因果性和连续性的处理》（"Herder's Treatment of Causality and Continuity in History"），参见《观念史学刊》（*Journal of the History of Ideas* 24［1963］），页 197-212；更加深入的讨论可见《隐喻、悲歌和有机共同体》（"Metaphors, Laments and the Organic Community"），见《加拿大经济与社会科学学刊》（*Canadian Journal of Economics and Political Science* 32［1966］），页 281-230；又见《自然生长和目的论发展：维柯与赫尔德》（"Natural Growth and Purposive Development: Vico and Herder"），见《历史与理论》（*History and Theory* 18［1979］），页 16-36。

立自己"，它将招致停滞不前的危险。①

　　由于这一阿奎那式的区分，赫尔德可能会比卢梭表现得更加"政治"一些——这里的"政治"指基于多元状态的一种活动，在其中，不同的组织提出不同的要求，并表达关于共同善的不同看法。依此观点，卢梭眼中的共识社会，更像至交好友或者教堂会众（至少在圣诞节期间是如此）的组织，而不是一个政治共同体。它事实上就好像实在整体式的统一，它的各个部分因其整体而获得必要性，并非偶然地或因地制宜地组合在一起。另一方面，一个集合体则需要连续不断的调节，因为它的构成部分并不一定从一开始就通过设计而具有互补和相互依存的功能，而是彼此独立分隔的实体，只能在具体的时间、地点和处境因素中与彼此形成关系，进而达成统一。正是这个逐渐生成关系（coming - into - relation）的行为造就了政治，因为它所构成的并不是一个可预料的（而且肯定是必然的）已知数，而是一个麻烦、易变和永不消失的难题。或许正是卢梭在实在整体意义上的民族国家观，迫使他得出了以下的结论：除非将作为个体的人牺牲掉，使之成为作为公民的人，不然"人"和"公民"之间的冲突将是无法解决的。②同样，我们要铭记于心的是，卢梭并没

---

①　《全集》卷五，页 134–147。

②　卢梭拒绝人作为个体的同时作为公民的二元论，其原因或许可以在他更加个人化且传记性的作品里找到。尽管卢梭和赫尔德同样善于辩证法，他却用另外一种眼光看待自己。赫尔德喜欢把自己看作另一个梭伦或吕库古，善于缔造民族。卢梭则认为自己——至少他是这样预期的——是一个纯粹的旁观者，一个超然的外人。"我的功用是告知真理，而不是让人们去相信它，"见《忏悔录》（Confessions [1782]，trans. J. M. Cohen, Harmondsworth [Penguin]，1954），页 192。事实上，他的确希望人们相信自己，而且每当现实与之相反时，他总会遭受极大的痛苦。然而这并没有诱使他动用言辞来促使人们行动，他也没因为某些话会抑制人们的行动就缄默不言。卢梭与赫尔德不同，简单地说，他不是一个意识形态论者（ideologue），至少他不是一个自觉（self - conscious）或自认（self - confessed）的意识形态论者。

有幻想过这种冲突会在现实政治当中得到解决，甚至也不幻想对此的永久解决。他只是非常了解这个事实：这些问题总会再次出现。即使在设计得最好的政治秩序当中，问题的解决办法也仅仅拥有相当短暂的生命。

五　文化与政治合法性

在要求塑造一种新生的政治文化方面，赫尔德与卢梭显然有很多共同点。与此同时，在政治文化的形式及其实现方法的问题上，他们又存在尖锐分歧。分歧最为首要的原因，是他们对自然和民族性之间关系的不同理解。卢梭把这种关系视作源于自然的发展（development from nature），赫尔德则视之为依循自然的发展（development with nature）。

这一区别是重要的。在政治的发展和实践中，构想目标的方式将影响做事的方式。换言之，关于目标的图景构成了实现目标的途径中不可或缺且在性质上具有决定性作用的部分。因此，我并不想轻视赫尔德与卢梭民族性观念的差异，但是，我的确得否认一种普遍观点，那就是把赫尔德定义为文化民族主义者，而把卢梭定义为政治民族主义者，以此来表述他们的差异。我相信，这种对比具有误导性，而且过于夸大其辞。本文的主要目标恰恰在于表明：卢梭和赫尔德都热衷于提出一种包含着文化与政治改革的民族性学说。只有通过这种从实然到应然的双重转变，他们才能设想出一种为民族性和国家性注入合法性的政治文化。

我在此主要关注的是作为学说而非运动的民族主义。我关心的是什么构成了民族主义的核心观念，而不是什么特定的时间和环境因素导致了对这些观念的诉求。然而，毫无疑问，赫尔德和卢梭规划的（文化和政治上）双重改革的两种民族主义变体，都能作为合法的意识形态，从而服务于民族运动。而且到目前为止，它们都无法避免遭到意识形态上的曲解。但这两种变体当中，哪一个更容易使自己导向意识形态的扭曲失真？这个问题与我的论点关系较少，却与另一问题的关系更密切，那就是：假如存在反政治的或无涉政治的民族主义，那么它将决定什么？我的论点指向一个消极的答案：我认为，这里讨论的两种学说主张的并不是从政治向非政治的转化，而是对政治自身的重新描述，以及对其合法性基础的再评价。

如果没错的话，"文化民族主义"的意义并不在于它是反政治的或无涉政治的，而在于它将人们的注意力引向了政治合法性源头的深刻转变。如今，文化不仅是与政治潜在相关的事物，而且是不可或缺的必要事物。民族不再仅仅是在政治上拥护一个共同至高主权者的人民集体，还是一个由精神纽带和文化传统维系着的共同体。我真正要说明的恰恰就是，文化与政治的相互融合，最终构成了现代民族主义的特征。根据这样的观点，没有某种对文化价值的诉求，就很难想象会出现民族主义。然而，尽管文化的变革创造着政治诉求，但需要看到，文化自身首先具备其政治语境。语言、舞蹈、民谣、戏剧、传说、哲学、宗教、诗歌、绘画等等，所有这些都需要一种政治处理或"操作"，使其对政治发生效用。正是由于这个原因，我才说这种变革是双重的：不仅是政治，文化也在民族主义学说的传播过程当中经受了剧烈的变化。正是这双重的转变造就了政治合法性的变化，并标志着从国家民族向民族国家的嬗变。

我并不打算列举所有那些广为人知的对文化的（语言的、宗教的或"种族的"）民族主义的反对意见。[1] 显而易见，作为文化民族主义

---

[1] 坎杜里（E. Kedourie）的《民族主义》(*Nationalism*, London, 1969)无疑是最为深刻的评论文献。此外亦可参考科班，《民族自决》(*National Self-Determination*, Chicago, 1947)与《卢梭与现代国家》，前揭。对这一点的批评性讨论亦可参见拙著《赫尔德的社会与政治思想》，前揭，页 57–62。社会学家米歇尔（Robert Michels）就在第一次世界大战前写道，他对"语言—

观念的基础，人类学、心理学和民族学"三位一体"的种种前提远远谈不上不言自明，而且为了获得说服力，它所需要的东西可能远远超过纯粹的逻辑论证。民族性是否内在于人的本性当中？一个人是否"需要"与同民族的人共同生活？没有独特民族文化基础的国家，是否就不是一个正当合法的国家？这些问题显然还聚讼纷纭，没有得到确定的答案。同样明显的是，承认民族文化作为国家合法性标准的合理性是一回事，而在具体情形下判断哪些元素构成了独特的或支配性的文化，这又是另一回事。因此，归根结底，我似乎无法回答文化民族主义提出的问题。文化与政治之间的联姻，可能确实证明能够带来持久的快乐并孕育真正正义的社会，但是，出于同样的原因，以文化奠基的国家也可能像非文化奠基的国家一样不义、不和平或不和谐。根本不存在逻辑的、历史的或者任何其他的论证，能必然地控制一切特殊时间中的特殊情况的后果。

由文化所决定的民族国家之间的国际秩序也是如此。国际关系有通向合作与和平的潜在可能，也有通向竞争或冲突矛盾的潜在可能。可以想象，由于比起赤裸裸的政治交易来说，文化方面的得失可能会受到更严肃的关注，所以这方面的战争可能不如国家民族之间的战争那么惨烈，但在紧张程度上或许会远超后者。当语言的纯洁、公民宗教的神圣、美好的传统或民族精神处于生死关头的时候，人民是很难

民族"的国家观念不抱幻想："这些解决方案中没有哪一个能够像它们各自的发现者们最初满怀热情所想象的那般影响深远。"他对于民族主义和民主之间所谓的必然契合也表达了同样的观点，见《政党》(*Political Parties*, trans. Eden and Cedar Paul, London, 1915)，页 7。关于这一批评性论证的综合审视，见史密斯（Anthony D. Smith），《民族主义的诸种理论》(*Theories of Nationalism*, London, 1971)。尤其在泛欧罗巴（extra - European）的语境之下，人们总是使用过于多样化和数量庞杂的语言，以至于其中的任何一种都无法获得可以作为整个民族（民族的必然是文学的，但却远非自然的）语言的优先性。

妥协的。

我提出这些问题的目的在于说明，用非此即彼的一揽子办法来下判断，这是不可能的。作为一种合法性原则的民族文化与其他的任何合法性原则一样，也要屈服于因地制宜的考虑。① 简单地说，并没有一个普遍的基础，可以用来判断，建立在民族文化基础之上的国家，比没有调用文化资源作为其合法性依据的国家在本质上更为优越。

于是，当政治合法性受到质疑的时候，文化依据顶多只能和正式的人定法依据提供同样效力的合法性保证。开始与文化民族性观念产生密切联系的民族自决学说，似乎像那更为古老的（但同样复杂的）自然法学说一样，需要道德的（或准道德的）范畴为之服务。在民族自决学说的通常形式当中，它通过使一种特殊类型的政治意识成为人之道德意识的本质条件，由此获得额外的合法性效力，从而使政治义务与道德义务无法分离。通过把两种有高度说服力但通常又相互对立的原则加以合并，这一点得以实现。这两种原则就是传统性的原则与合理性的原则，前者调用的是历史的"逻辑"，后者则调用道德推理的"逻辑"。通过同时诉诸传统和理性，"生成"（emergence）与"创造"（creation）得以殊途同归。把自己理解为自由的道德承担者的人，也会有作为共同体成员的自我意识，这个共同体既是历史—文化的生长物，同时也是理性—伦理的创造物。民族自决的学说正是从这一巧妙的融合当中，获得了一种令人印象深刻的意识形态广度与活力。

然而，这种学说无可辩驳的说服力很容易遮蔽这样一桩事实，那就是，政治合法性总体上要涉及至少三个层次的适用性：谁来统治？如何统治？在何处统治？由于更倾向于关注政治合法性的第三个层次——人口的种族构成及其领土边界，民族自决学说虽然并未忽略掉前两个层次（该由谁适当地统治，以何种方式进行统治），但会把它

---

① 关于这一点的详细精密的阐述，参见费什金（James S. Fishkin），《僭政与合法性》（*Tyranny and Legitimacy*, Baltimore and London, 1979）。

们都视作第三个层次的不可或缺的元素，进而把这三个层次压缩为一个层次。此外，这一学说所延伸而出的自决原则，也是一条众所周知的成问题的原则。在其共同的实际应用当中，它还依赖于一个有待追问的预设：民族的目的和个人的目的完全一致。因此，在最好的情况下，"民族自决"不外乎康德（与卢梭）的道德原则的替代表达；而在最坏的情况下，它则预示着彻底否认个人选择的危险。无论如何，作为一条政治合法性的原则，它与关于政治义务的学说没有什么共通之处，后者使对政府统治的服从建立在人们的同意的基础之上，这些人被看作一个个的个体，而不单纯是民族文化的组成部分。

政治义务的文化准则于是并不比任何其他合法性标准更加不言自明地合理且合乎伦理。作为一个语境化的要求，民族文化可以令人信服地丰富或改变我们对政治的理解，但这并不意味着它一定能解决政治合法性的问题。

希伯来人与赫尔德的政治纲领

伯纳德（F. M. Barnard） 撰
高　佩　译

赫尔德毕生痴迷于犹太人历史。早在1769年他还在里加时，就已经计划要解释"犹太人在科学史上的重要性"，① 随后，在《人类历史哲学观念》一书中，他认为犹太人的历史书写从他们被驱逐之时就已经开始：

> 如果有人搜罗一部在所有国家散居的犹太人的历史，那就会出现一部人类大戏，无论作为自然事件还是政治事件，它都显得颇为奇特。②

在赫尔德的著作中提及犹太人的段落俯拾皆是。此外，他还在对语言和文学起源的考察中，在他那些更为专门的神学和史学著作中，更系统地处理了犹太人的主题。甚至，在17、18世纪之交（即他死前不久），赫尔德还决定写他所谓的"诗约"（poetical testament），③ 他

---

① 《全集》卷十二，页405。
② 《全集》卷十四，页66。
③ 见1802年1月赫尔德致格莱姆的信，当时他正忙于写作《机运女神》（Adrastea），见丁策尔（Düntzer），《与赫尔德往来书》（Von und an Herder, Leipzig, 1861/2）卷一，页297。

的思想再度返回了犹太式生存（Jewish existence）[①]这一古老问题。

究竟是什么样的情形引起并让赫尔德保持着对犹太人的兴趣？讨论这些之前，先要思考一下，赫尔德在这个问题上主要关心的是什么。赫尔德谈论犹太人时，并没有一开始就将他们理解成一个个分散的个体（individuals），而是将其理解成一个民族（Volk），从其起源开始就卓越非凡（par excellence）：

> 希伯来民族从其诞生以来就被视为遗传学上的单一个体，即一个民族。[②]

正如赫尔德所见，犹太人问题本质上不是个宗教问题，而是一个民族或者说政治问题。因此它要求一个政治上的解决方案。一些用心良苦的同代人（主要是些神学家）主张犹太人改宗基督教，赫尔德对此嗤之以鼻。在他的脑海中，这种企图徒劳无益，而且是自作主张。而且，即便赫尔德完全认可启蒙主义者（Aufklärer）如法国的孟德斯鸠、伏尔泰与德意志的门德尔松、莱辛关于宗教宽容的体会，并且全心全意赞同他们所主张的犹太人的解放（emancipation），但他仍然坚持要区分解放与完全的同化（assimilation）：

> 在欧洲，这个民族一直是一个与我们的世界十足陌生的亚洲民族。它被束缚在一套古老的律法上；对它而言，这律法仍然存在于某个遥远的星空下，在它的记忆中不可消除。既然以色列在祷告时自恃为一个不同于一切民族的独特民族，其他民族又怎么

[①] 海姆在评论《机运女神》这一部分的时候写道：“没有哪个片段在这方面更有趣了，对赫尔德的人性原则来说，也没有哪个片段比《机运女神》第七章的标题'犹太人的皈依'更有教育意义的了。”（《赫尔德的生平和著作》卷二，前揭，页 793）。

[②] 《全集》卷十七，页 285。

可能得到它的尊重呢？①

对赫尔德民族（Volk）概念的进一步审视且容稍后进行。此时，我们应当稍加追溯一下赫尔德有关犹太人解放问题的思路。赫尔德与其同时代人的不同之处在于，他将政治－民族（politico-national）要素从犹太人问题的其他方面抽离出来，作为核心；而且，他并没有成为纳粹主义（Nazism）的先驱——尽管它有时已经初现端倪——而是成了赫茨尔（Theodor Herzl）所奠立的现代犹太政治复国主义（Zionism）的先驱。

不过，和近一百年之后的赫茨尔一样，赫尔德也不限于陈述他所见的犹太人的根本问题。他走得更远，在尝试发现这个问题的根本原因的过程中，他展现出自己深刻的历史与心理洞见、罕见的直觉（Einfühlungsvermögen）以及名副其实的先见之明。② 在《人类历史哲学观念》中，赫尔德认为希伯来民族性（nationhood）的衰亡源于犹太人自身的"政治文化"未能成熟。因此，它没能发展出一种真实的荣誉感和自由感。如赫尔德在《机运女神》中所论述的，摆在犹太人面前的重要使命，就是重获其自尊、荣耀和自己真实的民族特征。有趣的是，赫

---

① 《全集》卷二十四，页63、64。

② 门德尔松清楚也高度赞许赫尔德能够感同身受不同历史时期、不同人的经验，并能够深入到各种历史事件的精神之中。1780年6月，门德尔松写道："您身怀这般天才，一如您经常想做的那样，就是把自己移置到邻人的处境与思维方式上去。"丁策尔，《赫尔德遗著选》（*Aus Herders Nachlaß*, Frankfurt, 1856）卷二，页216。赫尔德也很欣赏门德尔松，视之为当时一流的希伯来语文学家和圣经解释者。赫尔德能熟悉中世纪的犹太哲学，一部分就是因为门德尔松，这方面的例子包括《全集》卷十一，页220；卷十二，页335；卷十六，页61，其中引用了哈列维（Jehuda Halevi）；《全集》卷六页212中引用了迈蒙尼德（Moses Maimonide）。赫尔德还熟悉其他卡巴拉教（Cabala）成员和为更为晚近的犹太作家，譬如《全集》卷十六页421和卷十七页265、273引用了阿科斯塔（Uriel Acosta）；《全集》卷十的页129，卷二十四的页66引用了以撒勒（Manasse ben Israel）；《全集》卷十八页328引用了迈蒙（Salomon Maimon）。

尔德区分了那些真正的或者说本色的（indigenous）犹太人特质，与那些因不利环境强加在犹太人身上形成的特质。这再次证明赫尔德看透了这种复杂的自然属性，它有时被称为"民族性"——我们随后会进一步讨论这一概念。犹太人唯有重获其民族性，才能意识到他们的全部潜能，这潜能不仅能满足自己，还能满足人类的全体利益。赫尔德特地补充说，要完成这一使命，犹太人需要非犹太人（the Gentiles）的协助，非犹太人因此必须为他们加诸犹太人身上的过错而赎罪。

引用几句赫茨尔的同主题言论也许并非不合时宜，因为其与赫尔德言论的相似度简直令人震惊，考虑到赫茨尔极有可能从未阅读过赫尔德的作品，这种相似尤其令人震惊。1895年6月，赫茨尔在他为犹太民族重生所制定的"蓝图"《犹太国》（Der Judenstaat）一书中如是写道：

> 当犹太人问题还摇摆不定时，我既不把它当成一个社会问题，也不把它视为一个宗教问题。这是一个民族问题，为了解决它，我们首先必须把它变成一个政治性的世界问题，它将在文化民族的程度上得到规定。我们是一个民族，这样的一个民族。①

在赫茨尔与赫尔德言论的关联中可以发现，就某个重要方面而言，赫尔德甚至比赫茨尔的"犹太国"（Judenstaat）构思想得更远。赫茨尔尚未表态说巴勒斯坦是犹太人唯一获准居住的领土。他只是提及需要一片领土（a territory）。而赫尔德尽管怀疑并非所有犹太人都愿意前往属于其自己的国土，但他对这一领土位于何处却没有丝毫犹疑；这样，他也就准确地指出了历史连续性和传统对人类思想的控制和操纵：

---

① 赫茨尔，《犹太复国主义著作》（Zionistische Schriften, Berlin, n.d.），卷一，页47、48。

该多么幸福啊，如果一位弥赛亚-波拿巴能把他们成功带到那幸福的巴勒斯坦。①

也许人们会提出反对意见，认为这样理解赫尔德关于犹太人及其民族重建的观点，会忽视他在不同时期对待这个问题时显示出来的摇摆不定——如果这种摇摆不定不是彻头彻尾地自相矛盾的话。有人或许会问，如果在欧洲，以犹太教或基督教为本源的问题不再出现，那么赫尔德还会在《人类历史哲学观念》中提出申辩吗？

因为犹太人也将按照欧洲的法律生活，而且最好是为国家（Staats）做贡献。只有野蛮人的宪法才会阻挡犹太人这样做，或者限制他们的行动。②

那么，我们如何去调节这两个初看上去明显矛盾的观点？不过，细思一下，似乎赫尔德不仅仅是关心犹太民族的荣誉而已。实际上，他的呼吁具有双重性：一方面，他号召犹太人为民族重建而努力；另一方面，几乎同时，他也在向他的非犹太同胞提出某种道德重建的要求，正是道德意志能指引他们改变对犹太人的态度。在他看来，单凭法律不足以影响人心的转变。赫尔德在遍寻能带来这种结果的方法时，找到了基督徒和犹太人共同的民族教育。他寄希望于通过这种教育发展出一种亲密而友好的关系：

属灵的共同体文化一统所有时代、所有地区和所有民族的人

---

① 《全集》卷二十四，页 67。
② 《全集》卷十四，页 284。

类。①

由此可以看到，赫尔德对想要离开（欧洲）的犹太人提出了一种犹太民族的方案，又对那些想要留下来的犹太人提出了一种人道主义（humanitarian）的社会—政治方案：

> 此后，他们的巴勒斯坦就是他们生活和体面工作的地方，到处都是如此。②

赫尔德相信，犹太人的民族自尊将会有助于他们博得非犹太裔人群的尊重和对他们平等人类权利的承认。在这一点上，赫茨尔与赫尔德也同样秉持此信念，他如是告诉他的犹太人同胞们：

> 如果你对自己变得虚伪，那么他人对你虚伪你也不得生怨；一个人所生所长的特殊世界造就了他的本性与历史，一直信守于这个世界，才能信守于自己。③

有人指控赫尔德奠定了纳粹意识形态的基础，④这种看法不胜枚举，本文无意不厌其详地讨论这些看法。与此相似的非难也同样指向了其他德意志思想家，尤其是歌德和尼采。我们应该有所收敛，简要地研究一下这种对赫尔德的控诉的一个方面，即所谓的反犹倾向。

不得不说，当把赫尔德关于犹太人的表述从语境中抽离出来时，有很多会意外地滑向反犹倾向。在这一点上赫尔德难辞其咎。但是，一个

---

① 《全集》卷二十四，页 73。
② 《全集》卷二十四，页 75。
③ 贝因（Alex Bein），《西奥多·赫茨尔》(Theodore Herzl, East and West Library, London, 1957)，页 106。
④ 见胡歇尔《赫尔德的历史哲学》(前揭) 中详尽的探讨。

人如果对赫尔德的世界观（Weltanschauung）哪怕有一丁点的熟悉，那么，无论何时，他都不会怀疑赫尔德在这方面首鼠两端。对于赫尔德而言，没有什么比迫害（persecution）（无论何种形式）更令人生厌的了：

> 从童年起，于我而言，就没有什么比迫害或者侮辱自己的宗教更令人厌恶的了……对这种迫害的仇恨从未停止，将来也不会停止。①

尽管赫尔德似乎确信身体素质和思维习惯会由于民族团体的不同而存在巨大差异，但他并不认为这些差异能归结成什么人种（race）差异。赫尔德认为，在民族和人类（mankind）之间没有其他的组织单位。在他眼中，人类在生理上并无差异。他用不着去使用"人种"（race）这个词：

> 在地球上各色种类截然不同的人中，似乎有这样一件事：到处都存在着一种而且是同一种人。

在《人类历史哲学观念》里讨论"人种"概念时，他补充道："我看不出这个命名的来由。"②他也着重强调了对民族沙文主义的不屑一顾，认为这种主张不过是企图掩盖尖锐的社会矛盾与冲突的托词罢了："民族幻想是一个可怕的名字……"他在《论促进人性进步的书简》中（反复）重述了这一点。③

赫尔德敏于使用修辞和其他文学手法，以至于他清醒地意识到那

---

① 《全集》卷十七，页 273、274。
② 《全集》卷十八，页 252、257。
③ 《全集》卷十七，页 230、319。进一步的类似讨论见《全集》卷十八，页 137、271，以及卷二十三，页 214："历史上最有害的疾病，就是一个传染性的时代加上一切时代的弱者都容易染上民族狂热。"同见《全集》卷三十二，页 519。

些表达情感的词汇（比如，人种，血统，土地，民族等）可能遭到滥用。

> 可怕的是，一旦幻想随着权力一道被镌刻入语言，这种幻想就会变得牢固地黏附在语言上。①

没有必要详述这个观点。没有谁能比赫尔德更真诚或热衷于他所坚持的那些人道主义伦理。所以，赫尔德也不该被称为纳粹主义先驱。

早先已经提到，赫尔德在"同情地理解"方面具有非凡天赋。"让你自己设身处地领会一切"（Fühle dich in alles hinein），② 尽管赫尔德并没有一直坚持这点（特别是在讨论现代历史时），但这个观点仍是他一切作品中的指导原则。在处理犹太人问题时，他希望设身处地来写作，并且作为一个犹太人去体会。③ 他出色地做到了。这更令人费解，因为我们知道，赫尔德的犹太生活经验即便有，也是微乎其微；他不像歌德那样，从小就与不同社会阶层的犹太人密切而直接地打交道。这种背景差异更明显地体现于他们二人切入犹太人问题时的截然不同的方法。赫尔德的贡献在于将史学与心理学渗透到分析当中，歌德的贡献则在于生动高超的描写。歌德的《诗与真》（*Dichtung und Wahrheit*）能让人捕捉到很多对18世纪法兰克福犹太人区中犹太人风雨飘摇生存状况的掠影。18世纪末，在基督教堂下午的礼拜仪式结束前，鲜有犹太人能获得允许离开犹太人区。他们遭受许多法律上的不公正对待和人格侮辱。那些非犹太裔不许犹太人频繁出入澡堂或者旅馆。直到1864年，当犹太人在德意志享有充分的公民权时，他们才获许拥有自己的地产，抑或正常地进入职场。在大多数情况下，

---

① 《全集》卷十七，页230。
② 《全集》卷五，页503。
③ 《全集》卷十，页143。

犹太人的孩子是不能进入公立学校就读的——虽然基督徒和犹太人都希望如此。比如说，1795年，一些法兰克福的犹太人决定让基督徒教师来教授其小孩，当时法兰克福犹太人区的首领们（presidents）便向会众宣布将那些人逐出会堂，以示反对。就此而论，不信任、偏见和敌意在双方的共同体中都司空见惯。①

赫尔德缺乏歌德那样的个人体验，不过他没有忽视这些司空见惯的情况，且将当时犹太人不讨人喜欢的特性归因于这些情况。进而，他当然不赞成犹太人投身放贷业（money-lending）之类的事情；但是，与许多同代人不同，他认为是外在压力迫使犹太人进入这样的行业：

> 正是在穆罕默德信徒和基督徒国家中的不安全处境，使得这些发明对他们必不可少。②

不过，赫尔德之所以对犹太人及其历史感兴趣，并非首先因为或仅仅因为犹太人的困境燃起了他心中的怜悯之情，也不能说他敏锐的正义感令他自己无法保持缄默，这些都是误解。同样，过多地猜测他对历史的嗜好是不是足以使他研究犹太人的早期起源并最终走到那种地步，也没有多大意义。实际上，驱使赫尔德踏上了他后来道路的动力有以下几个，而且它们是相互作用的。

（1）赫尔德早年是在圣经教育中成长起来的。圣经中的历史本身具有戏剧色彩，再加上在当时的德意志，圣经批判重新兴盛并广受关注，这些都必然给敏感而又富有想象力的他造成了影响。

（2）赫尔德受到了哈曼的影响。哈曼如同维柯一样，在希伯来诗歌中看到了语言和文学的起源，并且在犹太人的历史中窥见了世界历

---

① 克里格（G. L. Kriegk），《德意志的文化图景》（Deutsche Kultrubilder, 1874），页102。

② 《全集》卷十四，页65。

史的象征（symbol）。

（3）赫尔德意识到唯有圣经才能提供唯一的统一原则，以此为根基，他的生命哲学能获得调和。

宗教是贯穿上述三个动力的共同要素。尽管能强烈而深刻地感受到这种要素的存在，但严苛的等级区分（classification）却被排斥在外。对于赫尔德而言，宗教并不意味着正统而教条性的那类存在，也不是纯粹理性的延展。虽然赫尔德处处显示出神秘主义的倾向，但他远不是个神秘主义者。①

"宗教"对于赫尔德来说更多地像是某种思维态度，某种包罗万象的确信（Gesinnung），而不是一系列的神学原则：

> 宗教意味着认真对待人类的所有义务，意味着纯粹的人性善意与慷慨。在这里，基督的名字是否在没完没了的连续祈祷中挂在嘴边，对于被提升者而言都无关紧要。②

这种宗教观决定了赫尔德进入人类活动所有领域——文学、历史、政治、科学——的出发途径。如他自己所说，人类所关心的一切都有某种活的精神：

---

① 对赫尔德的理性主义解释的代表人物是海姆。海姆把赫尔德称为"一个理性主义者，一个手持圣经的启蒙主义者"（《赫尔德的生平和著作》前揭，卷二，页93）。另一方面，多贝克（W. Dobbek）的《赫尔德的人性关怀》（*J. G. Herders Humanitätsideal*, Braunschweig, 1949）则在赫尔德身上看到了"东方神秘主义者"的一面。同样，关于赫尔德的圣经研究对其哲学视野带来的影响的研究，见吉利斯，《赫尔德的历史哲学路径》（"Herder's Approach to the Philosophy of History"），载《现代语言评论》（M. L. R. xxxv [1940]），页197-202。

② 《全集》卷二十，页264、265。

宗教作为结果，应当只是通过人、并且只是为了人而产生。①把宗教用在促进人类和社会的福祉上，这是一个多么美好的目标啊！②宗教真理的一个内在特征就在于，它完完全全是属人的，它既非感性的，也非沉思的。如果存在着一种普遍的人类理性（Menschenvernunft）和感觉（Empfindung）的话，那一定在宗教里，而这同样也是它最遭曲解的一面。③

进而，他确信自己看到了实现人性（Humanität）之伦理理想的最伟大的甚至是唯一的希望。由于人性是普遍适用的，它也就让所有人都具备正确的理性、感觉和某种共同的确信。

赫尔德断定，宗教的最典型特性就在于其真实而完全的人性色彩，他对圣经的诠释也基于此。圣经对他来说是属人的、历史的文献，必须依据人的价值来阅读和评判，而非盲目的、未经批判的崇拜对象。他将盲目崇拜斥责为"动物性的"（animalistic）。人应该抱有一种追问的态度，甚至是不妥协的精神。④在绝大部分著作中，赫尔德既在宗教领域内强调世俗价值，又在世俗领域中强调宗教价值。赫尔德认为，人不该蔑视他的世俗生活；而圣经中也未曾有迹象表明假想的未来生活应当剥夺或损害人的当下生活：

你的起源，你的目标，你的规定，就在这大地上。从某种意义上说，人本身就是他自己在大地上的神。⑤

---

① 《全集》卷五，页521。
② 《全集》卷六，页63。
③ 《全集》卷八，页235。
④ 他好几次写到了这一影响，例如在《作品集》卷八，页543、544；卷六，页178："带着人性去阅读！"；卷七，页264。
⑤ 《全集》卷六，页64。相似的态度，见其写给拉瓦特的信（1772年

赫尔德将相同的"世俗化"观点带进了他关于希伯来诗歌的讨论中。他的诗歌诠释既是史学的，也是社会—政治学的。

> 人们经常认为他们（希伯来人）的诗歌只是精神性的，但他们的绝大部分诗歌其实是政治的（politisch）。①

赫尔德为此撰写了《希伯来诗歌精神》(*Vom Geist der Ebräschen Poesie*) 一书，这本书实际上属意的读者面远比标题所暗示的要广泛。它与《人类历史哲学观念》一样，属于赫尔德的成熟作品。无论是研究政治思想的学者，还是东方学家和神学家，都会对它感兴趣。实际上，如果有谁想要直接理解赫尔德最重视的那些政治信念的话，那他可以从中（也许有些出人意料地）接触到那些信念。

且不管对错与否，若说卢梭应为其人民主权论激起的出奇泛滥的猜测（定论甚微）负有责任，那么，赫尔德也对他那深刻影响后世文化和政治发展的民族主义概念难辞其咎。② 可是，即便赫尔德的确是现代欧洲民族主义哲学的先驱之一（也许不是第一个），要在他的作品中找出一个表述精当的民族主义定义，也实在没什么意义。不过，这个如此复杂的概念的一些关键要素，则可能早已在赫尔德的作品中

10月30日）："圣经作为道德意义上所寻找到的必要之物，确实和我们的人性相关联，但是它完全没有向我们启示任何关于将来生命的事。"见丁策尔，《赫尔德遗著选》，卷二，前揭，页1。

① 《全集》卷七，页119。

② 参见海耶斯，《赫尔德对民族主义学说的贡献》（"Contribution of Herder to the Doctrine of Nationalism"），载《美国历史评论》(*American History Review* xxxii)，尤其参看页720前后。另参见厄尔冈，《赫尔德与德意志民族主义的基础》，前揭，页82前后。还可参考以下优秀的研究：梅尼克，《历史主义的兴起》卷二，前揭，页458-461。多贝克，《赫尔德的人性关怀》，前揭，页39-40。特别要参考席伦贝格（R. Schierenberg）关于赫尔德影响东欧民族主义的论述《政治性的赫尔德》(*Der Politishce Herder*, Graz, 1932)，页64-92。

孕育。或许，赫尔德刻意不再进一步清晰化自己的态度，是因为他非常清楚这个概念的复杂性：

> 听到人们用只言片语刻画了整个民族或时代，我就感觉好像有一种恐惧向自己袭来：这是因为，民族（Nation）这个词当中包含着多少差异性啊！①

赫尔德尝试通过澄清犹太民族主义的起源，进而澄清民族主义本身的起源。在赫尔德眼里，希伯来人似乎是最古老且最佳的例证，他们是真正拥有民族精神的民族（Volk）：

> 这曾经而且现在也是地球上最杰出的民族，他们从诞生伊始，一直延续到今天。②

事实上，对赫尔德来说，以色列人作为一个民族存活下来，几乎就证明了他所相信的天意（providence）。

> 在这个民族的历史和诗歌中，独一无二的天意得到了最有力的见证和最强烈的赞美，依靠天意，这个民族得以存在，其古老信仰毫不动摇……尽管遭受着外在的压迫，但一座实实在在的纪念碑已经立起，那就是他们古老的启示、历史与奇迹。③

---

① 《全集》卷十八，页56；亦参见卷三，页432，此处赫尔德苛评了那些油嘴滑舌地讨论"民族性"的人："如果聪明的克洛茨先生了解民族、时代及其道德特征究竟是什么，那么当他写作时，手会累得连笔都握不住。"
② 《全集》卷十，页139。
③ 《全集》卷八，页357。在这篇了不起的论文《论诗艺对古今诸民族习俗的影响》（"Über die Wirkung der Dichtkunst auf die Sitten der Völker in alten und neuen Zeiten"，1778）中，讨论希伯来人的部分相当有趣。

他甚至贸然以先知的口吻揣测:

> 祂尚未完成的引导就是各个时代最伟大的诗。[1] 祂所牧养的那些群居的部落能否再度聚集起来……将来是否会有这样一个时代——那时先知的精神会再次呼召他们,向他们显示完满,并把他们变成主和神的古老民族?[2]

也许稍微令人疑惑的是,赫尔德使用的语境中,德语的 Volk [民族,或人民] 总与 Nation [民族] 或者民族性 (nationality) 有着相同的意义。他似乎认为早期希伯来社会的社会—政治结构与经济结构本质上没有差别(用马克思主义的术语来说就是"无阶级社会"[class - less society])。Volk [民族,或人民] 这一集合概念之中缺乏这种区分,在赫尔德同样地把它当作社会差异的标志来使用时,便很快暴露出了明显的困难。

在《希伯来诗歌精神》中,赫尔德尝试推导出犹太民族国家的主要推动力 (mainsprings)。他的问题是:摩西如何成功地从 12 个共和国 (republics)(他意味深长地将以色列众支派称为"共和国")中创作出一个 nation [民族]?[3] 从赫尔德对该问题的回答中,可以看到促成希伯来民族主义 (nationalism) 的 5 个所谓的原则性要素:

(1) 土地 (land),作为人们共同的继承物;
(2) 律法或者宪法,能自由参与其中的契约;
(3) 共同的语言和传统;
(4) 家族起源 (family - origin),亦即犹太国家得以延续和

---

[1] 《全集》卷十,页 139。
[2] 《全集》卷八,页 364。
[3] 《全集》卷十二,页 115:"摩西是如何把十二个自由、独立的共和国联结起来的?难道是因为他们必须成为一个民族 (Volk)?"在《人类历史哲学观念》里,他甚至将这些部落与瑞士联邦关联起来。

长存的有机（organic）起源；

（5）对列祖（forefathers）的敬畏。

（1）~（5）中共同揭示的，是传承感与历史的延续性（这些要素之间有着千丝万缕的联系，且相互作用），它们构成了赫尔德论述中所谓的"民族精神"。

赫尔德认为，土地与律法是希伯来民族（nationhood）和希伯来国家（statehood）的共同基础。这二者是完全相互依赖的：

> 律法（Gesetz）属于土地，而耶和华的土地属于律法。摩西借此把他的民族的心系在了这个基础上；他使得他们的土地对他们变得亲切而且不可或缺，因为在此之外以色列就不是以色列了。①

赫尔德在别处还写道，无论如何遭遇驱逐、迫害和折磨，无论离彼岸有多远，以色列民族的眼睛与希望始终聚焦在它古老的故土上：

> 即便在远方，他们的目光也牢牢钉在他们的故土上。这个民族一直都是神的民族，即使在异邦。②

对赫尔德来说，"语言"是衡量一个人重要的标准，同时也是文化和社会—政治维度的团结力量（rallying force）。它是赫尔德民族主义（nationalism）中的关键概念：

> 只有通过一种语言才有一个民族。③

> 一个民族，一个祖国（Vaterland），一种语言。④

---

① 《全集》卷十二，页115。
② 《全集》卷八，页355；也可参见卷十七，页312。
③ 《全集》卷十八，页387。
④ 《全集》卷十八，页347。赫尔德谈论语言重要性的例子不胜枚举，

此外，赫尔德在语言与文学之间几乎未作区分。作为富有凝聚力、能进一步促使国家形成的要素，文学具有和语言同样重要的作用：

> 现在这个奇特的民族自身的历史处境和特质便展现出来了。神圣诗艺（heilige Dichtkunst）的影响早就彰显在他们父辈身上，至今仍部分影响着他们。①

在有机的或者说遗传性的要素中，赫尔德看到了另一种让希伯来民族主义得以发展的塑造性影响。他发现犹太人对于列祖（forefathers）始终持有一种敬畏。他曾写道，希伯来语中再没有别的词能比"父"这个词享有更高的尊崇与爱戴：

> 在他们的语言中，用"父"这个词来指称国王、祭司、先知、首领和发明者，没有比这更为美妙的表达了。②

他们这种世代相传的对父辈（fathers）及其故土的热爱（这同时也是一种家庭与民族精神），在赫尔德看来，是犹太民族自始自终得以统一的支柱。对赫尔德来说，传统与延续性是社会和国家发展的关键力量。

> 因此，文化、教育与思维方式都是有机的……父辈的伦理深深地贯透进来，并成为这个种族的核心模范。犹太人的思维方式

此处可见《全集》卷二，页 67（"各个民族通过语言学会了思考与言说"）；卷五，页 136；卷十一，页 119；卷十三，页 354；卷十五，页 185；卷十六，页 604；卷十八，页 384。

① 《全集》卷八，页 357。

② 《全集》卷十二，页 107。也可见卷六，页 60："我们基于北方的礼俗观念，几乎无法理解东方人对他们的父辈祖先的深沉情感。"

就是个鲜活的例子。①

赫尔德认为，国家性与民族性的纽结是必须的。他认为必须将这个道理彻底揭示出来。因此，其政治哲学进程中出现了一步妙棋，那就是引入"自然"（nature）来解决问题：家族是唯一"自然的"社会单位；而民族（Volk）则深植于家族的起源，是个大写的"家"。因此，民族就和家族一样，是一种"自然植物"。

唯其如此，众多支族才得以出现。这种自然国家（natürlichste Staat）是带有单一民族特征的单一民族。②

赫尔德的民族 - 国家（nation - state）概念在近代发挥着巨大作用，它本质上是关于国家（state）的"有机"观念——这更多指的是伯克（Edmund Burke）的用法，而不是指随后黑格尔和鲍桑葵（Bosanquet）赋予这个词的意义。赫尔德力图强调的就是，国家要成为经得起时间考验的"自然的"政治实体（political body），就必须是一个有机体（organism），基于或处于"自然"环境中，自发成长或发生基因变异，而不仅仅是一个机械装置。它不是由政治命令实现的，它的凝聚也不是武力征服的结果。

> 相较于非自然地扩大的国家，对于野性未驯的人类和单一权柄之下的民族来说，它们与统治者的目的之间有着公然的对立……这些民族被糅合进了一个具有破坏性的机器中，人们称之为国家，它没有内在的生命，没有各个部分对彼此的同情……因

---

① 《全集》卷十四，页 84。对传统重要性的讨论可以参见卷十三，页 347–353 和卷十四，页 125。

② 《全集》卷十三，页 384。

为只要没有民族性，在他们之中就没有了生命。①

这样看来，对"自然"的援引并非一个纯粹辩证法意义上的策略；也不仅仅是为了寻找相较于习俗（作为某种规范性原则）而言更为根本的准评（sanction）。在《人类历史哲学观念》中，赫尔德解释了这一术语。② 对他来说，"自然"是力（Kräfte）的化身，是各种相互联系、相互制约、基因化的力量的总体（totality），换言之，它是"生命力"（life-force）：

> 运动着的强大的自然力，那种让被造物分有了生命的富有生命力（lebendige Regung）的活动。

在别处，赫尔德也曾对此加以描述。③ 就此而言，当赫尔德试图清理出促使希伯来民族意识生成的主要力量时，他不仅仅从孤立分隔的物理条件因素出发，还在"基因"的方面思考这些力量。其实，在赫尔德的"自然环境"中，实存的要素所起的作用是最小的。重要的是，这些力量对既定社会群体历代相传的思想有着精神或者说心理方面的影响。正因如此，它才决定着"一个民族的精神"。当然，与孟德斯鸠一样，赫尔德也没有忽略外部的物理因素，比如气候、土壤和植被。只不过，与孟德斯鸠不同（在此无法深入展开这种比较），赫尔德认为，在人类历史中，这些外部因素只有在与心理或者"内在"力量持续相互作用时，才能完全展现出重要性，也就是说，它们得对人类思想有所影响。通过强调心理的交互影响，赫尔德给历史和民族

---

① 《全集》卷十三，页384、385。
② 《全集》卷十三，页276。
③ 《全集》卷三十，页229（《论学校之为圣灵的工坊》("Von Schulen als Werkstätten des heiligen Geistes"，1797））。

主义研究提供了最为基础性和原创性的贡献。可以实事求是地说，犹太人存活至今的这一现象在赫尔德的敏锐头脑当中留下了深深的情感与精神印迹，给予了他研究希伯来历史的强烈动力。

赫尔德的政府观与他的民族－国家概念不可分而论之。他的政府观本质上是一种目的论，牢固地根植于他有关人之命运（destiny）的宗教（尽管并非单纯基督教的）观点：

> 人的命运是确定的，他追求世俗幸福的使命既与主人无关，也与服侍无关。谁必须要有一个主人，这人就是动物；一旦人成为人，他其实就不再需要什么主人了。④

赫尔德轻蔑且消极地看待政府，从中不难看到，他的民族－国家概念本质上是社会与政治生活的必要条件——如果说社会与政治生活没有在霍布斯所描绘的人对人是狼（homo - homini - lupus - manner）的状态中分崩离析的话。只有最强有力的内在凝聚力才能够赋予国家政治存续的机会，而这个国家的正统意义上的政府则将被所谓的多元共存的行政组织而非无政府状态所取代。赫尔德在《人类历史哲学观念》中就主张，让自由选举出的特设自治组织来安顿某些高于家庭利益的共同社会需求。⑤ 这样的团体不是永久性的机构。它们组建起来有其初衷，而一旦它们不再发挥那个功能，便会被抛弃。显然，不再需要什么单独的政治团体来整合或者控制这些多样各异的机构。

不像孟德斯鸠，比起"政府"的形式，赫尔德更关心的是政府的实质内涵，即赋予乡邦宪法以生命力的那种精神（spirit）和与之相应的公民倾向（disposition）。然而他反对任何形式的专制（despotism），

---

④ 《全集》卷十三，页383。
⑤ 《全集》卷十三，页375。

部分原因是他痛恨迷信以及任何对个人英雄的崇拜，① 但首先还是因为专制对道德有着破坏性的影响——它会侵蚀一个民族的灵魂：

> 在专制的桎梏下，最高贵的民族在短时间内就会失去它的高尚。②

"高尚"（Adel）一词在赫尔德这里当然意味着潜在的（potential）和自然的（natural）贵族制，而非现存的那种世袭贵族制，因为他认为世袭机制毫无用处：

> 基于这样或那样的特权，因为贵族家世就生而为王，这是多么危险啊！③

> 为什么有人能凭着生来具备的权力统治他成百上千的兄弟？自然并不是以家世的方式分发它最高贵的赠礼。④

在其未出版的《论促进人性进步的书简》里，赫尔德写道：

> 在我们的时代，没有人会再相信出生就能等于教养、高贵、机敏或者功绩。⑤

---

① 《全集》卷十八，页310。
② 《全集》卷十三，页381。
③ 《全集》卷十七，页61。
④ 《全集》卷十三，页332和页377。
⑤ 《全集》卷十八，页312。同样参见缪勒（J. G. Müller），《来自赫尔德之家》（Aus Dem Herder'schen Hause, Berlin, 1881），页109："赫尔德是贵族的可怕敌人，因为贵族违背人类平等和所有基督教的根本原则，是人类愚蠢的一大纪念碑。"许多人（如海姆、屈尼曼、席伦贝格等）都认为，赫

赫尔德在其关于政治制度的"观念"中塑造了一个事务型的国家（a state of affairs），它由法律而不是由人来统治。他运用的是"法制"（Nomocracy）这一术语。① 他认为摩西的律法在这方面提供了最佳例证，并且也可能是他的灵感来源。他对摩西律法的解释再次涉及那些关于历史与社会—政治的描述。在赫尔德看来，摩西律法首先是一个有着典型历史价值的政治文献。他把摩西本人视为最早面向犹太人乃至全人类的立法者和恩人，② "甚至吕库古（Lykurg）都不能与他相比"。③

赫尔德费尽心思地强调，自吹自擂（self‐glorification）离摩西的思想最远：

> 他尽他的民族之所能建起了他永恒的思想之塔，然而他的名字不应为此得到称赞，他是作为这个民族的天才写出了这部著作。④

尔德"理想的"政治制度是君主立宪制。我在赫尔德的作品中并没有发现关于这个观点的充足证据。当然，比起君主专制与世袭君主制，他更倾向于君主立宪制，相较而言这种制度不那么坏。但我认为他本质上是个共和主义者；也许卡罗琳·赫尔德的那种激进的政治同情心与这一点有关。见缪勒（Johannes v. Müller），《赫尔德与卡罗琳往来书简集》（*Briefwechsel mit J. G. Herder und Caroline v. Herder 1782–1808*, 1952），页13。实际上赫尔德的共和主义比卢梭的更为彻底。卢梭还在质疑共和政体对于大国的实用性，而赫尔德却认为没有理由说大共和国会比小共和国更不可行（《全集》卷十八，页317）。不过，即便是共和主义，赫尔德也只是认为它是种"相对的"最佳政体。赫尔德坚持认为不可能有"最佳的政府形式"。参见《全集》卷十八，页283："很不幸，这所谓的最佳政府形式尚未被发现，也肯定不会以同样的方式一下子就适用于所有民族。"

① 《全集》卷十二，页82。
② 《全集》卷十一，页450。
③ 《全集》卷八，页349。赫尔德与歌德都对摩西进行过评价，但差别甚大。歌德的评价尽管前后矛盾，但总体上较为阴暗。参见歌德，《旷野里的以色列人》（Israel in der Wüste, Cotta's ed. V, 4），页267前后。
④ 《全集》卷十二，页123。

"主人公总是这个民族,不是摩西!"① 赫尔德甚至表明,有人认为摩西伪造了其立法的神圣起源,但摩西即便这么做,也是出于政治智慧和个人谦逊。对此,赫尔德质问说,难道摩西可以"单凭政治理性的微弱光芒"就控制且说服60万的反叛者吗?② 赫尔德的核心预设在于,唯有通过获得神圣的敬畏,法律才会真正有效。他痴迷于法律的力量和庄严,这让赫尔德(正如随后的康德和费希特一样)成了卢梭的拥趸。赫尔德与卢梭都在法律中看到了一切人类社会的真正精神和一切人类政体中最崇高的部分。

赫尔德把摩西律法视为书面宪政的最古老例证。③ 同时,他也指出摩西律法是非常灵活的,可以依照变动中的情况而修正(amended):

> 他(摩西)自己修正了自己立下的法律,根据环境的情况对其加以填补。④

比如,最初摩西的宪法草案(draft-constitution)规定,所有家族与支派的长子(女)在公共事务上享有同样的权力,比如共同分享法律与正义的执行权;但摩西也认为,有必要将某些公共职责限制在某个具体的支派手里,这就是利未支派。但是,赫尔德补充说,摩西同时也确保利未人没有任何行政、立法尤其是专制方面的权力,从而小心地将对人民政治自由的剥夺尽可能降至最低:

> 每项政治举措都取决于整个民族最古老的那些支派;利未人

---

① 《全集》卷三十二,页207。
② 《全集》卷十二,页122。
③ 《全集》卷十一,页452。
④ 《全集》卷十一,页453。

只是有学识，而非具有统治地位的支派。①

摩西赋予先知们权力和职责，这不仅是要保护宪制，也是为了避免它变成"一纸空文"（dead letter）：

> 守护者、民族的智者就是如此；当一切陷入沉睡时，他们振臂高呼；当祭司沉默、强人统治之时，他们就以耶和华之名言说、教导、抚慰和警告。②

先知要成为"约束暴政的缰绳"，③一切政治判断都应受到摩西式宪政（Mosaic Constitution）的指导，唯一要牢记于心的是耶和华的精神——赫尔德特地强调，这种精神应被理解为"公共精神"（public spirit）。④进而，赫尔德指出，有人完全误解了先知：

> ……如果他们把先知看作占卜者、梦想家或江湖骗子的话。摩西的继承人是其律法的应用者和维新者。在《以赛亚书》里有着远远超过柏拉图《理想国》的东西。⑤……先知们经常哀叹，自己从未完全领会立法者的深意。⑥

根据赫尔德的说法，摩西式宪政的目的是建立一个自由的、只服从自身法律或宪制的民族。要保证没有任何个体的自由遭到剥夺，神

---

① 《全集》卷十二，页 120。
② 《全集》卷十一，页 458；同见卷九，页 321。
③ 《全集》卷十二，页 114。
④ 《全集》卷十二，页 115。赫尔德此处用的是英语。
⑤ 《全集》卷十一，页 458。
⑥ 《全集》卷十一，页 120。

自己将成为立法者、法律的守护者与王者（King）。① 祂的终极目标是国家的幸福和人民的政治福祉。② 祂的运作理念在于兢兢业业，而非获得军事荣耀：

> 摩西的立法容不下君主的奢侈。就其首要特征而论，以色列永远不能变成一个满世界游荡的商贸民族，或者一个发动战争的君主制强权。③

赫尔德认为，在王制（institution of kings）得以施行之后，真正的摩西式宪政实际上也就不复存在了。摩西的事业进而也就从未完成。④

就此而言，在赫尔德的诠释下，摩西式宪政的本质便成了法治：不是由什么立法者，而是由法律自己进行统治（rule）；自由的民族自愿遵循法律：

> 一切政府都是基于需求的，而那种实实在在、太过可见的政府便会变成桎梏，甚至往往变成对人类的亵渎。⑤

因此，将社会联系在一起的那些纽带越温和无形，消除一切由个人或少数人独裁专制的形式的可能性就越大。赫尔德进而总结道，唯有等到这个时刻来临，政体才能与人类精神的尊严相匹配。

不得不承认，赫尔德在尝试弥合理想与现实之间的鸿沟时显得相当含混。不过德意志当时的政治审查制度是不可忽略的，所以，赫尔德行文的缺乏精确，至少多半可以说是刻意为之。尽管如此，赫尔德

---

① 《全集》卷十二，页82。
② 《全集》卷十二，页101。
③ 《全集》卷十二，页114。
④ 《全集》卷十二，页121。
⑤ 《全集》卷十二，页117。

在使用词汇方面基本上还是不太严谨，特别是在使用 Volk［民族，人民］这一概念时。我们之前谈到了在不加区别地使用这个词时所造成的含混。当赫尔德把早期的希伯来人视作一个 Volk［民族，或人民］时，它既暗指一个同质性的民族单位（national unit），也指一个几乎没有发生分化的社会单位（social unit）。然而在他对当时社会的批判中，Volk［民族，或人民］又只是国家中的一部分，并且像他所宣称的，是国家中基数最大甚至是最有价值的构成部分（constituent），但基数最大和最有价值的这两个部分又不完全相同。更何况，赫尔德虽然并没有谈论太多社会阶级问题，但他的确赋予了"中产阶级"相当客观的政治重要性——他认为这个阶级是"国家的支柱"（pillar of the state）。① 像孟德斯鸠一样，赫尔德把英国作为商业强权崛起且拥有更大的政治自由的原因，都归于英国中产阶级对政治治理的参与。②

对于那些与赫尔德同处于"理性时代"（Age of Reason）的先驱和同代人的政治品位来说，一个国家的主要构成部分如此愚昧且在公共事务上保持沉默，这是无法接受的。但是，跟其他同代人相比，赫尔德不太相信绝对君主的能力，也不信他们有变革的欲望。因此他寄希望于民众领袖（popular leaders）的涌现，他们是"人民中的人"（men of the people），满怀着传教士般的热情，传播文化（Bildung）的福音，带领其他民众走向不再需要任何政治统治者的历史阶段。赫尔德在描述"人民中的人"时，非常明确自己所指的首要对象：

> 众所周知，精神实践与文化基于中间阶层（mitteren Stande）；它应当影响上上下下，由此让整体变得生气勃勃。③

---

① 《全集》卷二十三，页 429。
② 《全集》卷十八，页 108。
③ 《全集》卷二十四，页 174。

或许,唯有到了所有民族成员在政治上和文化上都更加成熟的历史转折点,赫尔德的贵族民主制(Ariso - democracy)才能实现。① 与狄德罗和百科全书派一样,赫尔德也相信文化上的进步是必要的,只不过他似乎不太确信,单凭这种知识进步对个人的内在影响就能够带来社会改良。和启蒙主义者一样,赫尔德也认为,所有的社会组织必须让个体都能获得最高程度的自我实现,但他在这一点上考虑得更远:

> 自然中的一切都基于最确定无疑的个体性之上……(但是)因为单独的人可能以非常不完美的方式存在,所以在每个社会中都会形成一个更高的、最大化的共同合作的力量。②

他强调共同合作(Zusammenwirken),也就是积极的社会合作;他希望在生活的实践领域里,尤其是在政治和经济领域里,人们能对于他所谓的那些社会责任怀有一种强烈的意识。他也希望,在"真正启蒙"的转折点来临时,不断增长的社会责任感能够最终冲破民族国家的界限,就像他那句有名的格言所说的那样:

> 如果你必须做什么,那就服务于你的国家;如果你能做什么,那就服务于人类。③

不过赫尔德不是什么乐观的空想家。他清楚地意识到,延续(Fortgang)并不总是等于进步(Fortschritt)——尽管他并非总是系统且持续地注意到这种差异。赫尔德在摩西的律法中发现了政治和道德的理想,如果我们希望接近这种理想,那么长期循序渐进甚至经常

---

① 《全集》卷十八,页331。
② 《全集》卷十四,页227。
③ 《全集》卷十三,页465。

会中断的教化（Bildung）过程便是必要的。因此，他清楚地认识到，摩西的律法不单是一个民族性的文献。在《希伯来诗歌精神》中，赫尔德对此有一条意味深长的注释：

> 摩西立法的根据，一是哲学上的，二是道德上的，三是民族上的。①

在赫尔德看来，摩西的法典就是他自己最重视的政治与道德诉求——民族与人性——完美融合后的化身。然而，作为人之可完善性的推论与寄托，这种看法总是显得可疑，对此，赫尔德显出了节制和现实主义的态度，认为进步的观念只能作为某种基督教的假设为人所接受。②

> 这就是摩西的理念；我不知道是否还有一个更为纯粹的、更高的理念存在。但可惜的是，他同他的理念以及建基于此的各种制度早来了三四千年；或许在六千年以后，另一个摩西也会过早地出现。③

提出质疑又怀抱希望，这是典型的赫尔德式的心态，而这种心态在我们的时代也俯拾即是。

---

① 《全集》卷十一，页462。
② 《全集》卷十八，页314、328。
③ 《全集》卷十二，页117。

赫尔德与旧约
——世俗化、圣经与解读理论

维德纳（Daniel Weidner） 撰
高 佩 译

赫尔德现今被视为后启蒙思想的先锋。他的历史哲学预见到了许多19世纪的历史思想，尤其是不同民族的"个性"观念和它们"内在、有机"的发展。他的艺术批判在强调艺术的主体性的同时，还强调艺术的历史和文化特性，这对于艺术作品现代概念的形成可谓贡献良多。赫尔德在提出这些现代概念时常参考宗教传统，巴特（Karl Barth）也将他称为"古典作家中的神学家"。有人发现赫尔德的历史哲学有天意（providence）的痕迹，他的艺术概念中带着默示（inspiration）和道成肉身（incarnation）的观念。他在宗教传统中发现了用以描述启蒙运动所忽视或抑制了的东西的方法。

然而，宗教不仅仅转化成了赫尔德思想中的美学或者哲学。赫尔德毕生广泛著书讨论圣经，尤其论述了旧约。他的早期作品，即他死后发表的《人类最初文献考察》(*Concerning the First Documents of Mankind*)和《东方考古学断片》(*Fragments of an Archaeology of the Orient*)，详细论述了休谟的自然宗教理论，宣称创世的故事主要是在解释安息日（Sabbath）的起源。1774年到1776年间，赫尔德恢复了神学的兴趣，写了他讨论圣经的最为恢宏的作品《人类最古老的文献》，以一种狂热，且纯然神学甚至是神秘主义的方式解读《创世记》的第一至六章，同时还反思了埃及、古巴比伦、波斯的宗教甚至是卡巴拉的教义。赫尔德想要证明创世故事的始源性及其相对于其他宗教传统而言的首要性，然而这种尝试收效甚微。之后，他在《神学书简》（*Letters Concerning the Study of Theology*，1780/1781）中涉及了整部旧约，在《希伯来诗歌精神》（*The Spirit of Hebrew Poetry*）中则讨论了整部圣经，并在这部作品中返回到早期的批判立场上。在《神学书简》中，他曾提纲挈领地陈述道：

> 我们必须以属人的方式来理解圣经，因为圣经是由人且为了人而写的：圣经的语言是属人的；圣经通过属人的途径被写下和保存；人可在其中来理解圣经的那个意义，即圣经可以用来实现的整个目的，也是属人的。①

这些经常为人引用的句子似乎揭示出赫尔德的立场：对他而言，圣经是"属人的"；它不再是宗教经典，而只是所有书籍中的一部而已。进而，赫尔德似乎朝圣经的现代世俗理解迈出了关键的一步。这可能反映出一种双重转向：文学通过宗教观念得到诠释，同时圣经也转变成了文学。古岑（Dieter Gutzen）称这一交叉替换为"世俗化"（secularization）：

> 如果我们将"世俗化"理解成宗教经验向诗歌、音乐和艺术的转变，那么这也意味着，作为天意的宗教被作为诗歌的宗教所替代。然而，与"世俗化"相随的，是将那个激发了新宗教经验的对象神圣化。因此，圣经的世俗化也就等同于诗歌的神圣化。②

---

① 赫尔德，《神学书简》，《文集》卷九，页 145。
② 古岑，《〈圣经〉的诗歌：考察 18 世纪对它的发现与解释》（"Poesie der Bibel: Beobachtungen zu ihrer Entdeckung und ihrer Interpretation im 18. Jahrhundert", diss., U of Bonn, 1968），页 11。

但是，在赫尔德《神学书简》随后的几句话中，这种解释遭到怀疑。他向虚构的年轻通信对象写道：

> 你可以明确的地方在于，你越是用人的方式来理解圣言，你也就越接近其作者（Urheber）的意图，祂按照自己的形象造人，并在他的一切言辞和事功当中以人类的方式行动。①

"以人类的方式"来理解圣经并不妨碍赫尔德谈论"圣言"或者神圣权威。对他来说，在神学理解与世俗理解之间并没有清晰的界限。要想搞清楚这种含混性，就需要廓清"世俗化"这一概念，它绝非古岑理解的宗教向世俗的转变或替代所能概括。

一

近来，对世俗化的讨论变得愈加流行。就像讨论现代"世俗"社会与其他"宗教"社会的关系一样，人们也重新讨论起现代"世俗"社会与其过去的关系。这种新兴趣显见于文化研究和媒体，但即使大部分人认同我们生活在一个"世俗化"的时代，"世俗化"这个概念具备的神学意涵依然暧昧不明。

然而，在这种心照不宣的后现代共识背后，其实存在着一种更加古老且争议重重的关于世俗化的言论。20 世纪 60 至 70 年代，洛维特（Karl Löwith）、施米特（Carl Schimitt）、布鲁门伯格（Hans Blumenberg）和陶伯斯（Jakob Taubes）之间的激烈争论，便表明世俗化并不是一个中性且单纯的分析术语。布鲁门伯格竭力抨击了他所认为的那种意识形态化的世俗化概念，认为其从来没有摆脱神学传统。在《现代的正当性》(*The Legitimacy of the Modern Age*) 一书中，

---

① 赫尔德，《文集》卷九，页 145。

布鲁门伯格给出了一个重要的区分：

> 宣称"世俗化"在某个特定国家中出现了（并说这从人们对教会的忠诚越来越淡漠的事实可以看出），与说资本主义对职业成功的看重乃是以预定论信仰为前提的个人拯救的世俗化，这两者完全不同。

其实，世俗化概念中常见的含混及其所蕴含的魅力，都由它那往往不为人知的双重意义所引起。一方面，世俗化意味着宗教的消失；另一方面，它指的是宗教的转向。人们可以大概地分辨"世俗化"概念的"不及物"（intransitive）用法（世俗化出现了）与这个概念的"及物"（transitive）用法（某种事物被世俗化为某种事物）。第二种含义尤其滋生了有力且趣味横生的叙事，譬如：清教徒精神"世俗化"为资本主义，基督教的拯救概念"世俗化"为关于历史的现代概念，或者神的全能"世俗化"为关于主权（sovereignty）的政治理念。然而，对于布鲁门伯格来说，世俗化的不及物用法相对地不那么成问题，但及物用法的那一范畴则表现为某种意识形态化的概念，并且从未丢失其原本的政治含义：现代国家将教会的特权据为己有（expropriation）。作为"包含历史非法性的范畴"，它意味着这种转化程序是非正当的，"世俗化了的"事物与它的宗教"起源"（origin）相较而言只有某种衍生义。此外，这个概念是实质主义的，因为它假设某种相同的元素既通过世俗传递着，又通过宗教传递着：

> 若没有这种实质上的一致性（substantial identity），那么对重构和转化的讨论便没有任何意义。①

---

① 布鲁门伯格，《现代的正当性》，前揭，页 24。有关这一观点参见凯撒（Gerhard Kaiser），《德意志文学中的虔敬派与爱国主义》（*Pietismus und*

即便有人质疑布鲁门伯格的意识形态批评,他反实质论的论点则仍可令人信服。要论证及物用法的世俗化观点里所假定的连续性——例如,去证明基督教的启示理念实际上已经转变成了关于"看不见的手"的现代理念——这简直是不可能的。同样,要通过一种近乎炼金术的方式,确切地展现从宗教到世俗的"转化"如何发生,这也很难。我们可以以同样的态度批判文学史中有关世俗化的很多内容,在纯粹精神的领域中追溯观念命运的"观念史"也难以避免陷入这种实质论和知识炼金术。

但是,布鲁门伯格所倡议的放弃"及物性的""世俗化"概念,也并不是办法。首先,这种态度忽视了宗教和世俗思想之间存在的张力。赫尔德思想里的宗教动机不仅是"教条式残余"(dogmatic residue),也不仅仅是掩盖赫尔德"真实"想法的多余面纱。相反,宗教意义和世俗意义的相互影响是创造性的,不能仅凭及物的"世俗化"概念来把握。其次,很难将这两个世俗化的概念彼此区分。在文化领域,非及物的和及物的、"描述性的"和"意识形态化的"概念彼此不分,互相蕴含。显而易见,世俗化的及物和非及物理论都浓缩在韦伯有关现代"去魅"(Entzauberung)的叙事中。韦伯对西方理性主义之发生的史学梳理,就是关于现代化伴随着宗教退场的理论的典型例证。同时,他关于新教与资本主义的关系,也是及物的世俗化理论的典型范式。这一双重取向深深地嵌入韦伯整个"去魅"的修辞中,去魅不仅有着"一种进程"和"这一进程的结果"的双重含义,还表明"去魅"的进程中有着一个"施魅"的时刻。这是更为重要的,因为韦伯没有发展出某种世俗化理论(他从未使用这一术语),而是发展出一种密集而定义多重的叙事,在这种叙事中,资本主义被隐喻地(metaphorical)类比为新教,同时,资本主义也成了对新教的转喻式

Patriotismus im literarischen Deutschland, Frankfurt/Main: Sämtliche Schriften, 2nd ed, 1973, XIII - XXXXIV),页 13-44。

(metonymic)延续,其中暗含了一种预言:未来会出现某种具威胁性的专制统治(despotism)。韦伯的复杂叙事是诸多世俗化叙事的典型范式,其之所以复杂,是因为同时彰显了统一和差异,即,宗教的事物是如何在世俗化的同时又保留了它的宗教本性。这一悖论通过叙事手段——象征(symbolism)、动机(motivation)和时间结构——得以解决。①

可以说明问题的是,布鲁门伯格在《现代的正当性》中只提过一次韦伯。对他而言,"世俗化"是属于历史哲学的概念。正因为如此,他不认为世俗化概念是有所倾向的,或仅只是种修辞。但是,在更深层次上来说,"世俗化"不是什么理论,而更多地是一种特定的叙事与修辞技艺,或者说,它是一种在世俗事物上呈现宗教事物(或在宗教事物上呈现世俗事物)的技艺。这种修辞如果还原为一种哲学立场,就会变得乏力;它之所以有力,正是因为它的含混性。在深层次上分析"世俗化",必然不止考虑有关(about)世俗化的理论,还要考虑各种更为复杂迂回的涉及宗教和世俗意义的话语(discourses)。要让世俗化概念不落入实质论的圈套,同时不让内在于上述讨论中的紧张和冲突消散,那么,把注意力集中在这些话语中的修辞和文学技艺上面,也许值得一试。②

---

① 有关韦伯,参见我的论文《论世俗化的修辞学》("Zur Rhetorik der Säkularisierung"),载于《德意志文学与人文科学季刊》(*Deutsche Vierteljahrsschrift für Literaturwissenschaft und Geistesgeschichte* 78/1 [2004]),页 95-132。

② 最近,有些学者已经从后现代视角出发,对世俗主义教条和世俗化的机械论模型表示怀疑。参见阿萨德(Talal Asad),《世俗事物的各种形态:基督教,伊斯兰,现代性》(*Formations of the Secular. Christianity, Islam, Modernity*, Stanford: Stanford UP, 2003.);瓦尔德(Graham Ward),《真实的宗教》(*True Religion*, Oxford: Blackwell, 2003.)。两者都强调宗教和世俗事物应一直在二者互相关涉的情况下获得分析,特别要留意其中的修辞策略,它们构成了宗教和世俗事物之间特定的相互关系以及它们之间发生转换的那些界限。

二

回到赫尔德,如果说他把神意观念"世俗化"成进步观念,那这就显然成了实质论的论调。但即便"辩证地"看,赫尔德既把圣经世俗化,又把文学神圣化,这种判断也是含混不明且成问题的;这种说法假定了两个独立领域——神圣的和世俗的——的存在,这在赫尔德的时代是不合时宜的。有些其他的看法则更加深刻。例如艾布拉姆斯(Meyer H. Abrams)认为,世俗化是观念的"置换"(displacement),是一项工作,旨在"拯救那些基于'启示'基础之上的传统思想、框架和价值,并将这些事物在当时盛行的主体与客体二分的系统内予以重塑"。① 即便艾布拉姆斯在他分析"观念"的进化时带有还原论论调,比起假设观念的单纯"转移"(transfer),"置换"和"重新调整"的说法还是明显复杂得多。艾布拉姆斯也讨论了"转译"的问题。他认为,赫尔德在《人类最古老的文献》中

> 将伊甸园的人类堕落和复归的故事转译成了他自己版本的普遍历史;他会认为,圣经故事虽然用适于孩童的质朴性的方式得到讲述,却体现了整个人类及其中每一个成员的真实历史(true history)。②

---

① 艾布拉姆斯,《自然的超自然主义》(*Natural Supernaturalism*, New York and London: Norton, 1972),页 13。
② 艾布拉姆斯,《自然的超自然主义》,前揭,202–203。艾布拉姆斯在此同时提到了莱辛、康德和赫尔德,忽略了他们在解读方法论上的重要差异,这一差异肯定了"翻译"仅仅是种隐喻。有关作为翻译的世俗化的一般研究,参见魏格尔等著,《占领,皈依,掩盖:论1800年世俗化的辩证法》(*Bersetzungen, Konversionen, Maskierungen: Zur Dialektik der Säkularisierung um 1800*),尤其是第一章和第二章。

"转译"是一种复杂精细的隐喻。这里指的不是将内容从一种语言向另外一种语言的转换,而是指一个复杂的过程,其所要翻译的对象不是语言的观念,而是语言的文本本身。一旦涉及到"观念"和"概念",就必然会冒实质论的风险,因此,我不会研究赫尔德关于圣经的"观念",而是研究他对圣经文本的解读。解读本身就有喻象性(figurality),催生并且推进文本与语境、写作与言辞、部分与整体之间的张力,这些都不能还原成某种稳定的"内容"。

如前面所谈到的那样,赫尔德屡次三番改变他对于文本的态度,这确实令人惊讶。然而,他在早期作品中将创世的故事视为对安息日人为源头的解释,在《人类最古老的文献》中,则将其解读成神圣的教育,随后又返回到早先的解读,把圣经视为人类的诗歌。考虑到他解读的根本性质并未改变,并且赫尔德甚至将他早期手稿逐字逐句地都收进他后来的作品,上述的那些改变均令人更为费解。尽管他在考虑到神圣的创造或者人类的创造时提供了截然不同的预设,他的解读似乎还是粗糙地保留了同样的东西。

同样,我们很难将赫尔德与当代讨论圣经的话语联系起来。赫尔德表达过多种甚至有时会相互对立的立场,涉及诸多学者,譬如提倡史学批评的东方学家麦凯利斯(Johann David Michaelis),譬如从事圣经诗学和修辞学的洛伍特(Robert Lowth),又譬如他的挚友、要求解释者谦逊对待文本的虔信派解读提倡者哈曼。这些不同话语的并置并不单纯,赫尔德也不是以一成不变的方式谈论这些前辈。这一点在他与麦凯利斯的关系中尤为明显:赫尔德青年时期对麦凯利斯赞不绝口,中年时期则嗤之以鼻,但在生命的最后时刻又予以尊重。

现有的对这些矛盾的解释方式林林总总。较早的研究集中于赫尔德的晚近作品,强调其解读中"浪漫的"和"现代的"特征,同时也认为《人类最古老的文献》是个例外。更近一些的研究倾向于强调赫尔德与其浪漫主义继承者之间的差别。在后面这些研究者看来,赫尔德更为激进的比克堡时期的作品才最原汁原味。① 这两种理解都不充分,不是流于神学范畴就是流于世俗范畴,而这两个范畴对赫尔德来说并行不悖。比起为赫尔德是否"真的"有宗教或世俗意图而争论不休,阅读赫尔德更应当促使我们去质疑世俗化范畴本身。为此,我们必须转变出发点。不在新旧事物或宗教和世俗之间构建什么连续性,而是假定某种断裂,以便分析旧的事物如何在新事物中得到呈现,或至少如何被提及。也就是说,相比起追问圣经的动机如何转变为世俗动机,我要追问的是,在圣经世俗化之后又发生了什么。

必须要强调的是,赫尔德对圣经的解读是一种反应。圣经解释,尤其是旧约解释,在回应 17、18 世纪理性主义和自然神论者的批评过程中陷入了危机。寓意的(allegoric)和喻象的(figural)阐释(譬如,将旧约理解为新约的铺垫)尤其随之失去了地位。在福柯所说的"表征的知识型"(episteme of representation)中,符号不再是某种神秘的铭文,而是对观念的某种游移且任意的表征。宣称文本有多重或隐藏的意义不再可能。圣经文本失去其象征力量而成了单纯的故事。旧约的绝大部分,尤其是关于礼法的详细规范,也因此对基督教读者而言变得无关紧要,在某种程度上也荒芜难辨。② 例如,创世和堕落的故事不仅遭到

---

① 参见海姆,《赫尔德的生平和著作》。最近的作品包括霍夫(Gerhard vom Hofe),《赫尔德"秘文书写"-诗学:论"最古老文献"中一种"更高诗论"的创世神学奠基》("Herders 'Hieroglyphen'–Poetick: Zur schöpfungstheologischen Grundlegung einer 'höheren Dichtungslehre' in der 'Ältesten Urkunde'"),载于《布克波卜对赫尔德的谈话》(*Bückeburber Gespräche über Jonhann Gottefried Herder*, vol. V, ed. Brigitte Poschmann, Rinteln: Schaumburger Studien, 1989),页 190-209;盖尔,《赫尔德的语言哲学与认识批判》(*Herders Sprachphilosophie und Erkenntniskritik*, Stuttgart: Fromann, 1988)。

② 参见弗雷(Hans W. Frei),《圣经叙事的衰落》(*The Eclipse of Biblical Narrative*, Cambridge and London: Yale UP, 1974),特别是导论部分。弗雷强调说,宗教改革派在攻击寓意阐释的同时,又极度地依赖类型学的诠释。尽管弗雷的书基于(规范的)"现实主义"解读的前提之上,并且这种

自然科学的质疑，而且只要《创世记》三章 15 节（神预言人的种将会伤害蛇的种）不再被解释成对基督的预言，这个故事就丧失了意义。就 1735 年韦特海默（Wertheimer）的译本而言，创世故事与当时的物理学在理性主义上的调和问题并没有引起多少怀疑，但是数不胜数的批评家强烈反对其中在指涉基督来临时的疏漏，例如，用更为贫乏的"子孙"（descendants）一词来翻译（蛇的）"种"（seed）。① 但是即便是护教主义者，在解释预言的符号学本质时也会遇到困难；当时的阐释学倾向于把圣经要么理解成为一种真实的记述，要么理解成为一种道德学说。因此，在"护教的"和"批判的"解读之间并不存在明显界限。最有效的世俗化解读不是由韦特海默（即便是他，也有护教的意图）这样的怀疑论者和激进分子来达成的，而是通过断言圣经的真实性来实现的，这种断言彻底地转变了圣经的含义。不管怎样，旧约中对新约的预告继续丧失了其重要性。如果非要细究，那么可以说，这种预告不再被人们视为是基于救赎叙事，而是被视为精通埃及秘文书写技术的摩西传达他秘传教义的秘密写作。② 这对于犹太人的作用评价有根本性的动摇：他们不再是神的选民，而是一个东方的原始民族，旧约只是不幸地与他们发生了关

现实主义解读令人费解，但它仍然对于这个难题给出了经典表述。这与福柯对转向古典时期知识型的分析有着些相似之处，然而福柯始终坚持无视神学与圣经训诂学（exegesis）。参见福柯《词与物》(*The Order of Things*, New York: Vintage, 1970)。

① 关于韦特海默，参见斯帕丁（Paul J Spalding），《封书抓人：约翰·施密特和 18 世纪德意志的审查制度》(*Seize the Book, Jail the Author: Johann Lorenz Schmidt and Censorship in Eighteenth - Century Germany*, West Lfayette: Purdue UP, 1998)。

② 有关类型学的辩护对待，参见弗雷，《圣经叙事的衰落》，前揭，特别是第 6 章和第 7 章。有关启蒙运动中的秘传宗教的概念，见阿斯曼（Jan Assmann），《埃及人摩西：西方一神论传统的埃及记忆》(*Moses, the Egyptian. The Memory of Egypt in Western Monotheism*, Cambridge MA: Harvard UP, 1997)。

系。随着基督教神学的降格,犹太人的地位越来越不稳定。据说,旧约的主要德意志批评者麦凯利斯也是犹太人解放的强烈反对者。①

喻象式解释的式微与圣经内容因素无关,毋宁说跟文本本身的地位有关。这甚至比圣经是否由人类创作的争论更加重要——在历史上那些后见之明中,这种争论通常被高估了。只要喻象的框架是完整的,那么我们无须破坏圣经的宗教功能,就可以谈论"摩西作者"。至少在新教看来,圣经不仅是各种观念的载体,而基本上是通过被视为神圣经典,进而构成了观念和宗教真理的来源。喻象式解读体现的是神圣经典的一个至关重要的特征:它有"自我解释"的能力。正如文本的规范性力量和认知深度一样,文本的精神力量和礼法效应也以"自我指涉"为基础。圣经的每一个部分都能够说明任何其他部分,每一节要结合其他章节理解,才具有深刻含义。② 这一内在指涉最为清晰地体现在依据新约对旧约开展的解释中。喻象式解释重视经文的"圣典性",这让经文不仅是某种文本,而且成了知识的来源和神性之所在。如果这种神圣经典的功能改变了,那么整个真理形式和宗教"知

---

① 参见赫斯(Jonathan M. Hess),《德意志人、犹太人与现代性的要求》(*Germans, Jews and the Claims of Modernity*, New Haven, CT: Yale UP, 2002)。在这里,我不会探讨圣经解释和犹太教的关系,这会给这个话题带来更多的政治倾向。有关这个主题,参见我的《政治与审美:麦凯利斯、赫尔德与维特的圣经课》("Politik und aesthetic: Lektüre der Bibel bei Michaelis, Herder und de Wette"),载于《希伯来诗歌与犹太人的民族精神:赫尔德对中东欧犹太教徒的影响史》(*Hebräische Poesie und jüdischer Volksgeist. Die Wirkungsgechichte Johann Gottfried Herders im Judentum Mittel- und Osteuropas*, ed. Christoph Schulte, Hildescheim/Zürich: Olms, 2003),页35–66。

② 参见布伦斯(Gerald L. Bruns)《解释学古今》(*Hermeneutics Ancient and Modern*, New Haven and London: Yale UP, 1992),特别是第4章和第7章。把神圣经典概念视为某种描述性陈述和规范性陈述之不可分的结合体的观点,参看彼德曼(Schlomo Biderman),《神圣经典和知识:宗教认识论》(*Scripture and Knowledge: An Essay on Religious Epistemology*, Leiden: Brill, 1995)。

识型"也会彻底改变。

赫尔德是这一进程的参与者。他并不重申传统的新教理解，也不做什么全然不同的解读。相反，赫尔德在一种新的语境（context）中重新定义了圣经中原初的基督教含义。这不只是把那些神学概念转化为哲学话语的"翻译"行动，不仅是要尝试呈现文本的内容，还是要通过文本的含混性，尝试使文本具有可读性与丰富的内涵。他并没有建立某种有关圣经的体系性话语，而是把来自不同语境的不同概念置于圣经的文本中，展开某种交织的、灵活的甚至是不确定的阅读策略。他的解读并不仅仅是解释学的"同情"（Einfühlung），也不是把那些现代概念应用到文本上；不如说，他的解读是分解（decomposition）与再创作（recomposition）的辩证过程。

三

审查赫尔德解读圣经所使用的范畴，是我们接下来的任务。这些范畴包括：文献，诗歌，形象（image），力量和创造。在此，我将侧重点放在最吸引赫尔德注意力的文本上，即《创世记》第一至三章。我主要关注《人类最古老的文献》，但目的是描绘出赫尔德的整体解读方式，其早期手稿与随后的作品之间的差别则暂搁不论。因为，即使赫尔德关于文本的理论彻底改变，他所使用的那些范畴也没有改变。鉴于赫尔德最初发明了很多诗学和美学概念，因此我也选择基于诗学和美学的话题来进入他的早期观念。①

一开始，赫尔德把创世故事的不同部分（《创世记》第 1-3 章）

---

① 关于赫尔德的圣经阐释，特别是《人类最古老的文献》的更为详细的分析，参见布尔特曼（Christoph Bultmann），《启蒙时期圣经的史学：作为休谟宗教批判回应的赫尔德〈创世记〉阐释》（*Die biblische Urgeschichte in der Aufklärung: Johann Gottfried Herders Interpretation der Genesis als Antwort auf die Religionskritik David Humes*, Tübingen: Mohr - Siebeck, 1999）。

视为不同的文献（Urkunden）。第一与第二个创世故事和关于人类堕落的故事是不同的文献，是摩西后来把它们结合在一起的。赫尔德并未质疑《创世记》的开端中包含着最初的"对人类最古老事件（affairs）的宣示"，而是将它们解读成一个"由摩西串联起来的连贯故事"，这种叙述会导致"怀疑和曲解"，甚至会导致这样一种想法随之产生：创世发生了两次，一次记载于《创世记》第一章，一次记载于《创世记》第二章。① 在这样的观点下，赫尔德假设摩西把不同的故事结合在了一起，甚至写了类似于《创世记》二章24节的一段评注来作为补充。有趣的是，赫尔德认为《创世记》第一章是最古老的文献，因为比起《创世记》第二章平淡无奇的描述而言，第一章更有普遍性，也更有诗意。当代的圣经批评家正是以相同的理由，把《创世记》第二章视为更晚近的文献版本。

赫尔德将创世故事化整为零的技巧构成了他的解读的根基。即便《人类最古老的文献》中那种尖锐反对史学批判的狂热解读，也假定故事最初划分成了不同的"文献"（documents）——这恰是赫尔德从史学批判那里借来的方法。即便他没有使用某种一以贯之的方法——譬如将全书根据神的名称（雅威［Jahweh］或埃洛希姆［Elohim］）的不同而划分成不同的文献，赫尔德也吸收了当时的圣经批评观点，譬如，吸收了文本间的一致性（textual coherence）和历史合理性的观念，吸收了自然神论者的看法，吸收了麦凯利斯的见解，随后还吸收了埃西霍恩（Johann Gottfried Eichhorn）的观点。

以这种方式讨论"文献"，不仅意味着将文本所指示的对象（人类最古老的时代）历史化，也意味着历史地理解文本自身，将它理解成某种创作过程的产物。这就给予了文本某种与以往全然不同的合理性（rationality），并且也给了解经者一种崭新的理解方式。赫尔德不再去询问，神究竟想要通过某种特定内容的细节或者形式告诉我们什

---

① 《文集》卷五，页22。

么，取而代之的，是讲述为什么摩西或其他作者选择了某种特定的表达（expression），从而把文本抛回摩西的人生当中，重新刻画了整个文本。① 不过，当批评家尝试将作者与写作行动和写成的文本相分离时，我们看到赫尔德仍然试图将它们结合起来。

赫尔德的评论集中在《创世记》第一章，也就是创世故事最初且最富有诗意的部分，

> 这一神圣诗篇最终得以根据当时民族神话的习俗而以诗歌的形式得以留存。它的外衣是故事和史诗。②

"史诗"（epic poem）和"诗歌"（song）的范畴帮助赫尔德理解了第一个创世故事的创作方式：

> 它有 7 个章节，在这些主要部分的内在结构和外部韵律中都存在着对称性和东方式的对位结构。③

赫尔德认为创世作品中存在着这样一种结构。第二日和第三日（天空、旱地和水的创造）彼此结构对应，正如它们与第五日和第六日（海里的生物以及飞禽走兽的创造）彼此对应一样。这些成双对应组成了这个故事的结构。像一个结构主义者一样，赫尔德甚至描绘了

---

① 这种借作者达成的对文本的有力重塑尤见于麦凯利斯，他认为摩西既是对摩西经书真实解释的作者，也是约伯道德寓言的作者。参见麦凯利斯《古联邦时代圣经导论》（*Einleitung in die göttlichen Schriften des Alten Bundes*, Hamburg: Bohn, 1787）。赫尔德在其年轻时就摩西的一生写过一份手稿。参见《全集》卷三十二，页 206-211。大致上，摩西的作者身份在赫尔德的解读中无关紧要。
② 《文集》卷五，页 54。
③ 《文集》卷五，页 44。

一幅意义重大的图表：①

第一日
光

第二日　　　　　　　第三日
天的高度　　　　　　旱地的深度

第四日

赫尔德对《创世记》第一章的诗学（poetological）分析在很大程度上依赖于洛特的《希伯来圣诗讲座》(*Lectures on the Sacred Poetry of the Hebrews*, 1753)，尤其是关于对位结构论的发现。根据洛特的观点，希伯来诗歌没有任何章节划分，而是在形式上采用对位结构，即一种大卫赞美诗中的诗句形式上或者说语义上的对称，如"我藉着你冲入敌军，藉着我的神跳过墙垣"(《撒母耳记下》22∶30)。不过，根据赫尔德的观点，对位结构不仅仅是文体的某种样式，而且是某种普遍而原初的表达方式，具有更为宽泛的含义。因为原始语言当中并没有什么精准的概念，说这些语言的人们不得不自我重复，直到预期的意图得以传达。进而，当书面语言尚未存在时，对位结构也是记录口头语言的自然且必要的工具。②

在《人类最古老的文献》中，对位结构似乎甚至有着某种本体论的地位。赫尔德在评论首节("起初，神创造天地")时，强调天与

---

① 《文集》卷五，页47。
② 有关同义重复的讨论，参见《文集》卷一，页194-199。有关华伯登（Warburton）、孔迪亚克和狄德罗对对位结构论的诗学特性的论述，参见米尔班克（John Milbank），《冗言、言辞和书写：哈曼思想的英国资源》("Pleonasm, Speech and Writing. Hamann's English Sources")，载《哈曼与英格兰：哈曼与英语世界的启蒙》(*Johann Georg Hamann und England. Hamann und die englischsprachige Aufklärung*, Frankfut/Main: Lang, 1999)，页165-196。

地的对位关系是宇宙和知识的第一结构，这对于希伯来人而言尤为根本：

> 对于他们来说，一切事物都建立在这一对位结构之上：自然科学与道德，宗教与科学，关于身体与关于精神的教义，天施于地，地动应天。这一区分构成了他们的制度和诗歌，构成了他们从地到天、再从天到地的视野的根基与激发力量！①

显然，"天与地的对位结构论"②不仅仅是文本的某种形式特性。创世的实际进程与对创世的叙述似乎也构成对位关系，也就是说，这二者借由对应重复得以结构化。如果一个人除了自我复述之外没有任何其他说话方式的可能性了，那么同样地，神也只能通过某种对称性结构的方法来表达自身。在这里，诗学的分析便与神学相互交融。

创世那几日的序列不仅被解释成诗歌，同样也被理解成形象（image）的序列。自始至终，赫尔德都将创世每一日的工作解读为一种近乎视觉化的场景，他还用很长篇幅改写、描绘了这种场景。同样地，他通过区分的方式，将文本分解成一些感性形象进行解读。他的简单且自然的解释学方法均基于这种区分，文本在这些形象的层面上变得清晰简明：

> 对于形象来说，最多将其解释为全部需求的外衣，解释为对不断流变、处于关系之中的诗学含义的呈现，除此之外人们不该有更深层的解读；不能将那些喻象式的表达适用到严格的论证或者史学的证明上。③

---

① 《文集》卷五，页 201。
② 《文集》卷五，页 706。
③ 赫尔德，《人类最初文献考察》，页 26–27。形象区分的策略最显著地体现在他对《雅歌》的解读中，他对其比喻意义完全不予理会，而对那些情色的意象采取一种原子式的解读，"就像是细线串起来的一排美丽的珍

这毫无疑问是更加重要的，因为它指向赫尔德在早期作品中显露出来的新美学和诗学。赫尔德批判了再现论的诗学，认为他们把形象和诗性表达仅视为理性话语的"外衣"。对于赫尔德而言，"形象"不是对外在事物的再现，诗学表达也不仅是用以传授道德教育或事实说明的"谚语"（Redensarten）；它们都从属于文本的诗学世界。内容和表达在诗歌中不可分，因为在诗歌中，思想与诗性的语言表达相关，

> 但不是类似皮肤覆盖肉体的相关性，而是类似灵魂栖居于肉体上的相关性。①

显然，对于赫尔德而言，很难对一种自然而有机的指称方式与一种技术性而表面的指称方式进行区分，但正是这一区分随后成了浪漫主义者对象征（symbol）和寓言（allegory）的区分。如果真存在什么神学思想的世俗化的话，那它也尚在酝酿之中。

所以，赫尔德关于诗学"形象"的概念，与随后的浪漫主义概念在特征上有些不相符合。首先，对于赫尔德而言，不仅创世每一日的工作构成了一个形象，而且所有创世的日子的先后序列同样也是一个"形象"。赫尔德强烈要求读者去设想它们的统一：

> 首先，我的读者，忽略一切无关紧要的事吧。这一天当中的

珠"（《爱之歌》[Lieder der Liebe]，《文集》卷三，页 450）。有关这种解读的解释学研究，见穆勒－西弗斯（Helmut Müller - Sievers）《"神之为作者"：赫尔德与解释学传统》（"'Gott als Schrigtsteller': Herder and the hermeneutic tradition"），载《今日赫尔德》（Herder today, ed. Kurt Mueller - Vollmer, Berlin and New York: de Gruyter, 1990），页 319–330。

① 《文集》卷一，页 402。赫尔德反表现主义式的诗学解读的相关研究，参见列文塔尔（Robert S. Leventhal），《解释的学说》（The Disciplines of Interpretation, Berlin: de Gruyter, 1994），第 3 章。

这些工作、祝福、命名、想象，都将那些简单而赤裸的形象串联成序列，使得它们关系更加密切：你看见了什么？无非是黎明的肖像画，无非是即将到来的白昼的形象。①

赫尔德假定，创世七日的序列代表着黎明破晓，从第一日的黑暗开始，通过曙光呈现的不同形象，引出各种生物随之而来的苏醒。这种"形象"的功用与浪漫主义所谓的艺术象征（Kunstsymbol）并无类似。它与其说是通过视觉即刻把捉到的某种总体性（totality），不如说是必须反复"解读"（read）的一个序列（series）：

> 神最古老而绝妙的启示在每天早晨作为一个事实向你显现，作为神在自然中的伟大工作向你显现。②

此外，仅就这些日子的形象来说，其中未能体现"神在创世中无处不显现"，③如此，它们与持续不断的过程之间就存在着某种张力。因此，有关创世的"形象"也就陷入了同时性表征和话语性表征的张力当中。

然后，"形象"这一术语直接关系到有关"按照神的形象"创造出人的神学话语。造人不仅是创世的最后工作，还在绝对不同的层次上构成了创世的统一性，因为人类是"任何可见事物之首，是最高的感性统一"。④创世行动不仅在人类身上抵达顶点，还以一种微观的形式在人类身上得到容纳。人类表征着从事创造的造物者，因为他"几乎是一种残像（Nachbild），以可见的形式表征着神性"。⑤赫尔德甚

---

① 《文集》卷五，页239。
② 《文集》卷五，页239
③ 《文集》卷五，页244。
④ 《文集》卷五，页230。
⑤ 《文集》卷五，页230。对比赫尔德《论雕塑》中对人类身体的长篇描述，《全集》卷四，页283–296。

至认为人类身体的形式"类似于"由七部分象形文字摹写出来的文本结构。进而，人不仅仅是生物中的一种，还是全部创造物、创造者和创世叙事的绝对象征。

再者，赫尔德还提及道德范式的传统。创世的表述不仅是自然和创世过程的一种形象化，还是人类文化和事功的"范例"（Vorbild）或者说"原型"（Urbild）。遵照启蒙时期的政治神学，赫尔德从社会利益的角度出发分析宗教制度。他尤其将安息日的圣化视为文化秩序的原型。大部分的启蒙主义思想家关注的是摩西律法，而赫尔德想到一个更好的方式来说明制度化的秩序：

> 没有话语，没有命令，没有告诫，只有无声的范例、事功——以神的事功为范例——运行于天地间，渗透于世界和人类的全部本质之中。①

我们随后会再度讨论这一要点。

赫尔德对再现论诗学的批判常常涉及"力"（force）这个范畴。如果诗不是模仿，而是表达，那么就应该预设一种内在力量迫使其"表达自己"。因此，在批评莱辛时，赫尔德强调诗所再现的既非空间上的共存（如造型艺术），也非时间上的连续（如音乐），而是借助力量的连续性：

> 借助那些与词语相伴相生的力，它经由耳朵直接对灵魂发生作用。②

"力"是一种"生成的"诗学的新原理，这种"生成"有两种含义，既关系到心理学上的起源，也关系到历史的起源。

---

① 《文集》卷五，页 266。
② 《文集》卷二，页 194。

据此，对于赫尔德而言，最有力量的诗便是最初的诗。洛特早已把那种让圣经诗歌具有崇高特征的修辞学传统视为"有力的"（forceful），与古典诗歌标准相比较，这种传统是非常规的。对洛特来说，这一传统仅是众多传统类型中的一种，而在赫尔德的整个诗学和人类学中，这一传统却成了根基性的。有力的表达不仅是其诗学的基础，而且构成了一切人类语言的诗性本质。圣经，特别是其中最崇高的章节，如创世故事，可以作为一切语言和意指（signification）的典范而存在，同样地，在其对圣经经文的嵌入式翻译中，赫尔德用一种简练、爆发式的、富于表现力的文风再造了这一原初的崇高性、简洁性和力量感。①

正如赫尔德对对位法的用法一样，"力"成了一个形而上学概念。在他关于自然与历史的泛神论哲学中，力是连接宇宙中一切事物的核心要素：

自然中的运动是力、是灵魂、是精神、是天的运行和生息。②

因此，有力的语言与创世本身的力量是相同的，这在《创世记》一章3节最为明显："神说，要有光：就有了光。"实际上，整个《创世记》第一章所具有的言辞和事件的对位论特征，正表现了言辞的力量和全能意志所拥有的无限的力。一切预言的事物恰如它被预言的那样变成现实。③

---

① 赫尔德的翻译变得愈发简短，这尤其体现在《创世记》第一章和第三章关于崇高性的经典范例当中："神说：要有光！就有了光。"赫尔德则更加戏剧性地省去了施动者："要有光！就有了光！"见《文集》卷五，页205。
② 《文集》卷五，页203。
③ 在《创世记》中，借助一系列（对位的）宣言与应验，神的全能得以呈现，有关这方面的研究参见斯滕伯格（Meir Sternberg），《圣经叙事诗学》（The Poetics of Biblical Narrative, Bloomington: Indiana Up, 1985），页104–118。

对于创世而言，作诗的形式似乎并不是独断的，因为创世的施行（performance）与文本的施行是相互交融的。创世是一种作诗的行动，诗学即是"具有创造性的"。赫尔德用来重新解释文本的诗学的"创造"范畴，则是另一个重要概念。他几乎不依据众所周知的习惯性理解，把艺术家视为第二造物者（即，通过对自己意志的描述产生出一个世界）。在赫尔德看来，艺术家是在模仿创世活动。他在《希伯来诗歌精神》中强调，诗歌既源于人，也源于神，因为是神给予人以诗性地表达自己的能力。这样的关系必然是一种模仿关系。

> 通过给万物命名，并感性地让一切事物环绕在自身周围，人成了神的模仿者，成了第二造物者，也就是诗人。若人们已经在对自然的模仿中看到了诗的本质，那么基于这一起源，人可以在对创世和命名的神性的模仿中，更为明显地看到这一本质。[①]

诗歌既不是对自然的模仿，也不是超越性主体的纯粹发明；它是对神圣行动的模仿，是诗之力对创世之力的模仿。用言辞来从事创造便是诗，诗歌给事物命名，具有创造力。不过，它并未发明名字，而是使用了既有的语言，因此只有派生意义上的创造力。

诗与创世之间的一致性完全不是抽象的。正是在这一问题的背景下，赫尔德提到了他对创世的理解：

[①] 《文集》卷五，页963。对赫尔德宗教美学思想的相关研究，参见赫费（Gerhard vom Hofe），《作为诗歌的创造：赫尔德对〈创世纪〉的阐释作为一种对神学美学奠基的论稿》（"Schöpfung als Dichtug: Herders Deutung der Genesis als Beitrag zu einer Grundlegung einer theologischen Aesthetik"），载《但诗人的遗产还留下什么？论歌德时期的诗人 – 神学家》（*Was aber bleibet stiften die Dichter? Zur Dicheter - Theologie der Goethezeit*, ed. P. Pfaff, Munich: Fink, 1986），页65-87。

第一首诗曾是一本简明词典，它记录那些充满了形象和感觉的名字与表达。这首诗的第一部分（《创世记》第 1 章）是由人的感性所安排的关于那些形象的伟大画作，是整个宇宙的景观。①

不仅创世行为对于诗而言是一个范例，同样地，对创世行为的叙述也是诗的范例。《创世记》第一章不仅是有关开端的诗，而且是诗的开端。在这一嵌套（mise - en - abime）结构中，②《创世记》第一章便有了诗的属性，并且也就是诗自身的原初场景。这一创造之诗就是对诗的创造。

不能把赫尔德对圣经的解读理解为是在进行某种"转化"，即将宗教文本变成"诗性的"文本——如果我们没有先搞清楚"诗性的"在其语境中的含义的话。这里的关键之处其实既不是神圣经典的世俗化，也不是诗歌的神圣化，而是某种发展着的诗学和对神圣经典的新解读的语境，由此圣经获得了再解读。"诗性"并不是从外部给予或施加在圣经之上的，而是在解读的过程中建构出来的。的确，赫尔德的解读带着护教动机。但这却超出他同时代的人，甚至不像史学批判那样——他并不想证明圣经是具有历史准确性的文本。他关心的是文本的力量，是文本的施行时刻（performative moment）。这种解读方

---

① 《文集》卷五，页 963。
② ［译按］这个词来自法语，mise - en - abîme 比较少见，更为常见的是 mise - en - abyme。en abyme 原本指以作品嵌入同一性质的作品之中去，可以指故事里有故事、画中有画、戏中有戏等等。而 mise en abyme 就是指这种"嵌套"的手法。不过，在分析艺术作品中出现的这个手法时，通常认为这种重复能像镜子一般反映出整个文本的结构。abîme 在法语中本指"深渊"，引申为"裂隙""无止境""不可预知的事物"等，mise - en - abîme 直译便是"置入深渊状态"。因此嵌套的手法不仅会给视觉带来一种"置入深渊状态"的视觉感——就好比两块镜子如果面对面放置，则会看到无数个镜子套着镜子被映照出来——也会让人的认知与情感在这种复制的辨认中增强，这与模仿和记忆是密切关联的。

式产生了诸多不确定性,但正是在这些不确定性之中,意义得以为人们所发现。

赫尔德的解读具有不稳定性,它打破了既定的圣经解释学体系的种种界限。赫尔德不仅仅是带着同情(Einfühlung)的心态来从事解读的。比起约定俗成的解释学,赫尔德的同情有着一些不同且更为复杂的意义。这种含混性在以下事实中得到了清晰的揭示:即便赫尔德一直敦促大家要对东方精神"感同身受"(empathize),他仍未回答我们是否应该与文本的作者或者说文本的最初读者感同身受。

四

我们已经看到,赫尔德对圣经的"人类解读"不仅认识到文本的作者是人类,还以此为出发点。赫尔德对"形象"的讨论显示出,他不仅认为圣经文本是某些事物的诗性形象(poetic images),还是为了这些事物——譬如人类文化——而创作的某种原型。圣经文本涉及所呈现的事物的过去或现在,但同样也从读者的视角提及即将来临的未来。事实上,把圣经视为神圣经典的传统式解读也认为,文本直接与现实处境发生着关联,这种既具有预测性(predictive)又具有规范性的(normative)维度一直占据着主导地位,正是在这些维度中,读者获得了明确的指引。

赫尔德的解读为这种原型的意义开辟了另一层次的指涉,并表现为以下一系列观念:教育(pedagogy)、铭文(inscription)和起源(origin)。与上面分析过的概念相较而言,这一系列观念更多地涉及哲学或神学的思想,而不是诗学话语,这也就是说,文本的"文学"重塑是不充分的,必须借助一些"更强"的概念作为补充。不过,伴随着这种强力而来的是更高程度的含混性,它扩大了"文学"解读的早已含混不明的倾向。另外,这些概念倾向于在解读的实施中再度渗入圣经文本:它们在文本"内部"运作着,而不是用于解释圣经文本的抽象体系。因此,这两套观念之间的分歧并不是根本性的。

对赫尔德来说,"以人的方式"解读圣经,意味着将圣经理解成为人类服务的文本,即教育(pedagogical)文本。其他启蒙思想家在普遍历史哲学的背景下谈论神圣"教育",赫尔德则将教育与《创世记》第一章的文本直接联系起来。在莱辛的《论人类的教育》(The Education of Mankind)中,"教育"是救赎史、特别是天意观念最终理性化的模型。神通过教化原始多神论的人类,来帮助理性实现自然发展。赫尔德则认为,"教育"与其说是一个有关逐渐发展的问题,不如说是某些在开端就呈现的东西。根据他的观点,原始人不能仅凭自身力量就理解自然;毋宁说,为了"把握和获得创世的图景,指引的声音便进入他们"。①

赫尔德用含混的方式描绘了这一神圣的援助。一方面,他在创世事件之中看到了某种"感性教育",特别是在创造黎明的事件当中。在这里,神用光作为语言,通过形象、事实和事件来传达教诲。② 另一方面,赫尔德提到了一种"指引的声音",它将"人类知识的基础——圣言!"奠定在"孩童的灵魂之中"③。创世本身是不是一种教育,或者说创世是不是需要一个附加的声音来说明它的完成,这一切都是不确定的。"教育"不是圣经文本的模仿对象,而是就存在于文本自身当中,在其诗学世界的内部,赫尔德则暗示这是一幅作为父亲的神教育孩子们的画面。这种诠释并非一种外在理性化的过程,而是栖居于圣经文本自身,栖居于文本的诗意的想象及其施行之中。这个诠释反映出《创世记》第一章之内就包含着神的言辞和事功。从神学角度

---

① 《文集》卷五,页246。虽然赫尔德在其后期作品中没有谈到神圣的教育,但在《神学书简》与《希伯来诗歌精神》中,这种背景是显而易见的:这两部书都是对青年人的虚构性指引。

② 《文集》卷五,页252–253。

③ 这种含混性简单说来体现为赫尔德如下的表述:"神的第一启示蕴含在自然之中,蕴含在最为单纯、优美、易懂、有序、不断重现且令人印象深刻的形象里(例如,黎明),为了把握和抵达这样的图景,便需要指引的声音,在这时间的开端中仅有神的显现。"《文集》卷五,页246、255。

来说，我们此刻遭遇的是"圣言"的吊诡（paradox）。

显然，赫尔德尝试通过让文本自己说话，进而重塑这种吊诡。在赫尔德对《创世记》的解读中，与作为"神的形象"的人一样，神的"声音"也有双重的功能。一方面，它是属于创世故事的，是各种元素当中的一种；另一方面，它将整个故事纳入自身之中。① 这对于赫尔德的解读来说有重要的功能。在这种"声音"的含混性中，对文本的简单指涉遭到了破坏，"人类的阅读"所假设的那种简明性也就遭到了颠覆。进而，它模糊了圣经文本与它的起源之间的关系，亦即写下的文本与其言语行动之间的关系。赫尔德并没有断定《创世记》第一章究竟是在表述教诲的行为，还是就是教诲本身；或者说，圣经文本应当理解成有关那些创世事件的故事，还是应当理解为对神圣指引之声的引文。譬如，康德曾明确基于后一种意义来理解赫尔德。康德认为，赫尔德在解读《创世记》第一章时，

> 不是把它当做有关创世的故事，而是把它视为对人类种族首次指引的抽象表述。神运用这个计划表的方案，在包含着整全的不同的七日中通过对自然物进行划分，来创造人性的各种概念。②

因此，对于人类的记忆而言，文本的对称结构是一种必要的手段（means）。不过，这种结构或者说计划表的方案与《创世记》第一章的实际文本之间的关系仍然不清楚。这个问题源自秘文书写的概念。

赫尔德不仅谈论了神圣的声音，还讨论了铭文（inscription）。在描述完黎明形象中所指示的感官教育之后，赫尔德暗示，神也

---

① 与此类似，赫尔德既认为这种初民宗教是某种无需习俗或教义的普遍感受，又认为应当将第七日单独设立为礼拜的特殊之日。见《文集》卷五，页 283–288。

② 康德致哈曼的信（1774年4月6日），重印于哈曼《通信集》(*Briefwechsel*, Wiesbaden: Insel, 1957) 卷三，页 81。

用别的方式把握人的心灵，"用一种道具，一种机械化的思想形象（Denkbild）"。[1] 他认为，《创世记》第一章包含了一个由七部分组成的"秘文书写"，其实也就是上述有关创世故事七部分的那个图表。对这些秘文书写的谈论，也将引出当时的一场更为复杂的讨论，其中混合了更早的对自然语言（或亚当的语言）的揣测，混合了诸如狄德罗的风格哲学这类现代美学理论，还混合了尤为重要的沃伯顿（Warburton）的书写史学。如果我们像福柯那样，相信在表征的知识型中线性（linear）的口头话语范式代替了更为古老的神秘铭文范式，那么秘文书写话语也就成了一种反话语。[2]

赫尔德使用的"秘文书写"概念的含义多种多样。首先，"创世的秘文书写"并不是一个次级结构（secondary construction），它"不是第一道神圣谕示的附属，而是与之共同交织为神谕，这一切基于天与地自身的结构"。[3] 另外，秘文书写不仅是某种抽象的图案，还同人的身体有着感性的一致。当赫尔德惊呼"人，神的形象！并且是可见的形象与创世的秘文书写"[4] 时，他便将形象、秘文书写和人的"内在形态"在结构上等同起来。而且，秘文书写显然是一种独立的物质实存。赫尔德强调，作为最初铭文的秘文书写是一种"事实"，这一点将会终结那些有关人类起源的假设。依照赫尔德的说法，我们无法像启蒙时期的宗教史家那样，证明摩西从埃及学习了知识；恰恰相反，

---

[1] 《文集》卷五，页267。

[2] 有关启蒙运动的秘文书写解读，参见戴维（Madeleine David），《17世纪和18世纪有关圣经与秘文书写的争论和这一概念在旧经中的应用解析》（*Le débat sur les écritures et l'hiéroglyphe aux XVIIe et XVIIIe siècles et l'application de la notion de déchiffrement aux écritures mortes*, Paris: Sevpen, 1949），也可参见我的论文《秘文书写与圣字：赫尔德的东方符号学》("Hieroglyphen und heilige Buchstaben. Herders orientalische Semiotik")，载《赫尔德年鉴第七卷》（Herder - Jahrbuch 7, 2004），页45-68。

[3] 《文集》卷五，页269。

[4] 《文集》卷五，页292、294。就此而论，秘文书写也是基督的形象。

只能说多种多样的古代传统是最初的创世秘文书写的各种衍生物。赫尔德更进一步认为，从人类学的层次来看，秘文书写同样也是言辞、书写和算术的起源，是一切人的知识和记忆的原型。它是"有关自然、道德、宗教、历法的全部教诲的最为朴素的象征"，甚至是"神对言辞和写作的贡献"，是神"为了人而第一次尝试书写"。① 不仅诗歌成了对创世行动的模仿，语言也成了对这种神圣铭文的模仿。

赫尔德的秘文书写理论使他的圣经解读的自相矛盾特征得以加强。在《人类最古老的文献》当中，他似乎假定在开端（beginning）之前还有一个开端：在神对人说话并且在人开始给动物命名之前，秘文书写便作为语言的典范而铭刻于世界之中。就《创世记》第一章的文本来解释的话，的确是这样。在文本实际展开之前，它便铭刻在文本的源头中，凝结在某种元书写（meta-writing）之中。文本不等同于创世行动，但是却存在秘文书写的前文本，并且只存在于文本之中。即便赫尔德没有坚持这种极奇怪的理论，书写本身也在他的《创世记》解读中扮演着重要角色。关于原始符号、秘文书写、安息日神圣化的"备忘稿"，甚至刊刻希伯来字母表的文物上的种种话语，在赫尔德关于圣经的神学和批评作品中无所不在。②

这是世俗化么？一方面，赫尔德在物质层面谈论书写过程，因此将圣经理解成某种人工制品。另一方面，正是这种物质层面的指涉让赫尔

---

① 《文集》卷五，页 276。

② 关于希伯来文在赫尔德的语言逻各斯中心主义理论中扮演的首要角色，参见我的论文《"人类的、神圣的语言"：麦凯利斯与赫尔德论希伯来语》("'Menschliche, heilige Sprache,' Das Hebräische bei Michalis und Herder")，载《德语文学与文化月刊》(*Monatshefte für deutschsprachige Literatur und Kultur* 95/2 [2003])，页 171-206。最近的研究表明，七重秘文书写在赫尔德自己的七重结构写作中也起着同样重要的作用。特别参见盖尔，《作为元理论的诗：早期赫尔德的符号观》("Poesie als Metatheorie: Zeichenbegriffe des frühen Herder")，载《赫尔德（1744-1803）》(*Johann Gottfried Herder: 1744-1803*, ed., Gerhard Sauder, Hamburg: Meiner, 1987)，页 201-224。

德指出了圣经的复杂意义，并且重塑其"神圣经典性"。我们也要在文本中重新引入这个秘文书写的概念，就像引入"教育"一样：秘文书写不是为文本而设的某种典范，而是已经"内在于"文本中。这使得文本、阅读和意涵之间的关系变得错综复杂。因为秘文书写是一些复杂的符号，摇摆于喻象的和象征的指称两者之间，这些复合的符号可以呈现出蕴含一切事物的绝对书写所有的吊诡之处。如果这种秘文书写的原初文本或者说元文本是一切言辞和书写的起源的话，那么《创世记》第一章既是书写文本中最古老的，也是谈论一般意义上的文本（包括它自己）的起源的唯一文本。由于"创世的诗歌"同时也是诗歌的创造，因此，《创世记》第一章的"源初文本"既关乎各种起源，同时也关乎各种文本的起源。

这一神圣化时刻与赫尔德关于语言的一般的逻各斯中心主义观念反其道而行。在别的地方，赫尔德强调口头、直接、生动的语言，而在对圣经的解读中，赫尔德便假定某种包括符号之物质性、延期性和喻象性的原初写作。基于此而修正对赫尔德思想的那种陈旧的"浪漫主义的"偏见，将使重新解读赫尔德成为可能。在他之后的浪漫主义者倾向于只将那些直接可看透的象征视为真正的美学对象，与这种倾向不同，赫尔德认为审美也是写作。

有关起源的新理论随着赫尔德的秘文书写理论得以诞生。乍看之下，赫尔德的秘文书写理论似乎不仅仅与"以人的方式"解读圣经的态度相悖，还否定了他在《论语言的起源》中的判断，在那里他强调语言的人类起源，并认为口头语言相较于书写具有优先性。在《人类最古老的文献》一书中，赫尔德明确批判了他早先的立场，强调哲学探索只是揭开了语言起源的可能性（possiblity），但是，除非摆出实实在在的证据来说明这种起源在前历史阶段如何得以发生，否则就不过是原地打转；换句话说，他这种实实在在的证据，就是对《创世记》第一章中最初的秘文书写的"发现"。[①] 在 1772 年写给哈曼的著

---

① 有关这一自我批评，参见《文集》卷五，页 288-278。

名信件中，赫尔德否认他有关语言起源的论点会与语言的神圣起源相抵触。① 就像圣经作者考辨的问题一样，对于赫尔德来说，语言的起源问题也不是非此即彼的问题。

这种含混性源自某种至关重要的张力，它反映在赫尔德的起源概念中，甚至存在于他一般意义上的发生学方法当中。赫尔德早期那些有关文化与知识史的文章，强调流动变化的事物并非基于理性原理，而是基于他们自己的起源；要发现这种起源，需要史学上的探寻和心理学的分析。这方面所能找到的证据必然是滞后的：

> 每一次创造当中都有着生成（generation）和诞生（birth）；我们有关于诞生的记录，但探寻者想要分析并运用的是前者。②

"起源"不单是显现（presence），毋宁说，它有两个方面：隐匿的"生成"（generation）和显著的"诞生"（birth）。这种双重性使得起源不能通过单一直接的论证得到描绘。鉴于此，赫尔德探寻起源的特有策略就是尽可能"历史地体验它，哲学地解释它，或者富有诗意地构想它"。③

双重起源的难题在语言起源的问题方面得以凸显：起源和表征在其中同时发生。这样一来，赫尔德《论语言的起源》的策略就在于，

---

① 参见 1772 年 8 月赫尔德致哈曼的信，《赫尔德书简集》（Briefe, Veimar: Böhlau, 1977）卷二，页 209-210。关于哈曼与赫尔德的争论，参见坎伯（Hans Georg Kemper）《作为人的神——作为神的人：哈曼与赫尔德》（"Gott als Mensch— Mensch als Gott. Hamann und Herder"），载《哈曼："时代的至高智慧"》（*Johann Georg Hamann: "der hellste Kopf seiner Zeit*, ed. Oswald Bayer, Tübingen: Attempto, 1998），页 156-178。

② 关系到诗歌起源的特殊问题在于，原初诗学的说法假设了书写的起源，见《全集》卷三十二，页 88、90-91。显然，对赫尔德而言"起源"是吊诡的，因为它应当是属灵的、鲜活的、被言说的，同时又是被铭刻下来的。

③ 《文集》卷一，页 601。

不再尝试去解决这个吊诡之处,而是运用历史、哲学和诗歌的话语去显示这个吊诡之处。从哲学角度而言,语言的起源就是吊诡的:思维以语言为前提,语言以思维为条件。这个吊诡之处得不到解决,赫尔德就只能绕道而行:他把人性与言辞的能力等同起来,从而撇开了动物如何学会讲话这一老旧的问题。历史的证据,特别是希伯来人那有力且富有想象色彩的语言,表明了最初语言的质朴本性。赫尔德诗意地想象出语言诞生时的场景。他用一种闲适恬静的田园诗歌般的画面,描述牧人给羊命名和父母教育子女的家庭场景,这能让人回想起赫尔德阐释《创世记》时提到的那种教育环境——他用这样一些场景来替代维柯、卢梭和孔迪拉克对野兽的暴力场景描绘。实际上,赫尔德这些闲适恬静的场景描述的本质,也许源自某种截然不同的解读方式:赫尔德将注意力集中于《创世记》第一章,因此自然会把重心从传统的对堕落的强调转移到创世本身。

"起源"是赫尔德发生学思想的核心原则,并且取代了理性的"原则"。实际上,赫尔德常常互换使用"起源"与"本质"。《创世记》第一章对他而言自然具有举足轻重的意义。显然,作为以"起初"作为开头的文本,《创世记》第一章本身就运用日子的序列描绘了一个绝对行动,以此来回答起源及其表征何以可能的难题。借助圣言和圣行的对位结构,文本中建构出一种安排自然世界并喻表未来历史的结构。通过解读创世的故事,赫尔德的思想成了真正"发生学的"(genetic)——即便是就 genesis 这个词的圣经意涵而言。起源不仅是开端。它还是一个结构化、文本化和分裂化的起源。

五

有人也许会说，在赫尔德这里，"起源"替代了神学教义中的"创世"的地位。不过，却不能由此就说"创世"的观念在赫尔德的解读中"世俗化"成了"起源"的观念。从某种程度上说，其实恰恰相反。"起源"的概念源自极端的认识论反思，并且重新定义了创世。只有哲学上的再度概念化，才能让人在以自然科学为根据的批评启发之下继续讨论创世活动。但是，这并不意味着神学上的"创世"概念被世俗的"起源"概念给取代了。总体上来说，赫尔德的解读并非试着通过理性化或者替换掉创世观念的方式来保留圣经内容。毋宁说，他是要让圣经的文本再度具有可读性和丰富意蕴。同上面提到的其他的术语（"文献""形象""力""教育"）一样，"起源"让赫尔德重塑了圣经的文本性。在他的再解读中，"创世"和"起源"既没有从神学教义转化为凡俗观念，也不是外在地应用于圣经之上的一些哲学概念。相反，它们是解读圣经的工具，能够组织起一种哲学和神学之间彼此的转移，它们是介于神学解读和世俗解读之间的喻象特征（figures）。

"喻象特征"有两种意涵。首先，一切成问题的"概念"都有多重定义，不能还原为既定的意义或者单一话语。譬如，就把圣经理解为形象的集合甚至是构成象形文字的单一形象而言，这一"形象"的概念不仅在美学理论中具有深度，同样也关系到传统神学话语、现代认识论和最物质性的意义上的解读途径问题。同样地，"起源"不是理性哲学的原则，也不是非存在朝向存在的飞跃，而是一个话语的多元性（plurality）从开端的诸多矛盾展现出来的场所。

其次，解读的"形象"并非基于自身获得深度，而是要从与之紧密关联的文本中显露出其深度。赫尔德的解读从来不会整个脱离他所读的文本，他有关起源的理论与《创世记》第一章就保持着这种互文关系。康德仅把圣经故事视作实现哲学人类学的借口，与他不同，赫尔德从未明确地与圣经故事分道扬镳。康德根据独立于内容的各种理性规范，以寓言方式解释文本，赫尔德的解读却呈现出一种更为复杂的过程，与其称之为翻译，不如称之为互文性（intertextuality）。实际上，赫尔德创造的是一种混合文本，其中包含不同的文本类型（翻译、重写、评注、哲学诠释、解释学应用等等），包含着对圣经潜在文本（hypotext）不同层次的（语言学的、修辞学的、诗学的、想象的等等）暗示。

赫尔德重申了潜文本（hypotext）的象征维度，这个维度随着喻象性解释的式微而消失了。在他的解读中，文本获得了一种多层次的涵义，让解释不再是一种无趣的护教工作，而是一项极富挑战的任务。此外，赫尔德重审了文本的施行力和圣经文本的物质性，它们根深蒂固地属于神圣经典的文本功能。人们甚至可以说，在对圣经如此丰富的解读基础上，赫尔德的解读最不可能建立起一套神学。而对施莱尔马赫（他的影响力很快超越了赫尔德）来说，感受（feeling）是信仰的内在原则，阅读仅扮演着次要的角色。

尽管如此，赫尔德的解读不单是以神圣经典自己的术语来恢复神圣经典。一旦神圣经典的那些内在的矛盾和模糊性得以浮出水面，并且变得富有生产力，一种包含了全新且具体的种种意涵的复杂话语也随之而来。它是一种文学的话语，这既不是从当代的、中性的意义来说的，也不是从作为审美事业的浪漫主义诗歌的狭隘意义上来说的。作为文学话语，它可以理解为一种介于高雅和大众写作之间、神圣与世俗文本之间的充满意涵的潜能领域。

很难判定这种解读的面相究竟是宗教的还是世俗化的。实际上，神学和世俗的方法可以用于彼此相反的各种目的。这种世俗化不再是观念和概念的历史命运，而是一种互文性的现象。在来自宗教传统的文本与现代文本发生互动时，世俗化得以涌现。在这个意义上，世俗化不再是宗教观念向世俗观念的近乎炼金术般的转化，而是在或多或少的世俗世界中对宗教事物的引证。不能再从关于意义"及物"的经济学隐喻角度，或者从世俗事物对宗教事物的"替代"（反之亦然）的角度来理解世俗化的过程了：这些角度都暗示着某种你死我活的处境，在其中，稳定的超验性遭到了替代。相反，世俗化表明的是一个互文性空间，各种意义在其中生成，关于"创世"或"起源"的喻象特征也在其中涌现。正如"互文性"和"引证"这些术语所示，世俗化更算是一个"文学"（literary）概念，不同的文学技艺得以在其中发生作用，而世俗化的话语正是通过这些技法构建了它们多样的意义。

赫尔德与贺拉斯

施密特（Ernst A. Schmidt） 撰
肖 霄 译

赫尔德与克洛卜施托克、康德、莱辛、哈曼、维兰德、歌德生活在同一时代，毕生致力于研究贺拉斯，特别是他的抒情诗。作为18世纪最伟大的通识学者和文人（hommes de lettres），赫尔德的本职是一位牧师，就其作品而论则是诗人、翻译家、文学评论家、历史哲学家和语言哲学家，他反反复复考量诗歌，以抒情诗为核心，视其为诗歌之精髓，又把颂诗视为抒情诗之巅峰。他在去世前一年著有名为《致一位青年友人的关于如何阅读贺拉斯的书简》("Briefe über das Lesen des Horaz, an einen jungen Freund"，以下简称《贺拉斯书简》)的文章。这些书简内容是赫尔德留下的与贺拉斯有关的遗产，提供了对贺拉斯式颂诗的描述性的、解释学的理论。赫尔德认为，每首颂诗都是一个个体，并代表一种处于运动中的"精神境况"；诗歌作为一种精神过程，是一支舞蹈、一段飞行，引导读者沿着蜿蜒的路径走入一种典雅美惠的境界。赫尔德为贺拉斯式颂诗的美学形式赋予了一种道德用途；诗歌的运动是促进人性发展的一种方式。

赫尔德在《论促进人性进步的书简》中将"趋向美的文化"（Kultur zum Schönen）称作"诗艺"（Poesie），又将诗艺称作"人性的美丽花朵"。① 18世纪的抒情诗是这花朵最美的盛放，而颂诗又是抒情诗的

---

① 赫尔德，《论促进人性进步的书简》(Briefe zu Beförderung der Humanität)，见《文集》卷七，页441。

百花魁首。[①] 一方面，赫尔德在《论促进人性进步的书简》第 30 篇里判定，贺拉斯在"多首颂诗"中为我们呈现了"人性之杰作"，一方面又在《论促进人性进步的书简》第 35 篇里认为，贺拉斯作为一位颂诗诗人，达到了"人性的歌者，就连他的思维的形式也应和着由抒情诗缪斯选中的最爱的节拍"的境界，[②] 以至于在《论琴歌》（*Die Lyra*）中，赫尔德将贺拉斯用格吕孔体（Glykoneus）写成的《罗马竖琴弹奏者》（Romanae fidicen lyrae, 4.3.23）中的自指化用为 humanae fidicen lyrae [人性琴弦的弹奏者]。[③]

那么，在赫尔德眼中，抒情诗诗人贺拉斯的颂诗怎样作为人性的载体？[④] 或者换言之，赫尔德如何从道德的角度审视贺拉斯颂诗的美学，从而将道德问题直接设立在美学问题之上？这同时表明，赫尔德与克洛卜施托克一样，[⑤] 认为贺拉斯的抒情诗占据核心地位。与此相

---

① 见洛迈尔（Dieter Lohmeier），《赫尔德与克洛卜施托克》（"Herder und Klopstock. Herders Auseinandersetzung mit der Persönlichkeit und dem Werk Klopstocks"），载《诗艺：文本与诗论及诗歌研究》（*Ars Poetica. Texte und Studien zur Dichtungslehre und Dichtkunst. Studien*, Band 4, Zurich, 1968）卷四，页 252 以下。

② 《文集》卷七，页 160、187。

③ 《论琴歌：抒情诗艺的自然与效果》（"Die Lyra. Von der Natur und Wirkung der lyrischen Dichtkunst"），原刊《歌舞女神》（*Terpischore. Zweiter Theil*, Lübeck, 1795），《全集》卷二十七，页 163-181，引文见页 171。

④ 关于赫尔德对抒情诗和人性的看法如下："俄耳甫斯的里拉琴被恰如其分地转移到群星下方了；它的成就比赫拉克勒斯的手杖更胜一筹；它为非人性的事物赋予了人性。不论是以希腊艺术为事业的人，如利诺斯（Linus）、穆塞乌斯（Musäus）、荷马，还是能用琴弦奏出崇高曲调的人，都能在这赋予人类以人性的至高不朽之声望中分得一席之地。"《全集》卷二十七，页 179。

⑤ 艾利特（Stefan Elit），《所有可能的诗歌语言之中最美者》（"Die beste aller möglichen Sprachen der Poesie. Kloptocks wettstreitende Übersetyungen lateinischer und griechischer Literatur"），载《古典及其延续》（*Die Antike und ihr Weiterleben*, Bd. 3, St. Augustin, 2002），页 39、95。

反，维兰德则最爱写讽喻诗的贺拉斯，他翻译并注疏了《讽刺诗集》（*Satyren*）（1786年，于1794年再版）。赫尔德坚持认为，贺拉斯式的抒情诗，也就是颂诗，是最卓越的抒情形式，并将抒情诗作为18世纪诗艺的核心典范，但这并不意味着他不了解或者不重视贺拉斯的《讽刺诗集》。《论促进人性进步的书简》本身就印证了一点：他赏识作为训道诗人的道德主义者贺拉斯及其译者维兰德。①

为了切入主题，我首先要谈谈贺拉斯在18世纪德意志的影响。② 从对贺拉斯的接受程度来看，18世纪再度成了 aetas Horatiana［贺拉斯的时代］。就像12、13世纪是 aetas Ovidiana［奥维德的时代］③一样，11、12世纪亦被公认为 aetas Horatiana［贺拉斯的时代］。④ 这种论断

---

① 《文集》卷七，页160、267、288、463、544。
② 见基利（Walter Killy），《贺拉斯德语译文史》（"Die Geschichte des deutschen Horaz"），载于《贺拉斯颂歌与长短句》（*Q. Horatius Flaccus, Oden und Epoden*, trans. Christian Friedrich Karl Herzlieb und Johann Peter Uz, Züruch und München, 1981），页23-57；傅曼（Manfred Fuhrmann），《维兰德的贺拉斯译文》（"Wielands Horaz - Übersetzungen"），维兰德（Wieland），《贺拉斯译文》（*Übersetzung des Horaz*），《文集》（Werke, Frankfurt, 1986）卷9，页1061-1095；又见艾利特，前揭，页95-102、121-126。
③ 《变形记》（*P. Ovidii Nasonis Metamorphoses*, William S. Anderson ed., Leipzig, 1982），页 v；奥尔森（Birger Munk Olsen），《中世纪（9-12世纪）的奥维德》（"Ovide au moyen âge［du IXe au XIIe siècle］"），载于《中世纪（9-12世纪）对古典文学的接受观》（*Idem, La réception de la littérature classique au Moyen Age［IXe - XIIe siècle］*, Copenhague, 1995），页71-94；赫克特尔（Ralph Hexter），《奥维德在中世纪：被流放者、神话作家和情人》（"Ovid in the Middle Ages: Exile, Mythographer, and Lover"），载于《布里尔指南：奥维德》（*Brill's Companion to Ovid*, Barbara Weiden Boyd ed., Brill, 2002），页413-442。
④ 参皮拉斯（Giorgio Piras），《论语文学及文化史》（"Orazio fra filologia e storia della cultura"），载于《语文学和古典学遗产评论》（*Rivista di filologia e distruzione classica 128*［2000］），页353-380，此处见页357；赫克特尔，前揭，页413。

对于德意志地区而言尤为准确：18世纪的德意志地区与这位诗人的交集持续增长，对他诗歌的内化过程持续加速，以至于跨越整个世纪（甚至在这个世纪结束之后仍在继续）。在这一过程中，这个世纪的中叶标志着尤为激烈的争论的开端。① 我们可以让赫尔德亲自作证。他在1803年写道：②

> 贺拉斯有幸受到各种各样平时几乎不读诗歌的人们的刻骨铭心的喜爱，下至俗世商人，上至年长老者。不读罗马文人的老者们阅读贺拉斯，嘴边还挂着他的只言片语。年轻人的心常被他俘获；有教养的女性于他而言是可爱的，缪斯中的一位向他投去善意的目光，他便回以友善的致意。数不清的诗人翻译他，模仿他，与他相争，与他比高。他骄傲的信念：

> Non omnis moriar, multaque pars mei
>   Vitabit Libitinam - [III.30.6.]
> [我不会完全死去，我的一大部分将逃离死亡女神之手]

> 不但成了现实，而且更高一筹。两千年来他歌颂并取悦了世间所

---

① 艾利特，前揭，页115，又见吕欣格（Wolfgang Rössig）《德语译文中的世界文学》（*Literaturen der Welt in deutscher Übersetzung. Eine chronologische Bibliographie*, Stuttgart - Weimar, 1997，即《德语文学史名录卷19》[Repertorien zur deutschen Literaturgeschichte 19]。这一研究十分不全面：整个18世纪的贺拉斯颂诗译文中，Rössig仅列出3种；对照艾利特，前揭，页116，注360）做出的类似判断：世纪下半叶出现的希腊拉丁文学译文数目差不多是上半叶的两倍；"1750年之后，对于由古典文献直接译出的文本的出版兴趣看来得到了大大的提升。"

② 赫尔德，《致一位青年友人的贺拉斯书简》（*Briefe über das Lesen des Horaz, an einen jungen Freund*），载于《机运女神》（*Adrastea* 5 [1803]）第9篇，见《全集》卷二十四，页199-222，此处见页199及206以下。

有受过教化的民族,引导了最优秀的灵魂!

贺拉斯是德意志学者、评论家和诗人的最爱,是他们的朋友。其他古典诗人似乎都未像贺拉斯这样被频繁提起,就连荷马或维吉尔,品达或阿那克里翁,也不能望其项背。其他诗人都没有贺拉斯这么深受爱戴。赫尔德认为贺拉斯是"所有受过教育的人最爱的诗人",① 是"值得喜爱的",② 是"我亲爱的贺拉斯"。③ 哈格多恩(Hagedorn)则认为:"贺拉斯乃吾友、吾师、吾伴。"④ 诚然,乌茨、格莱姆(Gleim)和维兰德称他为"挚爱"(Liebling),⑤ 哈曼称他为自己"宠溺的诗人"(Schoosdichter)。⑥ 自哈格多恩以后,人们通常可以认为 18 世纪抒情诗的缪斯,就是贺拉斯的缪斯的姊妹。"怀着难以描述的喜悦",赫尔德在《论促进人性进步的书简》第 12 篇中写道:

---

① 《全集》卷二十七,页 4 以下。
② 《贺拉斯书简》,前揭,页 216:"最值得喜爱的罗马诗人"。
③ 《几点为贺拉斯所做的辩护和注疏》("Ueber einige Horazische Rettungen und Erläuterungen"),载于《批评之林》"第二林"(*Kritische Wälder* [1769], Zweites Wäldchen),见《全集》卷三,页 320-634,此处见页 362,又见页 343。
④ 吕温(Johan Friedrich Löwen),《贺拉斯眼中的道德》(*Moral nach dem Horaz*),行 1-220,载《诗集》卷一(*Poetische Werke*, Erster Theil, Hamburg, 1760);引自皮奇(Wolfgang J. Pietsch),《哈格多恩与贺拉斯》卷二(*Friedrich von Hagedorn und Horaz* [Studien zur vergleichenden Literaturwissenschaft], Hildeschein - Zürich - New York, 1988),页 190、195。
⑤ 参皮奇,前揭,页 1。参维兰德为贺拉斯《讽刺诗》2.6 译文所做的导言,见《维兰德的贺拉斯,卷一:贺拉斯讽刺诗集》(*Wielands Horaz I, Horazens Satiren*, Nördlingen, H. Radspieler ed., 1985),页 466。
⑥ 参亨克尔(Arthur Henkel),《哈曼与莎士比亚》("Hamann und Shakespeare"),载于《哈曼与英格兰:哈曼与英语世界的启蒙运动》(*Johann Georg Hamann und England. Hamann und die englischsprachige Aufklärung. Acta des siebten Internationalen Hamann - Kolloquiums zu Marburg/Lahn 1996*, Bernhard Gajek ed., Frankfurt am Main, 1999),页 107-130,此处见页 112。

> 我这些天把那希腊的美妙回声——贺拉斯——一读再读。[……]他的缪斯[……]让时代的花蕾绽放，乘着最纯净的微风之翼翱翔。①

艾利特援引傅尔曼（Manfred Fuhrman）时则说道，贺拉斯似乎"其实是公认的'时代的宠儿'"。②

作为首部未来世界乌托邦小说《2440年》（*L'an 2440*，1770）的作者，梅西尔（Louis Sébastien Mercier）这种激进评论家，在大革命爆发前的法国的语境中，认为贺拉斯在德意志并不出名。这位卢梭的学生如是评判贺拉斯的道德—政治特征：

> 世界上最受人轻蔑的是什么？是宫廷诗人，他的天赋乃是通过最奴性的卑躬屈膝的声音表达出来的；他在最崇高又最卑微的诗歌中将他的卑贱化作永恒，无法抹除；他忘却真正的名望，只求为他兜售的歌谣乞讨可耻的报酬；他向他轻蔑或畏惧的王侯献媚；他存心欺瞒后世，因为他无法欺骗自己——这个人，这位应遭唾弃的诗人——就是贺拉斯。他狡猾、贪婪，他可以容忍任何人的阴谋，借道德来贬损道德。他试图通过一种伊壁鸠鲁式的无忧无虑的表象来隐藏他的卑鄙。他虽然拥有自由之人的思维能力，却表现得像个奴隶。③

---

① 《文集》卷七，页72。
② 艾利特，前揭，页99，又见傅尔曼，前揭，页1071。
③ 凡奥默伦（R. van Ommeren），《贺拉斯讲座》（*Vorlesungen über Horaz*, Amsterdam, 1789）。凡奥默伦在卷二序言中说明，他的目的是将贺拉斯从梅西尔的指责下解救出来。至于这段引言的出处，最晚当为凡奥默伦讲座的时间，即革命爆发的1789年。这段引文也出现在斯特姆普林格（Eduard Stemplinger），《诸世纪对贺拉斯的评判》（"Horaz im Urteil der Jahrhunderte"），载于《古典遗产》第二辑第5册（*Das Erbe der Alten*, Leipzig, 1921），页46。

梅西尔对卑躬屈膝的朝廷弄臣贺拉斯的这种评价,是基于英国的德莱顿和蒲柏在17、18世纪之交所做的评论。①

在德意志,对于贺拉斯的这种批评同他表面上的放荡和淫乱有关。对这位诗人的爱情诗歌最典型的道德批判可见缪勒(Gottfried Ephraim Müller):②

> 简短直说:贺拉斯毫无疑问是他那个时代最活跃、最放荡的情欲之奴。他的文字中充满令人不齿的放浪形骸的踪迹,这已毋庸置疑。他耽于肉体享乐,喜爱佳肴珍馐。用过一点美味之后,他也乐于再喝点美酒。噫!他若是拥有,并且也能得到,又有谁能指责他呢?[……]但是贺拉斯在他的生活中和作品中还为自己增添了更大的一块污点。那就是污秽不堪的淫乱和毫无节制的好色。据苏埃托尼乌斯(Sveton)所述,贺拉斯这种可耻的放荡,就连奥古斯都也不由得为之动容,用不那么值得尊敬的俏皮话来称呼他,我们在德语中不愿效仿之。而且贺拉斯自己也未曾思考过(一位异教徒在放纵的情欲中又怎能思考?),未曾在他的作品中开诚布公地坦白他并不正派的情愫,还为之作最辉煌的歌颂。是啊,他的诗歌告诉我们,他与许多位唾手可得的情妇过从甚密,琵拉(Pyrrha)、伽拉忒亚(Galateen)、菲利(Philis)、莉卿(Lycen)等等,并能寻得情趣上的交流。是啊,我们的贺拉斯的内心差不多就是这种人。

---

① 参格里芬(Jasper Griffin),《贺拉斯在英国》("Horace in England"),载于《贺拉斯在现代:诗人与他两千年来的读者》(*Zeitgenosse Horaz. Der Dichter und seine Leser seit zwei Jahrtausenden*, Helmut Krasser und Ernst A. Schmidt eds., Tübingen, 1996),页182–206,此处见页190以下。

② 缪勒,《古代拉丁语文学阅读实用必备之史学–评论学导论》(*Historisch - critischen Einleitung zu nöthiger Kenntniß und nützlichem Gebrauche der alten lateinischen Schriftsteller*, Dresden, 1747–1751)。

莱辛 1754 年的《为贺拉斯而辩》(*Rettungen des Horaz*)就是针对此类攻击而作。① 不过，赫尔德在 1803 年仍然认同缪勒等人的说法，形容贺拉斯的爱情诗为"纵欲的镜子""他人的警钟"，认为这样一种说法"贺拉斯以这样一种方式描绘了诸般形式的激情，好让每个人都对自己说：'注意！这就是下场！趁早提防吧！'"，其实是对贺拉斯爱情诗的荒诞歪曲。赫尔德接下来的话暴露了这种评价背后的动机：

> 再说一次，我们所幸已经摆脱了这种所谓的古罗马式的爱情场面，并且至少在我们自己的抒情形式中不再需要它了。[……] 不论别人怎么说，反正认为处女优于情妇，爱情高于狂野的兽性，并不是人类文明进程中的退步；处女是我们的缪斯——娼妓仍被视作娼妓。②

其实贺拉斯笔下的情人并非少女，也不是梳着辫子、脸上有小酒窝的乖乖女。③ 最重要的是，他笔下的母亲并不是女儿贞操的护卫者。他爱情诗中的女性是自由的、独立的、端庄的情妇。贺拉斯颂诗中的琵拉是令人痴醉的女性的典型，并非魏瑟（Felix Weiße）1778 年译文题目所使用的"不贞的少女"。④ 赫尔德当然不总显得如此高风亮节、中规中矩。在《古民歌集》(*Alten Volkslieder*, 1774) 第四卷前言中，

---

① 参里德尔（Volker Riedel），《莱辛与罗马文学》(*Lessing und die römische Literatur*, Weimar, 1976)，页 129。里德尔在第五章（页 121–138）中论述莱辛对贺拉斯的态度时引用了缪勒这段话，用来辅助阐释莱辛从其手中"拯救"了贺拉斯的 18 世纪学者对这位罗马诗人的道德批判。
② 《贺拉斯书简》，前揭，页 205 以下。同样的想法出现在《文集》卷七，第 90 篇，页 500，这里仅从文化史的角度出发，没那么教条。
③ 被爱者只在极少数情况下是年轻少女，见《颂诗》1.23、1.25、3.11。
④ 魏瑟，《小抒情诗》卷 2 (*Kleine lyrische Gedichte*, Karlsruhe, 1778)，页 64。此处据基利，前揭，页 32 页和页 369 注 11 的引文。

他取笑那些在"形式上"模仿萨福爱情诗歌的诗人，他们把萨福的作品当作"画在墙上的规则"，"凭借颂诗之句读（Periode）与神话之音节节拍（Sylbenmaß），带着此等激情、转折与细微的扰动"来作诗，并高呼：

> 哦，你们这些希腊罗马的崇拜者啊，你们钻进萨福的裙子和贺拉斯的裤子：你们男人就是这样！①

德意志的 18 世纪是贺拉斯语文学的世纪。在这一世纪中叶，颂诗译者弗里德里希·路德维希伯爵（Graf Friedrich Ludwig zu Solms - Wildenfels und Tecklenburg）坐拥 800 卷贺拉斯相关的藏书，包括贺拉斯的诗集，还有和他相关的书籍。②虽然这个世纪初期出现了以伦敦、阿姆斯特丹和巴黎为代表的版本，但是从 1733 年起，德意志地区也开始有诗集出版，不过相较西方诸邻国而言仍是寥寥无几。1733 年至 1799 年间，米切利希（Wilhelm Mitscherlich）于 1800 年出齐的颂诗注疏在德意志地区共计出版 12 本。③《颂诗》（Oden）的德文注疏始于 1764 年的克劳茨（Christian Adolph Klotz）本；随后是 1778/1782 年的雅尼（Jani）本，1789 年的施密特（Christian Heinrich Schmid）本，而单单是 1799/1800 年就出版了四个注疏本：威索（Wetzel）、米切利希、拉姆勒（Ramler）、厄内斯提。

赫尔德也属德语译者之列。从在比克堡的那几年开始，他于不同

---

① 《文集》卷三，页 64 以下。
② 参纽豪斯（J. W. Neuhaus），《贺拉斯文集及 1370–1770 年注释本及不同版本》(Bibliotheca Horatiana sive Syllabus Editionum Q. Horatii Flacci, Interpretationum, Versionum ab an. MCCCLXX ad an. MDCCLXX, Leipzig, 1775)。
③ 分别出版于 1733、1752、1761、1762、1770、1771、1772、1783、1788、1792、1799 年。

时期译出了104首颂诗中的61首,①有些译过两次(1.14、1.21、1.34、2.3、2.19)。第一卷完全译出(38首);第二卷20首颂诗译出13首;第三卷30首,译出7首;第四卷15首,译出3首,②全部采用原诗格律。赫尔德原本计划出版这些译作,却又作罢。他在1799年5月6日致内博尔(Knebel)的信中道出了原委:

> 我将贺拉斯搁置一旁了。我大概不能再接近他了,因为沃斯(Voß)就像发怒的雄狮一样守在他身边(他大概会因为克洛卜施托克的翻译而勃然大怒吧)③。他有个学生要与他分庭抗礼了;施密特(Klamer Schmidt)也有一份译文等待出版;④梅尔克尔(Merkur)的许茨(Schütz)也翻译他的诗歌。一只家鹅在天鹅群中能有何作为呢?⑤

18世纪的抒情诗诗人自诩或被人称作"德语的贺拉斯",他们最终注意到应当完成从语文学到诗学的上升。赫尔德1766至1767年间所写的《当代德意志文学断片》(*Fragmenten Ueber die neuere Deutsche Literatur*),其附录第三章叫做《论对罗马人的几种模仿》(*Von einigen Nachbildungen der Römer*),其中的第一篇就叫《论贺拉斯的颂诗》(*Von*

---

① 艾利特,前揭,页121,其注释376中的数字68有误,原因是未删去同首诗的重复翻译(5首),并将长短句的翻译计入其中(2首)。
② 《全集》卷二十六,页213-259。
③ 参艾利特,前揭,页371以下沃茨对克洛卜施托克的贺拉斯译文的评判。
④ 当然是在1820年才出版:《贺拉斯抒情诗集》(*Des Horatius Flaccus sämmtliche lyrische Dichtungen*, Halberstadt und Wien, 1820), 由Klamer Schmidt按照原文节拍译成德语。
⑤ 《全集》卷二十六,页XIV的引用部分,"天鹅群中的家鹅"引自维吉尔,《牧歌集》(*Ekloge*) 9.36。

der Horazischen Ode)。① 赫尔德在第一段开头这样写道：

> 人们为贺拉斯建造的神坛何等高大：他在这神坛上又受到了多少崇拜：我们能够允许这神坛上摆放几尊德语诗人的胸像吗？——另一方面，在非罗马的公众面前借用这个名字，并假借他威风的德意志的贺拉斯难道还不少吗！

赫尔德将拉姆勒、克洛卜施托克、乌茨和朗格（Lange）称作并当作真正的德意志的贺拉斯来对待。他在1769年提到诗人和颂诗作为鸟儿和翅膀的比喻时，列举的颂诗诗人有：乌茨、格莱姆、格斯滕贝格（Gerstenberg）、拉姆勒、克拉默（Cramer）和克罗茨（Creuz）。② 在90年代初期撰写的《论促进人性进步的书简》第35篇中，他称克洛卜施托克、格策（Götz）、乌茨和拉姆勒为"受贺拉斯体裁启迪的"意象的编集者。③ 在《论琴歌》（1795年）中，追随品达与贺拉斯的德意志诗人包括乌茨、格莱姆、克洛卜施托克、克莱斯特、格策、拉姆勒、格斯滕贝格、克劳迪乌斯（Claudius）、施托尔贝格家族的几人（die Stolberge）、沃茨和荷尔蒂（Hölty）。④ 1803年，克洛卜施托克和拉姆勒位列榜首，随后是"哈格多恩、乌茨、格策、克莱斯特、格莱姆等人"。⑤

贺拉斯在赫尔德笔下无处不在，笔者举几个例子。经典版的《论促进人性进步的书简》（1793–1797）附录中有22次引用贺拉斯。如果基于伊尔米斯（Irmisch）版，把普洛斯版《文集》卷一《赫尔德与狂飙突进运动1764–1774》附录中出现的贺拉斯引文总结到一起，外

---

① 《全集》卷一，页450–469。
② 《几点为贺拉斯所做的辩护和注疏》，前揭，页324。
③ 《文集》卷七，页187。
④ 《论琴歌》前揭，页180。
⑤ 《贺拉斯书简》，前揭，页202、209。

加未注明贺拉斯姓名的引用,那么共计 22 处。[①] 同理,同一版本第二卷《赫尔德与启蒙运动的人类学》中可找到 18 处引用。[②] 赫尔德于 1803 年 12 月 18 日逝世,他最后一次提到他最爱的这位诗人,是在《致一位青年友人的关于如何阅读贺拉斯的书简》中,本文在他同年的最后一部巨著《机运女神》(1801-1803)中出现。[③] 写作这七封信中的最后一篇时,他刚刚收到克洛卜施托克(1803 年 3 月 14 日卒)的死讯。在同一封信中他也提到他们共同的朋友格莱姆"几周之前先于他(即克洛卜施托克)撒手人寰(1803 年 2 月 18 日卒)"。

贺拉斯于赫尔德而言可谓人生伴侣,赫尔德总是一再致力于研究贺拉斯式抒情诗和贺拉斯式颂诗,将颂诗视为一种形式和风格,[④] 他

[①] 普洛斯版《文集》卷一:《赫尔德与狂飙突进运动 1764-1774》(Herder und der Sturm und Drang 1764-1774, München, 1984),页 96、101、126、129、157、186、197、240、248、249、258 以下、266、276、292 以下、309、350 以下、504 以下、431、454、521 以下、575、595。

[②] 普洛斯版《文集》卷二,《赫尔德与启蒙运动的人类学》(Herder und die Anthropologie der Aufklärung, München, 1987),页 16、212、222、232、287、295、306、338、395、433、505、644、646、660、682、705、719、1045。

[③] Ἀδράστεια 是机运女神(Nemesis)的别名。《机运女神》第 11 篇名为《历史的机运女神》("Nemesis der Geschichte"),见《全集》,页 326 以下。

[④] 参下列赫尔德作品:《论颂歌》("Abhandlung über die Ode",1764),载于《当代德意志文学断片》,《全集》卷三十二,页 61-85;《论抒情诗的历史》("Versuch einer Geschichte der lyrischen Dichtkunst",1764-1767),载于《当代德意志文学断片》,《全集》卷三十二,页 85-140;《论贺拉斯式颂诗》("Von der Horazischen Ode"),前揭;1766/1767 年的《论德意志当代文学》("Ueber die neuere Deutsche Litteratur"),载于《当代德意志文学断片》第 3 章:《论对罗马人的几种模仿》("Von einigen Nachbildungen der Römer")的第 1 节,《全集》卷一,页 450-469;《我们有没有法兰西式的舞台?》("Haben wir eine französische Bühne?"),载于 1767 年第三版《当代德意志文学断片》的原稿,《全集》卷一,页 207-230,其中讨论了法国颂诗;《对贺拉斯为安济奥的命运女神所做颂诗的思考》("Betrachtung über Horazens Ode an die

认识到古典抒情诗学的缺陷，要求构建颂诗学理论，批评同时代的法语诗学，也批评效法他们的德语诗学墨守成规，要么成了生产颂诗的器械，要么束缚了诗才①——就此，他在 1802-1803 年之交撰写的书信中创立了一种颂诗学，给出了贺拉斯式颂诗的理论。但是这理论并非先著，而是后著；它并非制定规则，而是表述规则，②方法并不系统化，漫无章法，就像西塞罗在修辞学的教学文章中使用松散的联想式的书简体那样，并且最终因循贺拉斯《书简集》(*Episteln*) 和同为书简体的《诗艺》(*Ars Poetica*) 的惯例。赫尔德认为贺拉斯式抒情诗的书简与法国诗学理论作品之间的区别，就像英式风景园林与法国公园之间的区别，这种比较也是他本人心中所想，因为赫尔德将贺拉斯式的颂诗比作风景园林：

> 不论是发人深省的墓碑还是欢欣明朗的高空，美惠都将循着曲径将我们引向目的地。③

赫尔德对贺拉斯式颂诗的这种描写，与 18 世纪德意志的讨论息息相关。也就是说，一方面来讲，它得益于和贺拉斯抒情诗及此类文

Fortuna von Antium [c.1.35]"），载于《批评之林》"第一林"第 12 篇，《全集》卷三，页 94-102；《几点为贺拉斯所做的辩护和注疏》，载于《批评之林》"第二林"第 3 篇，《全集》卷三，页 320-364；《文集》卷七，第 81-90 封信；《论琴歌》("Die Lyra. Von der Natur und Wirkung der lyrischen Dichtkunst")，载于《歌舞女神》(赫尔德对 Jakob Baldes 所著拉丁文颂诗的翻译)第二部分，《全集》卷二十七，页 163-181、182-198。

① 关于 18 世纪的颂诗学，参洛迈尔，前揭，页 153-160。
② 《论琴歌》，前揭，页 163。在卷首，赫尔德提出一种归纳性的诗学纲要："人们看到一系列艺术作品之后，便乐于自学这种艺术。人们搜集已经写出的评论，并依照规则整理；人们写下对自己欣赏的事物的解释，在困惑不解时询问艺术家。我们不也可以遵循这种方式来理解抒情诗的写作吗？"
③ 《贺拉斯书简》，前揭，页 207。

学评论相关的诗学理论和语文学探讨的暗中鞭策。这其中产生影响的，有众所周知与他暗中通信的莱辛，有克劳茨饱受诟病的有关贺拉斯的著述，尤其是《关于幸福的贺拉斯的冒失言论》(*De felici Horatii audacia dissertatio*, Jena, 1762)，还有 1778/1782 年雅尼的注疏。另一方面，赫尔德补全并融合了自己早期的著述。

毫无疑问，赫尔德两百年前写就的《关于如何阅读贺拉斯的书简》，属于当时关于贺拉斯式抒情诗的著述中最优美、最深刻者。它们在贺拉斯语文学中开了先河。对于古典语文学而言，赫尔德一如既往仍像波尔夏特（Rudolf Borchardt）在 1897 年所说的那样，是"已成传说的古典学者"。正如同那卷"语焉不详、错漏百出的"《人类最古老的文献》为那年的波尔夏特带来了长久的启迪与激励还有深切的震撼，① 当我晚于波恩大学图书馆中的波尔夏特八十年，在 1977 年哥廷根的下撒克逊州立图书馆偶遇这份书简时，亦是眼前一亮，赫尔德于我而言则更是"已成传说的古典学者"。

赫尔德自己指出了其中的新意：

> 我在这里着重强调的是（我再重复一遍）颂诗中未受关注的诗人的艺术杰作。②

不过，莱辛已经作出过如下评价，他在 1759 年 8 月 16 日的第 51 篇《文学书简》(*Literaturbrief*)③ 中说起"优美的隐藏布局（Plan），将品达与贺拉斯哪怕最短小的颂诗也变成了如此特殊的［着重符号为

---

① 见氏著《埃拉诺斯书简》("Eranos - Brief")，载于《散文》(*Prosa*)，卷一，页 115 以下。
② 《贺拉斯书简》，前揭，页 218。
③ 莱辛，《当代文学相关书简》("Briefe, die neueste Literatur betreffend")，第一部分，载于莱辛，《文集》卷 5（München, 1973），页 178–184；此处为其中的《文学书简》(*Literaturbrief*, 1759)，页 178。

莱辛所加］总体。"莱辛在这里批评克拉默的颂诗：①

> 克拉默先生是蹩脚诗人之翘楚；［……］。不过，令我们常感遗憾的（此处原文写作 betauert）是，他的诗才——如果人们从他身上还能找得到些许诗才的话——过于单调。他的所谓颂诗只要读上一两首，就差不多几乎读过全部了。每首都有许多诗歌的语言，押韵毫不费力，轻松得惹人生炉；但是每首都缺乏优美的隐藏布局，哪怕是最短小的品达或贺拉斯的颂诗也是凭借这种布局而成为如此特殊的整体的。

赫尔德对克拉默持同样的态度；在《断片》中我们可以读到：②

> 他［即克拉默］作诗时遣词造句轻松得不费吹灰之力［……］他的颂诗——在克洛卜施托克和拉姆勒之前是德语颂诗的模板——却只是叮叮咚咚作响的韵文而已，［……］。③

莱辛批判克拉默的作诗才能时更加礼貌一些，主要针对其单调

---

① 克拉默（Johann Andreas Cramer，1723-1788），哥本哈根宫廷牧师，基尔（Kiel）的神学教授，著名传教士、赞美诗诗人、抒情诗诗人，著有《诗歌总集》（*Sämtliche Gedichte*, Dessau und Leipzig, 1782）三卷本。莱辛也提出了当时的文学是否能够能摆脱一切尾大不掉者的问题，例如克拉默描述的品达、乌茨笔下的贺拉斯等等。
② 《全集》卷一，页169。
③ 参《我们有没有法兰西式的舞台？》，前揭，页207-230。他将克拉默比作"我们德意志的卢梭"（这里指的是作为颂诗诗人的让-巴普提斯特·卢梭［Jean-Baptiste Rousseau, 1670-1741]），他的颂诗彻头彻尾是赫尔德最反感的形式，克拉默将他的颂诗译成德语，"把我们的语言用得甚至更加轻浮"（据《全集》卷一，页361的注释）。他同时质疑了"克拉默与品达，还有卢梭与贺拉斯"之间的"兄弟关系"。

性,① 这种单调性导致的后果是,人们不仅在读一首诗的时候会感到无聊,而且在接着读第二、三首时也是如此。作诗的才能在于诗人的每首诗歌是否都能为读者提供某些新的、未知的、出乎意料的内容。这对于品达和贺拉斯显然成立,而莱辛在批评克拉默的单调性时还补充道,品达和贺拉斯的颂诗,就连最短小的颂诗——例如贺拉斯的《我厌恶波斯的浮华》(*Persicos odi, puer, adparatus*)(c.1.38),这首诗由两个四行诗节组成——背后也有着"优美的隐藏布局",使它们成为"如此特殊的整体"。这些独特且各不相同的布局首先使诗歌成为一个独立的个体,一个封闭的、圆满的、分立的、独特的、甚至奇异的整体。如此一来,这种布局成了"优美的":每首诗都实现了美,具有各异的风采;它有自己独特的美,这美又是一体的。这种计划是"隐藏的":每首诗歌的美感和奇异的完整性看来也与这种布局的隐蔽性相关,这大约意味着,诗人的才华也体现在布局的隐藏上,也就是说,布局的隐藏正是一种充满诗意的整体营造。要想阅读并理解一位诗人,就需要探知这种布局,由此将全诗当作独一个体去认识、去了解。不论如何,布局的隐藏看起来是诗人的才能,或者也可理解为其纯粹意图的体现,寻找这种布局是一种阅读乐趣,就像布里格勒布(Johann Christian Briegleb,1770)联系单个词语的特定美感所说的那样:

>   不过他[即贺拉斯]当然有时会有所隐藏,但是他这样做的目的看来是给人以寻找的乐趣。②

赫尔德在《贺拉斯书简》中拒斥一切注疏,建议抛开注疏单独阅

---

① 赫尔德在《论琴歌》页 175 中将抒情诗的"单调"与"枯燥"联系在一起。
② 布里格勒布,《贺拉斯讲座》(*Vorlesungen über den Horaz*,Altenburg,1770),280。

读贺拉斯，同时急切呼吁，要求留意每首颂诗各自的特点：

> 逃吧，少年，逃开这美感的破坏者吧［即贺拉斯的诠释者和注疏者］，逃离那些 arbiter elegantiarum［繁文缛节的评判人］吧；带着自己自由的眼光和理解，把每个处境（Situation）和其表达联系在一起，把它当作世间的唯一。①

这对于理解力而言是相当高的要求：单独审视贺拉斯每首诗歌的境况，"把它当做世间的唯一"！颂诗成为无可比拟的、举世无匹的个体。要解释赫尔德在这里说的"个体"的概念，我们可以借助他早先的论说。他在《批评之林》第一林第 12 篇中讨论贺拉斯献给安济奥命运女神（Fortuna von Antium）（c.1.35）的颂诗时，提到了"作为独立作品的颂诗"，②又在《批评之林》第三林中的《几点为贺拉斯所做的辩护和注疏》里面反驳了克劳茨关于贺拉斯的著述，说对于了解古典希腊的人而言，"品达的每首颂诗不是别的，正是一篇独立的作品，于品达本人而言亦然"。③雅尼对这种诠释方式作出了精彩绝伦的描述：

> 另一个难点在于，虽然在理解其他诗人的长诗时，诠释者可以从头到尾采取同一种态度（uno tenore），但是贺拉斯的每首诗都有不同的类型、精神与风格，所以诠释者若想深刻地在可接纳的范围内，沉浸到一首诗的内涵中去，也就需要不断改变态度（ut interpretem continuo oporteat transformae quasi animum suum）。④

---

① 《贺拉斯书简》，前揭，页 204。
② 《批评之林》，《全集》卷三，页 94–102；此处来自页 95。
③ 《全集》卷三，页 349。
④ 雅尼编，《贺拉斯作品集》（*Quinti Horati Flacci Opera recensuit*［...］*et perpetua adnotatione illustravit*, Leipzig, 1778/1782），卷一，F7b/8a。

赫尔德在《批评之林》中的诠释方案可以用作对比：①

> 阅读贺拉斯的第二种错误方式是将类比作为主要基调——如果固步自封，就不能贴切地领会一位诗人、一首诗歌的整体，就不能用灵魂去捕捉。——天啊！别去想一般的规则！别去想朗基努斯（Longin）和巴托（Batteux），别去想颂诗组成部分的条条框框。此时此刻，这位罗马人，这位诗人，还有这个境况，还有这首颂诗，它们就是我的全部。

针对克劳茨的论战篇章的主要立场就是这样。②也就是说，对于贺拉斯式颂诗，有两种错误的阅读方式，一是"概念性的胡乱比较"③，二是关于诗歌的"条条框框"的"桎梏"——这是赫尔德常用的譬喻。④

为了描述这些个体的共同结构的特性，赫尔德实在大费周章。每首颂诗的精髓，它的一体性和整体性，都成了"精神境况"（geistige Situation）。同时《批评之林》中有一处提到他的更早的观点：⑤

> ［……］颂诗的整体，一个首要的印象，［……］活在我的灵魂里：贺拉斯颂诗的境况展现在我眼前，［……］。

就是在这里，"他的颂诗的个体化"⑥出现了。他在《贺拉斯书简》

---

① 《全集》卷三，页351、352、361。
② 参《几点为贺拉斯所做的辩护和注疏》，前揭，页331以下，页342以下，页346以下。
③ 《几点为贺拉斯所做的辩护和注疏》，前揭，页325。
④ 《几点为贺拉斯所做的辩护和注疏》，前揭，页343。
⑤ 《几点为贺拉斯所做的辩护和注疏》，前揭，页360。
⑥ 《几点为贺拉斯所做的辩护和注疏》，前揭，页346。

中又说：

> 那么，我的朋友，在每首贺拉斯颂诗中，你寻找的当是诗人表达并激发的精神境况；在其中寻找它的立场、手段和目的；不论他的步伐沉重还是轻灵，我们由此可以看出他是如何走过并终其圆满的。①

> 单单有"旋律和音节节拍"，还不能成就抒情诗人；他必须凭借他的优雅（Anmuth）和美惠（Grazie）向我们描摹优雅的图景，催生典雅的思想。为了达成这一目的，每首颂诗都选定一个境况并将它描绘；它成为了一幅画卷。不过这幅画卷是在里拉琴的弦上诞生的，它唤来了缪斯，所以这样一幅动人心弦、富有灵感的画卷必得是一个具有开头、中间和结尾的整体。不论它所展现的境况是内在的还是外在的，如果没有这思想的延续，没有这看似仿若身陷迷途却从未迷失的缪斯的飞翔，②颂诗就只是一座三脚架，或者说，不论它是什么，反正总不是歌曲，不是颂诗。③

关于贺拉斯式颂诗的个体性的精髓，④赫尔德所言或意味着独立性（Eigenständigkeit），或意味着颂诗之间的差异性或整体性，即作为自足存在的完满性。每首贺拉斯式颂诗的独立性——将它与所有其他颂诗区分开来——就是由诗人出于某种目的选定、描绘并催生的境况。每个境况都与众不同；要理解它就要观察它，"把它当作世间的

---

① 《贺拉斯书简》，前揭，页 203。
② 《论琴歌》，前揭，页 171，抒情诗被比作一次飞翔，"缪斯上下翻飞，看似迷途，却从未迷失"。
③ 《贺拉斯书简》，前揭，页 203。
④ 洛迈尔，前揭，页 170："赫尔德每次写到克洛卜施托克的抒情诗，都会努力用寥寥数语描述诗歌的个体性。"

唯一"。每首贺拉斯颂诗的自立性（Selbständigkeit）——它具有自立性是由于它是一个整体，是某样圆满之物——在于境况的动态，也就是居于其中并首尾贯穿的那种动态。赫尔德称这种动态为"思想的延续""缪斯的飞翔"，或者诗人的"立场""手段"和"目的"。它不仅是一个目的，也是圆满之物；正是它的开端、它的中间和它的结尾使颂诗成为一个整体。关于颂诗的境况，赫尔德说：

> 你将在这位诗人身上或多或少捕获到精微的精神造像。[……]比如一段爱情的境况。如果人们把这些连缀在一起组成一部小说，为贺拉斯的情事（les amour d'Horace）作诗，那就太可笑了，但是人们确确实实对卡图卢斯、彼特拉克或者甚至对他做出了这种事。①我们为什么要关心一位抒情诗人的爱情私事呢？或者，为什么要关心这位莉迪亚（Lydia），那位琵拉、乐柯诺伊（Leukonoe）、尼奥布尔（Neobule）等等究竟是谁？她们是他当前选定的境况中音节节拍相适、特性相宜的名字；可能是他从未谋面的希腊女子，但是却在精神中见过，并且描述出来了。去吧，年轻的朋友，带着这种目的[……]领略这些境况，随后你便会在其中发现诸多可能性，其中当然有不同的选择和视角，站在全局的立场上考量，把它们当作变化和转向，就好像在不断变换的画廊里面浏览一样。[……]②

---

① 《情歌》（*Lieder der Liebe*, Leipzig, 1778），载于赫尔德《文集》，页485以下："人类的塑造力""倘若不将它们吟诵成一个整体"，就无法承载"单个的诗行、意象、语句、断章、歌曲"。"因此对于所有诗人——特别是情诗诗人——而言都是这样：他们把单个的作品排列在一起，加以排列，加以诠释，连缀成为小说，成为情境，直到从梦中造出一个整体。阿那克里翁、卡图卢斯、贺拉斯和彼特拉克都是这样做的，大卫与所罗门有更好的办法吗？"

② 《贺拉斯书简》，前揭，页204。

赫尔德在这里斩钉截铁地拒斥用自传性视角诠释贺拉斯，并且警告人们不要试图描绘每首颂诗似是而非的生活背景，这二者与主题无关，不当做深入讨论。需要指出的还有，同样的情况对彼特拉克也是成立的。关于他的爱情诗歌，赫尔德在《论促进人性进步的书简》第55篇中说道：

> 每位爱者都可以并应当在彼得拉克的诗中找到自己的劳拉（Laura）。①

《贺拉斯书简》这段引文的重点在于，它完整阐释了每首颂诗的独立性与差异性。每首诗歌以及诗歌的每个境况不仅是信手拈来，不仅是孤立无关的单部作品，独立于所有其他作品，与它们全然不同；相反，它的不同正源自与描述类似境况的其他颂诗之间的比较，并且，它们放在一起时就像是展现"诸多可能性"的、脱胎于"不同的选择和视角"的画廊。看起来，赫尔德并不认为应当借此寻求或者寻得贺拉斯作品的新的完整性或圆满性，好让贺拉斯颂诗中的爱情的基本境况按照精神的一切可能的诗性运动（Bewegung）展现出来。不过他的意思可能是，通过刻意的视角，可能会得出几种大相径庭的基本形式。

赫尔德在上一封信中对刚刚去世的克洛卜施托克的褒奖，其中一部分对于贺拉斯也适用。比如，将下面这句话用在贺拉斯身上，就可以作为过渡，引出对贺拉斯颂诗运动的其他说法。赫尔德借克洛卜施托克之口说：

> 我的每首颂诗都与其他的不同，各自的绽放都充满盎然的生

---

① 《论促进人性进步的书简》前揭，页290。

机，各具形态、香气和色泽。①

此前，他曾经说到，[贺拉斯颂诗之中]"轻柔者""像有机植物般""抽枝发芽"，"从根到花都是美丽的图画"。②"盎然的生机"还有"有机植物"的比喻，联系"境况"和"运动"的概念，精确地概括出赫尔德书简流露的思想与莱辛及其他贺拉斯注疏者之间的区别。莱辛的布局比喻是技术性的，从建筑领域化用而来，颂诗被比作建筑。赫尔德在《品达的特征》(Charakteristik Pindars)(1804)③中的说法如出一辙，说起"他颂诗的布局""就像建筑物一样"，但是其中也增添了运动的成分："它的路途如此坚决果敢。"赫尔德用在贺拉斯身上的比喻源于植物的天性；但是也不能将它理解为一种作品的美学(produktionsästhetisch)，认为诗人之创作犹如自然之创作。诗歌本身更像是自我实现的自然："各自[指颂诗]的绽放都充满盎然的生机"；"[颂诗]像有机植物般抽枝发芽"。赫尔德援引品达时，对他的评价中也说起这首颂诗如同"活生生的会说话的柱形立像"，其中的作品之美感（"意象"）与精髓的表达（Wesensaussage，"生机"）相互统一。在上文所引关于贺拉斯的表述中，抽枝、发芽和绽放等指代的并不是成型的过程，而是诗歌本身的存在方式，在此大约意味着每首诗歌在阅读行为中实现自身的存在。诗歌的生机就是它的运动，在阅读中得到领会。赫尔德在《批评之林》中使用发人深省的"连续的活动"(successive Energie)这个连词，认为这种活动源自缪斯。④（盎然）生机的比喻将物质和运动的表述统一在一起，并且为个体与整体赋予

---

① 《贺拉斯书简》，前揭，页221。
② 《贺拉斯书简》，前揭，页215。
③ 《品达，众神的使者，古老故事的诠释者》("Pindar, ein Bote der Götter, Ausleger alter Geschichten")，载于《机运女神》第11篇（1804年的第1篇），《全集》卷二十四，页337。
④ 《几点为贺拉斯所做的辩护和注疏》，前揭，页359以下。

了定义，将空间的（物质）与时间的（运动）融为一体。在美妙图景抽枝发芽的同时，个体与整体的根是开端，花是结尾，这是就空间与时间上的意义而言。赞扬克洛卜施托克的颂诗时说到的绽放，就是在读者的阅读和记忆中的生命之美中生机勃勃诗歌的自我实现。

还是从植物的比喻回到思想的延续，回到缪斯的飞翔和诗人的运动、轨迹和目的上去吧。在反对克劳茨的论战中，赫尔德已经提到"颂诗的翅膀"和"音节节拍的盘旋"，他还提到他作为贺拉斯颂诗的读者与诗人一起飞翔，顺着"他歌曲的溪流"而下。① 在《贺拉斯书简》中他又说，缪斯的飞翔看似仿若身陷迷途，却从未迷失。表面上的迷途由于切合抒情诗的美惠，因而被说成是曲径。赫尔德排斥源于布瓦洛（Boileau）的那种抒情诗狂热，② 再加上他对品达颂诗的评判，使他以同样的理由拒绝认为颂诗必须是欣喜若狂、心醉神怡的，"因为人们虽然知道自己来自何方，却不知自己去往何方、如何前往"。这并不需要作诗的艺术，因此"毫无意义"，"就连诗歌的转折，也就是它的舞蹈，它蜿蜒盘绕的路径，也必须将其目的和基础建立在人类灵魂之中；实际也正是如此"。③ 美惠之运动却正是"柔和的弯路"；赫尔德采用了一种人类风俗学的视角：

直接、纯粹的强迫式说教收效甚微；它令人疲惫，甚至会让人深受冒犯。相反，一个出乎意料却意味深长的眼色，就好像一场无声的说教，充满生活的美惠，它会直达内心，它会使人苏醒、振奋。因此，人们几乎每次做道德说教时都不会采取最短的途径，④ 而是通过更舒服的方式达到目的，选择一条柔和的弯路。

---

① 《几点为贺拉斯所做的辩护和注疏》，前揭，页 335 以下。
② 《几点为贺拉斯所做的辩护和注疏》，前揭，页 331 以下。
③ 《贺拉斯书简》，前揭，页 207。
④ 此处与贺拉斯《诗艺》335–337 的观点相悖：quidquid praecipies, esto brevis［提出建议时总该直截了当］。

寓言、讽刺短诗（Epigramm）就是这样的例子；那么激情之颂诗作为最复杂的书写心声的诗歌，为何不用这种方式将颂诗与颂诗的诸多小意象聚集为抒情幻想与抒情体会的花束呢？不论是发人深省的墓碑还是欢欣明朗的高空，美惠都将循着曲径将我们引向目标。①

就连这目标的设置也遵循了赫尔德贺拉斯诠释方式的基本前提——将颂诗视为个体。目标的概念暗示着整体性；每首颂诗的完结都有意涵，这意味着它是一种向着目标的运动。诗歌的表述把向着目标的运动引向整体，"自然"在这里应当理解为伦理学-心理学角度而言的、"其目的与基础均出自人类灵魂"的那种东西。栩栩如生的美就在舞蹈的比喻之中。第 2 篇书简中缪斯的飞翔在第 3 篇书简中变成了美惠的舞蹈。

> 优雅和美惠[……]阻止贺拉斯太过频繁地勇敢高飞，[……]他并不激发自己的灵感作狂暴的飞行；优雅与美惠是他的缪斯。②

缪斯的飞翔也就是美惠之舞蹈，美惠之舞蹈又是贺拉斯颂诗的运动。赫尔德提到这种舞蹈的时候，更多时候其实并没有完整描述飞翔和盘旋的意象：

> [……]美惠通过形式和流动（Züge）、通过运动、词语、举止，富有情感、由衷亲切地向我们说话；谁能想要并意愿停止这运动的舞蹈，切断这流动之游戏？

---

① 《贺拉斯书简》，前揭，页 207。
② 《贺拉斯书简》，前揭，页 200。

> 谁不愿闻听这歌曲最优美的段落的最可爱的华彩乐段，在琴弦上聆听［……］它们意象的合唱舞蹈？

他这样呼吁，就如同他在《论促进人性进步的书简》第 35 篇所说的那样，这愿望在他心中又一次重获新生，

> 在音乐中听到"贺拉斯的诗段［……］或者完整的作品，经过有目的的改编"，好让它"必然能够表现这种难以用我们使用的音节节拍来表达的独特的震颤"。①

赫尔德在 1772 年对克洛卜施托克颂诗《床榻》的评论中，提到过"音节节拍之舞"。②《阿珥凯欧斯与萨福》（*Alcäus und Sappho*）中有"音节之舞的变动的步伐"之说，在《论琴歌》中又提到"词语之舞"。③ 赫尔德还在《贺拉斯书简》说：

> 在音节节拍中舒展开来，让灵魂乘着长短短格的翅膀飞翔，随阿珥凯欧斯前行，仿佛融入每个词语与意象的旋律，在其中自由活动——在这一切发生之前，你看到的只有诗人支离破碎的躯

---

① 《文集》卷七，页 185 以下。赫尔德提到贺拉斯以下的段落与诗歌全　文：c.1.7.21–32、2.10.13–24、1.9、1.23、1.26、2.3、2.11、2.14、2.16、2.19、2.20、3.2、3.9、3.21、4.7、epod 7、1.37、2.3、2.6、2.10、2.11、2.14、2.16、2.17、2.19、3.9。

② 《全集》卷五，页 355。参洛迈尔，前揭，页 151 的注 196。

③ 《阿珥凯欧斯与萨福》，前揭，页 183；《论琴歌》，前揭，页 169。参《批评之林》"第四林"（*Viertes Kritisches Wäldchen*），载《文集》，卷二，页 168–170，关于诗歌和舞蹈，见页 209 以下。

体，①却并非他缪斯的富有旋律的舞蹈。其中有每一处峰回路转，每一个最细微的含义，上下盘旋，还有美惠与优雅的每个轻轻重重的脚步。②

于赫尔德而言，阅读贺拉斯是一种什么样的体验？伴随着舞蹈，诗歌允许人在诗中翩然起舞，就像克洛卜施托克所说，"总是源自罗马、富有诗意、伴着长短短格"。③

赫尔德认为，德语可以比罗曼语族语言或者英语更好地翻译贺拉斯，因为要是使用其他语种，就必须"把习常的音节节拍做出调整"，而"这样产出的整部作品中，节奏、诗段、抒情之舞都会消失"。④

　　不费吹灰之力的轻松是美惠的首要特征；第二特征是运动中的和谐。

（又是舞蹈，因为它的确是一种轻松、和谐的运动）；

　　最终，美惠的不可描述之特征（Je ne sçais quoi［我不知其为何物］），通常与崇高的简朴相连，是它绝美表象的第三种最深刻的特征；全部三者都难以用外语译出，抒情歌谣的摇曳风姿更是如此。

---

① 参《几点为贺拉斯所做的辩护和注疏》，前揭，页 335 以下。
② 《贺拉斯书简》，前揭，页 200 以下。
③ 《几点为贺拉斯所做的辩护和注疏》，前揭，页 336。
④ 参《文集》卷七，页 552："德语"是"希腊语的继妹［……］"，尤其适合翻译"异国民族的音素"，并且"甚至连结、融合了希腊与罗马"。其中第 601 页提到反对法语贺拉斯翻译的论战，"德语与法语相比，（毫不炫耀地说）简直就意味着心灵与理性，不喜其（即贺拉斯）炫饰，而偏爱其真理与真挚"。

阅读一首贺拉斯颂诗，便是跳一支舞蹈。我们心中这美惠的运动，它的目标不仅超越了自身，还是自身的目的之所在：这舞蹈的 ἔργον[行为]与 ἐνέργεια[活力]是"优美的仪态"；我们在阅读贺拉斯的时候，就好像在跳一支理性、得体、高贵的舞蹈。同理，赫尔德曾用传统的方式说：

> 我在这里极其强调的，（我再重复一遍）是每首颂诗中未受关注的诗人的艺术杰作，和其回环（ambitus），其句读，其立场，其转折，其基础，其完成；个中充满了生活的智慧、美惠与优雅。①

此时他的话中也是同样的意味：颂诗的精神境况和作为过程的诗歌形式，其本质既是美学的，也是伦理学的。贺拉斯"用最充满爱的方式传扬并实践真正的哲学，还有生活的享乐与需求；他朝着我们将它吟唱"。②

---

① 《贺拉斯书简》，前揭，页218。
② 《贺拉斯书简》，前揭，页206。

野性的优越：赫尔德与惠特曼的民族主义

布鲁伊斯坦（Gene Bluestein） 撰

杜彬彬 译

任何一个批评家若严肃对待惠特曼（Whitman）研究，就不可能避开充斥在他作品中的民族主义热情这个恼人的问题。无论喜欢还是不喜欢惠特曼的批评家，都可以通过强调诗人身上本质上的地方主义（provincialism）和沙文主义（chauvinism），来贬低他的诗和散文。① 并且，几乎每一个就惠特曼发表过看法的人，无论出于善意还是恶意，都会承认惠特曼是唯一土生土长的美国诗人，这个简单的事实可以将他的民族中心主义（ethnocentrism）解释为美国经验的产物。因此，在是否存在一种美国文学的争论中，也不必为惠特曼经常作为讨论的中心人物之一而感到惊讶。但即使那些与惠特曼观念相投的作者，也说不清楚他到底是沙文主义还是民族主义。对我来说，这种区分并无意义，并且会误导人们否认一直以来（包括现在）深深植根于美国思想各个层面中的沙文主义。的确，民族主义的美国分枝已经不同于它

---

① 费德勒（Leslie A. Fiedler）在论文集《不！雷声》（*No! Thunder*, Boston, 1960, pp. 65–66）中批评惠特曼"诗学美国主义"的思想，坚持认为当惠特曼以"美国沙文主义者"或"浪漫主义的国际主义者"的身份进行言说时，他作为一个诗人来说是失败的。汉斯·昆在他的《美国民族主义》（*American Nationalism*, New York, 1957, p. 77）中探究了惠特曼思想中"奢华并令人陶醉的民族主义"与赫尔德"文化民族主义信条"的联系。事实上，很多批评家比较认同昆的论述，认为惠特曼经常牺牲他的诗人才华而走向"民族主义神秘论"。

的欧洲同道沙文，毕竟他只是一个法国人，而且，美国的民族主义者比起流行于我们这个时代的德国、意大利、日本、苏联的形态各异的沙文主义，已经很温和了。通过回顾本土和国外对美国的讨论，我们可以看到另一种解释美国民族主义的方式。这些讨论认为美国并不是一个独立的民族，而仅仅是一种欧洲后裔的苍白投影。但是，这些讨论并不能真正将我们动物性和非人性的记忆抹去，这些记忆源于直接表现强烈民族感情的话语。

现在回到惠特曼的民族主义问题。对于一些人来说，（通过引用其诗歌、散文中的一些个人化表达）把惠特曼说成一个懦弱的沙文主义者是很容易的。他思想和文学理论的核心是对人性的全面赞扬，而不是民族主义的狭隘观念。本文想做的，就是通过审视惠特曼关于美国文学的民俗性讨论，更好地理解他的人文主义的民族主义；另外我认为，虽然惠特曼为了适应美国环境而对这些民族主义的看法进行了重构，但他为了建立民族文学而采取的策略，却与德国启蒙哲学家、史学家赫尔德的观念非常相似。

如同洛克之于18世纪，赫尔德也为19世纪的美国思想家提供了一种思想观念，这些思想观念与美国思想家自身的问题有着独特的关联。并且，18世纪的德意志地区产生了很多事实上与"美国文艺复兴"（American Renaissance）[①]时期的美国相似的情况。由于宗教矛盾导致的经济上的分裂和破坏，赫尔德时代的德意志很难称得上一个完全意义上的国家。[②] 无数的封建君主统治着一千八百个相互分离的区域。在这样的情况下，只有少数学者认为存在着一种特征明显的德意志文化或事实上的同一种德语。德国18世纪上半叶的文学只是对外来文学（尤其是法国和意大利的文学）的一种模仿；上层阶级的文化

[①] ［译按］"美国文艺复兴"（American Renaissance）的说法出自美国教育家、文学批评家马特希森（Francis Otto Matthiessen）。

[②] 厄尔冈，《赫尔德与德意志民族主义的基础》，前揭。

被法国宫廷文化所束缚，并且"这种对法国文化、风俗、商品的青睐弥漫于贵族绅士和城市、乡镇的中产阶级之间……"。①

在这样的氛围中，赫尔德闪亮登场。他的兴趣很广泛（包括神学、语言学和历史等领域），但他的主要关注点在于发掘德国文学独特的传统资源。

在赫尔德看来，首先必须对德意志语言有所了解。他谈到，一种民族性不可能没有属于它自身的语言，进而呼吁德国人"要了解你自己的语言……并为了诗、哲学和散文而开发它。因为你要建立的是一座大厦的基础"。②他关于德语的语用学论点预示了他的主要看法：民族性意识来源于民间诗歌。进而他指出，一种语言中的俗语（idioms）为这种语言提供了一种独特的品质，使之区别于其他语言：

> 语言当中的俗语是任何邻人都不能从我们身上剥夺出去的精华，它们对语言的守护女神（tutelary goddess）来说也是神圣的。它们被精致地编织进语言的精神中，一旦他们被移走，这种精神就会受到破坏……带走了一种语言当中的俗语，也就带走了它的精神和力量……这些俗语是在名歌手（Meistersanger）、奥匹茨（Opitz）、罗高（Logau）、路德（Luther）等人的时代汇集而成的……就算它们没有别的用处，至少也为学者打开了学习语言的通道，让他可以深刻体会民族性的精髓，并且可以相互阐释这种精髓。每一种语言的俗语就是这个国家的民族性与历史的印记。③

在读到珀西主教（Bishop Thomas Percy）的《古英诗辑》（*Reliques*

---

① 厄尔冈，《赫尔德与德意志民族主义的基础》，前揭，页25。
② 厄尔冈，《赫尔德与德意志民族主义的基础》，前揭，页155，引自厄尔冈的翻译。对赫尔德作品的引用来自《全集》卷二，页8。
③ 转引自厄尔冈，《赫尔德与德意志民族主义的基础》，前揭，页159。原文见《全集》卷一，页162；卷二，页46；卷一，页165；卷二，页49。

of Ancient English Poetry）和麦克弗森的"莪相"组诗后，赫尔德确信，要发掘和保存民间语言，最好首先学习英国人的做法，收集德国下层人民的民间歌谣。"不能仅限于一个地区"，他写道：

> 我知道这些民俗歌谣存在于方言和农夫的谣谚当中，它们对其他民族而言，可能是无意义的。

"但是"，他以爱默生（Emerson）在《美国学者》（*The American Scholar*）中的语气补充道：

> 谁来收集它们呢？谁会给自己找麻烦去关心街道、深巷和鱼市里的歌曲，以及那些简单的农夫小曲？这些歌谣没有韵律，节奏感差……尽管只是为了消遣，我们也宁愿去读咱们现代人的那些印刷精美的诗作。①

赫尔德主张，文学传统可以建立在源于社会最底层的歌谣的基础上，对贵族和启蒙思想家而言，这种观点显得有些可笑。在赫尔德生活的封建等级森严的德意志，认为任何事物的价值发生于最底层的文化，这是不可想象的。但从更深层次上来讲，启蒙主义的计划就是要通过运用理性，不断提高下层人民的受教育程度，直到他们能够从古代神话和迷信当中解放出来。正如哈斯维特（Sigrid Hustvedt）所指出的，珀西主教已经种下了复古主义（antiquarianism）的种子，认为收集到的民间歌谣非常重要，它们是"过去的天然幸存物，在展示已逝的民族语言、人口、习俗与信仰等方面，具有一定程度的意义，尽

---

① 转引自厄尔冈，《赫尔德与德意志民族主义的基础》，前揭，页200；原文见《全集》卷五，页189-190。

管作为诗歌来说,它们没有内在的价值"。① 由此看来,歌谣是过去的遗留物,是逝去文化的遗产,对于学者而言至关重要,通过研究歌谣,可以更多了解"初民"的道德与生活态度。

赫尔德对待民间歌谣的方式,与珀西和启蒙主义者们的诉求相对立。一种生机勃勃的民间歌谣传统是否存在,对于彰显古代文明来说其实并不太重要;按照赫尔德的观点,这种民间歌谣传统,其实意味着德国可以为自己建立一种独特的、具备美的艺术(fine-art)特征的文学。赫尔德对本国语言的兴趣并非出于复古主义。俗语与语言的关系,就如同民间歌谣和纯艺术诗歌的关系一样;在这两种情况下,赫尔德认为它们可以为建立真正的民族艺术提供生命力与精神。当赫尔德用这些关于民族文化资源的理论去看待18世纪的德意志时,德语文学缺失独特性的原因就显而易见了。因为文艺复兴和启蒙运动的影响,拉丁语和法语对德语有着主导地位,德意志作家屈服于法国文学传统,德意志一直受到阻挠,无法发掘自己的文化之根。在读了珀西的《遗风》(Reliques)之后,赫尔德断言,德意志各地方的民间传统与英格兰存在的民间传统至少是同样存在的。但是他补充道:

> 永远的真理就是,如果没有人民(Volk),那么我们将没有可以生活、工作于其中的公共空间、民族性和文学。除非我们的文学基于自己的人民,否则我们就只能永远为那些书柜里的圣徒和批评家写作,从他们的嘴里和胃里,我们获得的只是我们喂给他们的东西。②

---

① 哈斯维特,《谣谚集与歌谣手》(*Ballad Books and Ballad Men*, Cambridge, Mass, 1930),页13。

② 转引自厄尔冈,《赫尔德与德意志民族主义的基础》,前揭,页204,原文见《全集》卷四,页528–529。

尽管 19 世纪的学者对赫尔德这一看法的解释有失狭隘，但他对民间歌谣重要性的认识却明显是人文主义的。在他的主要作品《人类历史哲学观念》中，赫尔德明文反对将 18 世纪视为人类文明至高点的启蒙主义观念。"这简直是痴人说梦，"他说，"竟然把全世界的人都想象成必然幸福生活着的欧洲人。"① 因此，对任何文化的内在透视，不管是古代的，还是现代的，都要通过审视它的民间歌谣传统来获得。每个民族的民间歌谣有其自身的表述方式，对史学家而言都有价值，不需要与任何规定时代的人类文明与成就的进程联系起来。初民的思想可能缺乏这些复杂的观念——赫尔德承认这一点：②

> 但是大自然赐予了我们的种族另一种实惠的礼物，给每一位最少拥有观念的族内成员留下了充满优越感的宝石般的迷人音乐……在很多野性的民族中，音乐是第一等的纯艺术，能够打动心灵……有些音乐尽管是粗犷和简单的，但却诉说着每一个人的心灵，它和舞蹈一起构建了全世界的自然的一般节日（Nature's general festival）。可悲的是，那有着过于优雅品味的外来者，却闭耳不闻我们这些异类民族的原始发音。这些发音对于音乐家来说也许无用，但对于探究人类的人（the investigators of man）来说则有启发性；一个民族的音乐在它们不完美的形式和自己最喜欢的曲调中，表达了这个民族内在的性格……

民间歌谣呈现的是一种整合一切人类经验的平等性原则。尽管每个民族从它自身的民间遗产出发，都会创立一种与众不同的文

---

① 赫尔德，《人类历史哲学观念》（*Outlines of a Philosophy of the History of Man, trans*, T. Churchill, London, 1803）卷一，页 393。《人类历史哲学观念》于 1784 至 1791 年分为四部分出版。1800 年发行了邱吉尔（Churchill）的译本，这也是唯一可靠的英译本，爱默生读的就是邱吉尔的译本。

② 赫尔德，《人类历史哲学观念》卷一，前揭，页 388。

学,但民间诗歌之所以有价值,就在于"它有着连续性和国际性的(international)因素"。① 在赫尔德的《民歌集》(*Volksliede*——这个词由赫尔德在 1771 年发明)中,不仅包含了德语的民间歌谣,也收录了意大利语、爱沙尼亚语、立陶宛语、拉脱维亚语、丹麦语、西班牙语、印加人语、爱斯基摩人语、拉丁语、希腊语和古挪威语的民间歌谣。这项工作已经远远超越了现代民俗学和人类学研究的满意度;同时,它也建立了赫尔德审视民族价值观与国际价值观之间关系的良好范例。这本集子也强调了赫尔德这样的看法:吟游诗人(bard)是民主制的民族文化(democratic national culture)的创建者,这种文化以人文主义的国际性文学为形式。正如克拉克指出的那样,尽管之后的思想家发展出了过度的民族主义,但是"将这一切全部归因于赫尔德温暖的人性观和诚实、宽容的民族主张,这也显得有些荒谬"。②

在他为数不多的评论英国殖民美洲问题的文章中,赫尔德认为,

> 也许当艺术和科学在英国堕落的时候,它们才会在美洲开出新的花朵,结出新的果实。

如果赫尔德知道,在美国这片肥沃的土地上也会发现他的思想,他也许会感到惊奇。赫尔德和惠特曼不是简单的事实上的影响关系,因为《草叶集》(*Leaves of Grass*)的意象和赫尔德的预言有着惊人的吻合。赫尔德的思想观念看起来非常符合身处美国环境中的惠特曼,后者非常典型地将赫尔德的思想推向了极致。惠特曼对诗歌及其来源的描述,与赫尔德关于民间歌谣和纯艺术诗歌之间关系的看法极其相似,如果不参阅德意志的作家作品,他很难完全认识到这

---

① 克拉克,《赫尔德》,前揭,页 431。
② 克拉克,《赫尔德》,前揭,页 26。

种关系。

惠特曼非常熟悉赫尔德的作品,这一点已经得到了充分的证实。① 他的文章《对旅行之路的回望》(A Backward Glance O'er Travell'd Roads)中,充分表现出他如何完全理解赫尔德的关键思想:

> 用两个方面就可以概括西部的天才特质,这是非常有意的。首先,就是赫尔德教会青年歌德的东西:真正伟大的诗歌(就像荷马史诗和圣经赞美诗)永远是民族精神的结果,而并不是那些加工修饰或挑选出的少数诗篇;其次,最壮丽和甜美的诗歌是永远被传颂的。②

尽管存在差异,但惠特曼在文化独立性的问题方面发现了自己与赫尔德观点大量的相似之处。对美国文化独立性的不断强调,促使惠特曼在 1847 年担任《布鲁克林之鹰》(Brooklyn Eagle)编辑期间写道:

> "美国是一个独立的国家吗?"我们在政治上的独立是不容怀疑的;但是美国在精神上受到了极大的奴役和束缚,就像格列佛受制于利立浦特人一样。③

在惠特曼看来,尽管他一开始就对美国的前景抱有乐观的态度,

---

① 珀克曼(Henry A. Pochmann),《德国文化在美国:1600 年到 1900 年》(German Culture in America, 1600–1900, Madison, 1957),页 748。珀克曼认为没必要去考虑惠特曼到底是读了赫尔德作品的译本或是依据了哪些批评性文章。他可能都有所涉及,包括美国的和英国的书籍和期刊。

② 考雷编(Malcolm Cowley),《惠特曼诗歌散文全集》(The Complete Poetry and Prose of Walt Whitman, New York, 1948)卷一,页 482。

③ 罗格斯和布莱克编(Cleveland Rodgers and John Black),《力量的汇集》(The Gathering of the Forces, New York, 1920),卷二,页 239。

但美国的形象是一个被锁链捆住的巨人。他乐观主义的源泉在于他坚信"神赋予了美国人强大的分析能力和敏锐的思想,这些是优于世界上其他民族的"——虽然在他事业的早期阶段,他曾细致地将"狭隘偏激的民族性"与本土作家的动员区分开来。"对于欧洲伟大知识人美妙的创造而言,"他在另一篇社论中写道,"我们西方世界对他们表示敬意和尊重。"①

惠特曼表面上的沙文主义,其实源于他十分厌恶当时盛行的观念,该观念将美国视为蛮荒、野性之地且缺乏本民族的高雅文化。这就像赫尔德一样——当时的赫尔德也发现自己被一群可怕的本土和国外评论家大军围困,这些评论家认为德语文学只是欧洲(主要指英国)文学模式的苍白反映。

"霍桑会拿出75美元来出版一部两卷本的作品吗?"1846年,惠特曼这样问道,"公众对国外垃圾作品趋之若鹜,难道可以就此忽略真正的美国天才吗?"的确,惠特曼受益于赫尔德的思路,并努力为美国作品的生命力和尊严提供证明。他借用了赫尔德关于民族的高雅文化应该建立在民间创作基础上的观点,把这一观点移植到他强烈的民主意识形态中,并为民间创作力提供了一种保护性措施。赫尔德认为,在一种仍然受到封建形式统治的文化中,民族的、民主的文学的根源,应该建立在底层人民的诗歌之上。而惠特曼在描述美国民主政治的构想时也重点讽刺了一类观点,即美国的独立建立在欧洲优雅的贵族文化这一前提条件之上。按照惠特曼的看法,一种民主文学的发展与礼仪的关系不大,实现该目标的过程与历史上曾存在过的任何事物都有所不同:

> 一个精挑细选出来的阶级(这个阶层与其余人有明显的界线),一个旧世界的国家与文学的图景,并非总是如此令人反感,

---

① 罗格斯和布莱克编,《力量的汇集》卷二,前揭,页242–243。

但它会阻止我们的真正计划,并将我们这个计划送进死亡。对于这个特殊阶层来说,美国从来没有创造出可以与欧洲核心国家相媲美的壮观景象(这里并不是为了比较和竞争),不管是过去还是现在。但是我们与众不同的人民大众却存在于广阔天地间,纵横东西南北,这在历史上是第一次,这批聚集起来的真正的人民,它的名字有非凡的意义,它由高尚的、英雄的个人所组成,这些英雄有男有女,他们是美国的核心,或许,这才是他们存在的理由。①

这段文字表达了惠特曼的思想主题,他认为"这个最为深刻的主题能够占据人们的思想"——在诗歌中表现出的是"那个(激进的、民主的)我",而"不是那个(保守)的我"。②的确,他的诗歌本质上是在论证个体与人类和整个自然之间的有机统一。谁利用诗歌这种方式代言并揭示这种关系,谁就是一个诗人,他的言辞就是诗歌。但是这整个计划的成功,依赖的是植根于民间的那种诗性价值,而不是已经形成的那种纯艺术的传统。

虽然惠特曼本质上并没有像赫尔德一样过分依赖民间歌谣,但他在一篇文章的题名中,却传达出了与赫尔德非常相近的思想观念,那就是《我们美国人的音乐思想》:

> 音乐的力量对于人民多么伟大啊!对我们美国人来说,我们像孩子一样长期亦步亦趋地跟在旧世界的后面。我们曾经……为一个不同的社会状态而赞美、歌唱——那个也许由高贵的天才所创造的社会,但是也只是为贵族的耳朵制造快乐的社会;这样的音乐和倾听方式到了该停止的时候了。一个民族最微妙的精神是

---

① 考雷编,《惠特曼诗歌散文全集》卷二,前揭,页330–331。
② 考雷编,《惠特曼诗歌散文全集》卷二,前揭,页174。

通过它的音乐来表现的——音乐的实践与一个民族的灵魂相互交错——它具有无形的影响力……任何人类的力量都不能彻底压垮这种存在于民族抒情歌谣和抑扬婉转乐曲中的精神。①

惠特曼担任《布鲁克林之鹰》杂志主编时所写的另一篇文章中提到：

> 几乎每一个民族都有它的特色，它的俗语可以让最优秀、最有才能的知识人为之倾心不渝，所以，我们所接受到的旧世界音乐和歌曲，对于我们的民族来说很难算得上是好的和合适的东西。②

惠特曼向他的读者推荐哈金森乐团（Hutchinson singers）（一个演唱许多民间歌谣曲目的新汉普郡团体），他认为这些歌手们的歌曲风格是"心灵音乐"，而不是"艺术音乐"。惠特曼观察了这些歌手以后认为，

> 那黎明时的日出给一个国家注入了新鲜健康思想的空气，那湿润的、土地的芳香伴随着水气扑鼻而来，这种芳香比那些才华出众的化学家所制造出来的香水更加令人欣慰。③

一个民族的精神由其音乐来表现（生命激越的感觉也来源于倾听这种音乐的演奏），这个观念显然是赫尔德式的。

惠特曼的诗人观也与赫尔德有着密切联系。通过呼唤美国民主传统，惠特曼进一步推进了赫尔德本已过度的对诗人能力的诉求。惠特

---

① 罗格斯和布莱克编，《力量的汇集》卷二，前揭，页 345-346。
② 罗格斯和布莱克编，《力量的汇集》卷二，前揭，页 345-346。
③ 罗格斯和布莱克编，《力量的汇集》卷二，前揭，页 349。

曼扩展了赫尔德理论中的民主因素,把诗人转化成了民主预言家,并在《草叶集》的题记中宣称,"先知和诗人／坚持自我,在更高层次上,／传达现代与民主……"。惠特曼坚持认为诗人应是人民中的一员,应将全部人民的强烈愿望寄寓在他自身之中,这在美国历史上是第一次。

> 美国诗人应该体现出他宽广的胸怀和感情,应该成为志气高扬的竞争者。他们应该成为**宇宙**(Kosmos),没有任何的私有财产或秘密,乐于将一切传递给每个人,昼夜不停地追求平等。他们对财富和特权毫不在意,他们知道谁才是最富有的人。最富有的人,是那种能够通过自身更强的财富来衡量所看到的一切的人。美国诗人应该描绘没有阶级差异的人类,这些人没有在趣味、爱情、真理、灵魂、肉体的层次之分,更没有东西部、南北部的地域之分。①

这就是惠特曼一再表述并为大家所熟悉的观点:古代诗人是公共群体的代言人。但是,按照爱默生的观点,如果现代诗人是代言人,惠特曼就必须证明,在广阔和多元的美国之下,其实还有某种统一的民族共同体基础。惠特曼在回应爱默生时把这种统一性归结为自然本性(Nature),它亘古不变,并总是引导着精神世界。但他用一种独特的历史性方式支撑了他的形而上学论点:他依据美国特有的历史,对这种统一性的基础作了诠释。他认为,美国人从字面上说是新世界的一个新人种,公允地说,他们创造了一个全新的宇宙。按照惠特曼的观点,美国人并不是过时的群体,不是回归古代初民的、倒退的人群。但准确地说,因为这个大陆上的居民是一个新的、尚处于年幼阶段的共同体,所以他们没有文化上的等级之分。事实上,"文明"世

---

① 考雷编,《惠特曼诗歌散文全集》卷二,前揭,页 274–275。

界中的居民长期具有这种思想观念，那就是美国人是一群野蛮的、野性的人民。

利维斯（R.W. B. Lewis）和史密斯（Henry Nash Smith）把美国人称作"新亚当"，而美国则是一片"处女地"，这种观念已经深深植根于欧洲人和美国人的思想中。利维斯曾表明，在惠特曼日常的写作当中，似乎并不存在美国之外的历史——甚至不存在外在于他个人经验的事物。史密斯也曾揭示出其中的矛盾性，他发现美国人试图同时既支持一种原始的纯洁性，又强调历史的发展。但惠特曼和赫尔德的联系则表明可以有另一种理解，那就是这一切均来源于美国人独特的经历。

对惠特曼而言，称美国本质上处于一种野性状态，将会给美国带来一种优越性，因为这可以让惠特曼充分利用赫尔德关于民族文学必须建立在初民共同体巨大创造力基础上的观点。有必要回顾一下这一观点：赫尔德并不是仅仅为原始主义本身欢呼，在他那里，民间歌谣之所以是好的，是因为精致艺术是败坏的。对此，惠特曼认为，这并非暗示从一个小规模的、与世隔绝的民族当中就能发展出民族文学；相反，美国整个国家的人民都是"野性的"，正如民俗学家所坚信的那样，这种状态正是民间艺术发展的源动力。在很大程度上，惠特曼的激情和莽撞源于他对发展前景的沉思。惠特曼在"世界屋脊上发出了野性的呼喊"，就是为了庆祝他所发现的这种力量。

惠特曼为这种进步的观点进行了有理有据的赞美，并对复古主义和彻底的原始主义有着更为深入的见解。他在历史上第一次提出，美国人要努力创造一种彻底的民主，这一观点是一种"超验的、形而上学的表达，使改革和民主成了宏大宇宙史的目标"。[1] 美国表现出要在更高意义上重建一种有活力的、天然的、类似远古时代文化的意

---

[1] 米勒（Perry Miller），《超验主义者团体》（*The Transcendentalists*, Cambridge, Mass., 1950），页423。

识,但是又不同于他们自身借助平等主义自觉意识所建构出的文化。民主诗人这个角色最终也要随着新环境而变化。浪漫主义诗人(就像其他18、19世纪的同类诗人一样)应该寄身于自然的荒野中,民主诗人则更应该像希伯来先知一样鞭策那顽固不化的人民。惠特曼就是受到以赛亚(Isaiah)或弥迦(Micah)的力量影响而迸发出这种思想的。在他自己匿名对《草叶集》的评论中,惠特曼宣称:

> 要轻蔑地将礼仪圈子中的种种束缚驱逐。这位作者似乎在说,对于像我这样的人,你那陈腐的节制是肮脏的。①

在《草叶集》第二版中,惠特曼附上了他与爱默生的通信内容,他提到了赫尔德和爱默生都曾提及的关于他们世代的一些问题;他那激烈的讨论和拿来就用的隐喻使人想起旧约:

> 除了你抄来或偷来的知识之外,那些来自你内心深处的表达到底在哪里呢?你提到的那些大批的诗人、文学家、演说家现在何处?你只能追随在其他民族的后面吗?你是年轻有活力的,你拥有最完美的方言俗语、自由的出版社和自由的政府,这个世界和你一起向着美好前进。正义曾坚定地降临到你头上,那一刻起你就承担起了坚定的正义……顺从最有活力的诗人吧,直到他把你的不孕症治好。那时你不必再收养其他人的后代;你将拥有你自己的后代,血脉连着血脉。②

---

① 见《惠特曼及其诗歌》("Walt Whitman and His Poems"),载威尔斯与戈德史密斯(Carolyn Wells and Alfred F. Goldsmith)编,《散文之溪》(*Rivulets of Prose*, New York, 1928),页9。

② 转引自威尔逊(Edmund Wilson)编,《认知的震撼》(*The Shock of Recognition*, New York, 1943)卷一,页254–255。

正如赫尔德所指出的,当民间艺术注入复杂的高雅文化血脉中时,将会重新激发文学的活力。惠特曼最喜欢的一个比喻正好建立在这个观念上:

> 那些健全的、永恒的道德和精神-美学特质……将会逐渐进入社会学和文学的淋巴中。它们会成就优秀的美国男女个体的血肉,占有这个新世界。①

惠特曼懂得,这种活力的最终来源就是语言——他从民俗学家和语文学家的著作中得出了这个意义重大的结论。他在《美国的俚语》(*Slang in America*)中写道:

> 语言,并不是像我们记忆中的那样,是一种学识丰富之人或词典编纂者的抽象建构,而是由于我们的工作、需求、关系、快乐、感情、品味而出现,由于人类漫长的传宗接代而出现,它的根基广而低,与大地密切相连……它浸入过去和现在的每个角落,是人类理智最伟大的胜利。②

俚语是"不受约束的语言元素……在史前时期大量的古代神话里就开始存在,并逐渐发展完善"。但是,尽管民俗学家和语文学家在谈论初民社会的诗歌创作才能时,倾向于有所保留,惠特曼却坚持认为,相同的发展历程正在美国的城市当中展开。他指出,

> 当然,语文学家不会给予这种语言元素足够的重视,但我得强调,它们却在现代的环境当中,也在史前时期的希腊或印度的

---

① 考雷编,《惠特曼诗歌散文全集》卷二,前揭,页341。
② 考雷编,《惠特曼诗歌散文全集》卷二,前揭,页421。

生活中俯拾即是。

惠特曼所指的民间共同体不是初民部落,而是"体力劳动者、修路工、矿工、畜牧人或者水手",他从这些人的语言里发现了比"所有'美国幽默作家'的作品"更多的诗意。

俚语也为惠特曼提供了能够充分整合他政治和审美观念的隐喻,"证明了人们话语中某种欣欣向荣的新教(protestantism)精神";因此,它从一开始就预示了"平民大众"(commonalty, en - masse)在政治和美学上的最后胜利。但是如果像惠特曼认为的那样,俚语是语言的生命因子,它也与一个更加深刻的事实相契合,那就是,无论过去还是现在,艺术的力量总是起源于平民大众。这就如同赫尔德所指出的那样,诗人的工作是利用民间遗产来重塑民族文学传统。

通过了解赫尔德的民间歌谣意识形态,惠特曼表现出来的民族主义祛除了肤浅的沙文主义思想。赫尔德传授给青年歌德的知识,为惠特曼努力发掘美国文学之根提供了指导意义。就像民间歌谣在赫尔德关于诸文明在历史上互相平等的原则中扮演着重要角色一样,惠特曼也为这种超越了美国经验种种限制的"神圣平等"(divine average)而欢呼。事实上,惠特曼对民间艺术价值的态度(体现为他对在美国诗歌中运用本土方言的肯定),提供了一条通向他诗文中流露的兄弟情谊(brotherhood)的明晰线索。很有意思的是,当批评家发现难以理解惠特曼的民族主义热情时,他们也同样无法解释惠特曼的国际主义思想。比如,考雷就曾认为,惠特曼作品中"充满着毫不相干的陈述、暗示和感性表达……这在哲学层面上是危险的,因为它们有任何可能"。[①] 在考雷所做的"(惠特曼的)倾向上的争议"条目中,第一组出现的就是民族主义和国际主义。为减少这种不一致性带来的误导,考雷发现惠特曼热衷于兄弟情谊的根源是他的同性恋观念或孤独感,

---

[①] 考雷编,《惠特曼诗歌散文全集》卷一,前揭,页26。

这导致惠特曼走向了一种"兄弟情谊,或对世界上被抛弃者、患病者和被拒绝者的认同",就像其他批评家认为的那样,这与他贵格会教徒(Quaker)的背景或受到爱默生的影响有关联。也许,所有这些对惠特曼的描述会最终使他成为他该成为的那个人物。

但是,看起来每一种看法都正确地认为,惠特曼的确从赫尔德的民族文化思想中发现了人类兄弟情谊的主要精神资源。赫尔德认为,民族文化植根于民间艺术,是通向国际的、普遍的文化进程中的一个阶段,这种观念给予惠特曼的思想一种新的活力,使他转入一种开阔的民主意识形态,这种意识形态至少在理论上构成了美国独特的使命,即实现那个关于平等主义的古老预言。具有讽刺意味的是,这一野性的呼唤宣告的是一个不需要"贵族"和旧世界尊重的国家,而这个国家现在已经成了一个有能力建立世界范围内兄弟情谊的社会。但这种观念在很大程度上确实依赖于赫尔德的民间歌谣意识形态。对惠特曼(也包括他之前的赫尔德)来说,民族主义是国际的、全人类的文化发展的一个阶段。民间艺术(歌谣或方言发音)意味着民族文学得以建立的可能,同时也是一种对终极阶段的预示,那是一条"远不仅到达印度的道路"。正如惠特曼所说:

> 近来,我曾考虑三十八个州集合在一起的终极意义。它不仅意味着他们相互之间实践上的友好关系……也是覆盖全世界的友好关系——多么炫目和深邃的时代梦想啊!的确,在这片闪耀着独特光芒的土地上,我想看到,或者期望看到的,不是地理上或共和制度上的伟大,也不是财富和各种商品,更不是武装或海军实力……而是更广阔、更理性、无处不在的同志情谊(Comradeship),它不仅能够团结美国各州,也能团结所有民族、所有人类。[①]

[①] 考雷编,《惠特曼诗歌散文全集》卷二,前揭,页303。

当代赫尔德研究综述

赞米托（John H. Zammito）、曼格斯（Karl Menges）、
曼兹（Ernest A. Menze） 撰
张琼予　胡佳竹　译

近二十五年来，学术界兴起了一股名副其实的赫尔德研究热，这股热潮的大本营在德国，但影响又不囿于此。[①] 这篇综述的目的即在于，对这一研究的复兴的丰硕成果与盎然生机稍作总结，亦希望借此说服美国学界的同僚们：他们依然在批评赫尔德的"非理性主义"、沙文主义甚至种族歧视的民族主义，批评他哲学上的幼稚和文字上的

---

① 最近，两部新的赫尔德作品完整注释版问世，它们是十卷本《文集》和普洛斯（Wolfgang Pross）编的《赫尔德作品集》（*Johann Gottfried herder Werke*, Munich, Vienna: Hanser, 1984, 1987, 2002. 以下简称《作品集》），这套书是3卷本：第1卷是《赫尔德与狂飙突进运动，1764-1774年》（*Herder und sturm und Drang, 1764-1774*）；第2卷是《赫尔德与启蒙的人类学》（*Herder und Anthropologie der Aufklärung*）；第3卷第1部分是《人类历史哲学的观念（文本部分）》（*Ideen zur Philosophie der Geschichte der Menschheit, Text*）；第3卷第2部分是《人类历史哲学的观念（注释部分）》（*Ideen zur Philosophie der Geschichte der Menschheit, Kommenta*）。当然，祖凡编的33卷《全集》仍是无可取代的。此外，还应注意到国际赫尔德学会所赞助的那些出版物——这不仅包括该学会的会刊《赫尔德年鉴》（*Herder Jahrbuch*），还有许多会议论文集，这些出版物都广泛探讨了赫尔德的文本及其语境当中出现的诸多问题，本文也将提及其中一些。请参见最近编撰的《赫尔德作品指南》（*A Companion to the Works of Johann Gottfried Herder*, ed. Hans Adler & Wulf Koepke, Rochester: Camden House, 2009）。

浮夸，这些毫无根据的意见时至今日也是时候平息了。而后世对德意志启蒙运动的重构，由于过分尊崇康德，以致重心多落脚在理性主义（rationalist），这就无意间埋没了包括赫尔德在内的诸多其他人的努力，好在当下的史学研究也正使他们昔日的贡献重见天光。[①] 在18世纪末的德意志，"真实的启蒙运动"绝不仅仅是康德批判哲学一家之天下。[②] 我们对于"启蒙"思想必须有更加多元化的认识。[③] 近年来学界对赫尔德研究兴趣的复兴，亦使他在两方面的作用得以凸显。首先是赫尔德思想对紧接其后诞生的文化和社会科学的贡献。对赫尔德这一贡献的肯定，后来延伸到了诸多人文学科的历史中，[④] 这一做法

[①] 可参看卡西尔的《启蒙哲学》(*The Philosophy of the Englightenment*, Princeton: Princeton University Press, 1951) 对这一概念的论述。作为参考，康迪里斯（Panajotis Kondylis）的《现代理性主义框架下的启蒙》(*Die Aufklärung im Rahmen des neuzeitlichen Rationalismus*, Stuttgard: Klett-Cotta, 1981) 也十分引人注意。

[②] 施耐德尔斯（Werner Schneiders），《真正的启蒙：论德意志启蒙的自我认识》(*Die wahre Aufklärung: Zum Selbstverständnis der deutschen Aufklärung*, Freiburg: Alber, 1974)；戈代（Rainer Godei），《成见 - 人类学 - 文学：作为18世纪自我启蒙之模式的成见话语》(*Vorurteil - Anthropologie - Literatur: Der Vorurteilsdiskurs als Modus der Selbstaufkla rung im 18. Jahrhundert*, Tübingen: Niemeyer, 2007)。

[③] 以撒勒，《激进的启蒙运动：哲学与现代性的产生，1650–1750年》(*Radical Enlightenment: Philosophy and the Making of Modernity 1650–1750*, Oxford: Oxford University Press, 2001)；《启蒙之争》(*Enlightenment Contested*, Oxford: Oxford Press, 2006)；亨特（Ian Hunter），《启蒙之敌：现代早期德意志的公民哲学与形而上学》(*Rival Enlightenments: Civil and Metaphysical Philosophy in Early Modern Germany*, Cambridge: Cambridge University Press, 2001)。

[④] 卡尔哈特（Michael Carhart）在其《启蒙时期德意志的文化科学》(*The Science of Culture in Enlightenment Germany*, Cambridge, Mass: Harvard University Press, 2007) 一书中讨论了其中一些问题。更宽泛的介绍，可参见沃尔凡德（Larry Wolffand）与齐珀伊洛尼（Marco Cipolloni）所编的《启蒙时期的人类学》(*The Anthropology of the Enlightenment*, Stanford: Stanford University Press, 2007)。

并未偏离主线。但问题在于,这些学科对赫尔德贡献的溯源仍未得到有效整合,以充分印证其影响之深远。其次,对赫尔德本人而言,"人的科学"(science of man)也是自然科学的一种。自康德以降,直到最近,人文学科和自然科学的分野而治,一直是时代的鲜明特征,但对赫尔德来说这一鸿沟并不存在。就如阿德勒所言,"在赫尔德看来,自然、人类学研究和人的历史是一体的"。① 因此,对于赫尔德贡献的认识,应还有另外一层甚至更引人注目的方面,即他和同时代冉冉兴起的自然科学的互动关系。

一般来说,赫尔德对于诸种"阐释型"的文化和社会科学的重要贡献已得到公认,这尤其体现在文化人类学、史学、文学—哲学解释学等方面。在2006年召开的一次以赫尔德与人类学为主题的学术会议中,佛斯特出色地描述了赫尔德推动文化人类学诞生的线索。② 其他学者对赫尔德的这一影响也有深入研究,尤以人类学史研究泰斗斯托金(George Stocking)的建树最丰。③ 至于史学领域,赫尔德对历史主义的影响已得到了相当丰富的研究,由斯达尔德曼和梅尼克发展的历史主义概念,掺杂了德意志民族主义、非理性主义和激进相对主义等思想,因而存在诸多硬伤,这些思想绝不能理所当然地反推到赫

---

① 阿德勒,《赫尔德的"人性"概念》("Johann Gottfried Herder's Concept of Humanity"),载《18世纪文化研究》(*Studies in Eighteenth-Century Culture*, 23[1994]),页55–74,引文始自第63页。

② 佛斯特这篇文献提交于新挪威文化综合研究中心举办的"赫尔德与人类学会议"(2006年5月于挪威奥斯陆大学)。

③ 斯托金,《作为方法与伦理的民众精神:论博厄斯式的民族学和德国人类学传统》(*Volksgeist as method and ethic: Essays on Boasian ethnography and the German anthropological tradition*, Madison: University of Wisconsin Press, 1996),又见博尔斯(Gerald Borce),《赫尔德与民族学》("Herder and Ethnography"),载《行为科学史杂志》(*Journal of the History of the Behavioral Sciences*, 22[1986]),页150–170。

尔德这里。① 不过，人们也不必全盘接受特里格尔（Claus Träger）的观点，把赫尔德的作用仅视为一种"传说"。② 关于赫尔德对现代史学诞生的重要意义，依姆舍尔（Hans Dietrich Irmscher）有过令人信服的论述。③ 而在文学—哲学解释学领域，不少当代评论者都将赫尔德奉为"语言转向"（linguistic turn）乃至后现代主义的先声。本文的第二部分会重点谈到这个问题。

然而，赫尔德意欲通过他作为诗人的感性思维打通自然科学领域的倾向，也为他招致了不少奚落，从18世纪80年代康德的猛烈抨击，直到最近对赫尔德与自然科学之关系论述最全面的英文著作，即奈斯比特撰写的《赫尔德与科学的哲学和历史》（*Herder and the Philosophy and History of Science*），都对赫尔德持相近态度。当然，赫尔德本人并非自然科学家，他只是倾力于借由当时自然科学的发

---

① 斯塔尔德曼，《赫尔德的历史感觉》，前揭，页928；梅尼克，《历史主义的兴起》，前揭。

② 特里格尔，《德意志历史主义中的"赫尔德传说"》（*Die Herder - Legende des deutschen Historismus*, Frankfurt: Verlag Marxistische Blätter, 1979），又见伊格尔斯（George Iggers），《德意志的历史观念：从赫尔德至今的历史思想的民族传统》（*The German Conception of History: The National Tradition of Historical Thought from Herder to the Present*, Wesleyan University Press, 1983）。

③ 依姆舍尔，《1774年前赫尔德历史哲学的基本问题》（"Grundfragen der Geschichtsphilosophie Herders bis 1774"），见《关于赫尔德的巴克伯格会谈，1783》（*Bückeburger Gespräche über Johann Gottfried Herder 1783*, Bösendahl: Rinteln, 1984），页10-32；《康德与赫尔德关于历史哲学的争论》（"Die geschichtsphilosophische Kontroverse zwischen Kand und Herder"），见《哈曼—康德—赫尔德》（*Hamann - Kant - Herder: Acta des 4. Internationalen Hamann - Kolloqiums im Herder - Institut zu Marburg/Lahn 1985*, Frankfurt: Peter Lang, 1987），页111-192。又见赞米托，《赫尔德与历史元叙事：历史的哲学性为何》（"Herder and Historical Metanarrative: What's Philosophical About History"），见《赫尔德作品指南》，前揭，页65-92。

展,推动人类之哲学史的诞生。① 帕尔提就指出:

> 关注赫尔德时代的自然科学研究,有利于澄清赫尔德历史观的基本部分。反之,对于赫尔德哲学的分析,亦有助于我们更好地理解当时"自然科学的发展"。②

赫尔德思想的核心在于坚信自然和(人类)历史之间并不存在绝对的界限。依姆舍尔强调:

> 令人瞩目的是,在谈及神的自由和那些依照祂的形象被造的人的自由时,赫尔德丝毫没有弥合自然与文化之间分歧的意图。相反,他只诉诸于一种持续不断、纯粹内在的历史转变与连贯性。③

在赫尔德看来,人类的确是一种独特的存在,但也是自然之中的存在。这是赫尔德研究中一个决定性的新前景(vantage)。④ 在这方面,普洛斯的研究对于推进这一根本性的再评价居功至伟。由他编纂附注的赫尔德名作《人类历史哲学观念》(*Ideen zur Philosophie der*

---

① 康德,《赫尔德〈人类历史哲学观念〉评论,第一、二部分》(*Recensionen von J. G. Herders Ideen zur Philosophie der Geschichte der Menschheit*, Theil 1, 2, Berlin: Akademie Ausgabe, 1903ff, 8: 43–66); H. B. Nisbet,《赫尔德与科学的哲学和历史》(*Herder and the Philosophy and History of Science*, Cambridge: Modern Humanities Research Association, 1970)。
② [译按] 见本书所收帕尔提文章。
③ 依姆舍尔,《历史哲学的基本问题》,前揭,页 27。
④ 见赞米托,《"方法"还是"方式"?在科学时代视角下看康德对赫尔德〈人类历史哲学观念〉的批评,1790–1820》("'Method' versus 'Manner'? Kant's Critique of Herder's Ideen in the Light of the Epoch of Science, 1790–1820"),载《赫尔德年鉴》(*Herder Jahrbuch/ Herder Yearbook*, Stuttgart: Metzler, 1998),页 1–25。

Geschichte der Menschheit [1784-1791])是一个里程碑式的新版本，本文最后一部分将讨论这版著作。

一 "人类学转向"与赫尔德的启蒙运动

赫尔德最提纲挈领的疾呼，或许出现在他1765年的一段早期文字中：

> 但愿我们的哲学彻底变成人类学，不然会错过多少丰硕的新成果啊！①

的确，近期与18世纪德意志相关的学术研究最重要的特点之一，就在于该世纪后半叶出现了"人类学"的转向。②

---

① 赫尔德，《问题：对普通民众而言如何让哲学更加实用和普适》("Problem: wie die Philosophie zum Besten des Volkes allgemeiner und nützlicher werden kann")，《文集》卷一，前揭，页132。

② "人类学"主题已成为过去二十年来学术研究最关心的问题。更多综述性文献，参见里德尔（Wolfgang Riedel），《德意志启蒙运动晚期人类学和文学研究状况概览》("Anthropologie und Literatur in der deutschen Spätaufklärung. Skizze einer Forschungslandschaft")，收于《德语文学社会历史国际档案》(*Internationales Archiv für Sozialgeschichte der deutschen Literatur*, Tübingen: Niemeyer, 1994)，页93-157。关于德国人类学的起源问题，可参见林顿（Monika Linden）的《18世纪人类学概念之研究》(*Untersuchungen zum Anthropologiebegriff des 18. Jahrhunderts*, Bern/Frankfurt: Lang, 1976)；卡泽（Andreas Käuser）的《18世纪人类学和美学》("Anthropologie und Ästhetik im 18. Jahrhundert")，载《18世纪》(*Das achtzehnte Jahrhundert*)，14（1990），页196-206；巴克霍夫（Jürgen Barkhoff）和萨加拉（Eda Sagarra）所编的《1800年前后的人类学和文学》(*Anthropologie und Literatur um 1800*, Munich: Iudicium Vlg, 1992)；法尔（Katherine Faull）所编的《人类学和德意志启蒙运动——对人性的不同审视》(*Anthropology and the German Enlightenment: Perspectives on Humanity*, Lewisburg, Penn.: Buckneil University Press, 1995)；芬克（Karl J. Fink），《狂飙突进运动的人类学》("Storm and Stress Anthropology")，载《人类

辛斯（Hans‑Jürgen Schings）编纂的论文集《完整的人》（*Der ganze Mensch*）为此提供了显著论据。① 在这本书中，辛斯和合作的编辑一共划出了四大研究领域："关于身心问题的新讨论"，"关于人类本质的新经验"，关于审美感性能力的新观点，以及最后特别提到的文学人类学（literary anthropology）。② 其中第一个题目横跨了形而上学和经验两个层面对身心交互作用的考量（"实证心理学"）。第二个题目涉及 18 世纪与医学相关的多个新兴研究领域，如面相学、营养学、气质学、有关精神病的新观念、动物磁性学等。第三个主题涵括诸如天才和想象力、崇高感和美感、迷狂（Schwärmer）等问题。在最后一个选题内，旅行文学以及新兴的心理学化的小说（new psychologic novel）理应得到特别的注意。值得瞩目的是，该书编者辛斯以及诸多供稿者都视赫尔德为"我们学术事业中的一个尽管未获正名，实则无所不在的先驱者"。③

在其编选的《作品集》其中一卷《赫尔德与启蒙的人类学》里，普洛斯对人类学在赫尔德著作中的核心地位做出了有力论证，同时他也含蓄提到了赫尔德自身在人类学诞生过程中的核心地位。④ 赫尔德认为，

> 人类是情感、想象和理解力的综合体。而最具决定性的一点就是，人类是历史的造物。⑤

科学史》（*History of the Human Sciences*），6（1993），页 51‑71；赞米托，《康德、赫尔德与人类学的诞生》（*Kant, Herder and the Birth of Anthropology*, Chicago: University of Chicago Press, 2002）。

① 辛斯编，《完整的人：18 世纪的人类学和文学》（*Der ganze Mensch: Anthropologie und Literatur im 18. Jahrhundert*, Stuttgart: Metzler, 1994）。
② 辛斯，《编者导言》，《完整的人》，前揭，页 2‑4。
③ 辛斯编，《完整的人》，前揭，页 8。
④ 见普洛斯所撰的《作品集》卷二的"结语"，前揭，页 1128‑1216。
⑤ 威斯贝特（Rainer Wisbert），《对〈我的 1769 年旅行日志〉的评论》（"Commentary on Journal meiner Reise im Jahre 1769"），《文集》卷九，前揭，页 877。

就此，赫尔德在他个体维度的实证心理学研究和他的物种演变史的研究这两者之间找到了充分的同质性：

> （物种意义上的）人类和（个体层面的）孩童具有很多相似之处。①

尽管是以经验研究的方式，赫尔德依然致力于解释人类的总体经验，并试图从人的感官层面找到相关论据。他提出了一种基于各个感官的不同特性的发展心理学理论，并且在美的艺术（fine art）对不同感官产生吸引力的具体形式特征中找到了证明。② 如普洛斯所说，这是"赫尔德的人类学命题的核心：内与外相互联结在一起……生理的表达无一不是立即以'精神的'、以作为心理的再加工过程中的象征显现出来的"。③

在将赫尔德长期贬为"哲学研究的半吊子"之后，学界终于浮现了这样一些著作，它们不遗余力且如其所是地还原赫尔德在哲学领域的贡献。在这方面，盖尔、阿德勒和海因茨（Marion Heinz）的近作

---

① 赫尔德，《批评之林》"第四林"，《文集》卷二，页325。海因茨（Marion Heinz）评注说："人类获得个性的方式同个体是相同的。"引自氏著，《历史主义或形而上学？论赫尔德的市民历史哲学》（"Historismus oder Metaphysik? Zu Herders Bückeburger Geschichtsphilosophie"），参见《赫尔德：历史和文化》（*Johann Gottfried Herder: Geschichte und Kultur*, ed. Martin Bollacher, Würzburg: Königshausen & Neumann, 1994），页75-86，引文始自页83。

② "因此，视觉印象经过再加工，就产生了距离、空间和实体等观念。听觉印象被加工后，就制造了延续性的呈现，并由此生发了时间的呈现。最后通过触觉的感知，人得以呈现整一性、多样性和因果关系。"引自普洛斯对《批评之林·第四林》的评注，见《作品集》卷二，页876。

③ 见普洛斯对《关于沃尔夫、鲍姆嘉登与莱布尼茨的片段》（"Fragmente über Wolff, Baumgarten und Leibniz"）的评注，《作品集》卷二，页852。

可谓具有里程碑的意义。① 赫尔德发展了一种不同的哲学观，一种"人类最大认知范围内的哲学"。② 就如海因茨所言，

> 赫尔德将休谟所持人类认知有限的观念同由此得出的怀疑论相分离后，为哲学贡献了一种新的方向：这是一种对有限认知主体的有机化（organization）的界限或其他可能性的不带偏见的描述。③

这里的主要论点在于，赫尔德认为哲学并不是实证研究的基础，相反，"哲学是所有实证科学通往的顶点"。④ 就"人类学转向"而言，我们现在无疑可将其视为德意志启蒙运动的一个核心任务，而非它的对立面。

赫尔德同启蒙运动的关系历来是一个争议很大的问题。⑤ 要想达

---

① 盖尔，《赫尔德的语言哲学与认识论》（*Herders Sprachphilosophie und Erkenntniskritik,* Stuttgart / Bad Cannstatt: Frommann & Holzboog, 1988）；阿德勒，《幽中见微：赫尔德的灵知学、美学和历史哲学》（*Die Prägnanz des Dunklen: Gnoseologie, Ästhetik, Geschichtsphilosophie bei J. G. Herder,* Hamburg: Meiner, 1990）；海因茨，《感性观念论：青年赫尔德（1763-1778）知识论研究》（*Sensualistischer Idealismus: Untersuchungen zur Erkenntnistheorie des jungen Herder [1763-1778],* Hamburg: Meiner, 1994）。
② 阿德勒，《幽中见微：赫尔德的灵知学、美学和历史哲学》，前揭，页84。
③ 海因茨，《感性观念论》，前揭，页14。
④ 海因茨，《感性观念论》，前揭，页14。
⑤ 这就如我们在伯林原文的题目中所看到的那样，见伯林，《赫尔德与启蒙运动》（"Herder and the Enlightenment"）。该文最初收于《启蒙时代的诸面相》（*Aspects of the Eighteenth Century,* ed. Earl Wasserman），后重刊于《恰当的人类研究》（*The Proper Study of Mankind,* New York: Farrar, Straus, and Giroux, 1997），页359-434。但更综合地来看，对赫尔德研究而言，阿德勒对于该问题的研究更有突破性，见《赫尔德与德意志启蒙运动》（*Herder und die deutsche Aufklärung,* Vienna: Europa, 1968）。

成共识，就需对启蒙本身进行更细致入微的理解。1981年出版的《民族国家语境中的启蒙》一书曾提出，在启蒙运动中，不同民族国家形成的路径存在诸多差异，这一点可以通过该运动在多个不同民族国家的具体表现而得以认识。① 这种方式更注重用辨析差异的视角来探讨那个时代的国际关系。② 它使启蒙运动史的书写更敏锐地关注该运动内部在单一民族国家或跨国语境中产生的各种发展变化以及诸种纷争。其结果是，我们对历史上的启蒙运动的理解变得更为深入系统。

根据伯林广受认可的看法，赫尔德被以一种不那么显著的方式归为"反启蒙"（Counter‑Enlightenment）阵营的一员。伯林的"反启蒙"是一个元浪漫主义（proto‑Romanticism）的概念。③ 但这不

---

① 波特（Roy Porter）和泰西（Mikulas Teich）合编，《民族语境中的启蒙》(*The Enlightenment in National Context*, Cambridge: Cambridge University Press, 1981)。

② 见斯坦纳（Uwe Steiner）、威亨格（Brunhilde Wehinger）、施密特-哈贝凯普（Barbara Schmidt‑Haberkamp）合编的《18世纪欧洲的文化传播：欧洲各国文学抑或欧洲的文学？》(*Europäischer Kulturtransfer im 18. Jahrhundert. Literaturen in Europa ‑ europäische Literatur?*, Berlin: Berliner Wissenschafts‑Verlag, 2003)。确实，不少史学家达成共识，认为18世纪的德意志人在自觉地效法苏格兰启蒙主义者，见莫瑞尔（Michael Maurer），《德意志启蒙与亲英派》(*Aufklärung und Anglophilie in Deutschland*, Göttingen: Vandenhoeck & Ruprecht, 1987)；瓦沙克（Norbert Waszek），《苏格兰启蒙运动和黑格尔对市民社会的描述》(*The Scottish Enlightenment and Hegel's Account of Civil Society*, Dordrecht, Boston: Kluwer, 1988)；奥兹-沙茨贝尔格（Fania Oz‑Salzberger），《翻译启蒙：苏格兰市民话语在18世纪的德意志》(*Translating the Enlightenment: Scottish Civic Discourse in Eighteenth ‑ century Germany*, New York: Oxford University Press, 1995)。

③ 伯林，《反启蒙》("Counter‑Enlightenment", 1973)，重刊于《反潮流》(*Against the Current*, Harmondsworth: Penguin, 1979)，页1‑25。伯林在分别写完有关维柯、赫尔德和哈曼的论文的近十年后才提出这个概念，当时他正开始考虑研究雅各比（Friedrich Heinrich Jacobi）。正是因为想将前述四个人物联系到一起，并钩沉出一部受他们思想启发的庞杂接受

是一个简单反对传统主义者的问题——就如后来《法国反启蒙运动》(*French Counter - Enlightenment*)这本书所处理的那样（比如在对待耶稣会或者参议院时）。^①恰恰相反，这些所谓的敌人很富有创见，只是他们致力于不同的（如表现主义的）方向而已。^② 为了论证"反启蒙"这个概念，伯林对启蒙运动采取了一种简笔画式的勾勒，当然他也深知这种论证并不充分。^③ 其中最大的问题在于，他将"狂飙突进"（Sturm und Drang）这一德意志的文学运动与启蒙运动的其他部分对立起来。

史，伯林才提炼出"反启蒙"（Counter - Enlightenment）这个概念。这一构想在《维柯与赫尔德》（Berlin, *Vico and Herder*, New York: Viking, 1976）中得到了详尽的说明和论证。1977 年，一篇重要的文献加入进来——《休谟与德意志反理性主义的起源》（"Hume and the Sources of German Anti - Rationalism", 1977），重刊于《反潮流》，页 162-187。这篇文献详细阐述了雅各比在伯林叙事线索当中的位置。

① 梅克曼（Darren McMahon），《启蒙之敌：法国反启蒙运动和现代性的形成》（*Enemies of the Enlightenment: The French Counter - Enlightenment and the Making of Modernity*, New York: Oxford University Press, 2001）。

② 有关伯林"反启蒙"概念更深入的讨论，见赞米托，《赫尔德、狂飙突进运动与"表现主义"：其接受史中出现的问题》（"Herder, Sturm und Drang, and 'Expressivism': Problems in Reception- History"），载《研究生学院哲学杂志》（*Graduate Faculty Philosophy Journal*, 27 [November, 2006]），页 51-74。

③ 沃克勒同情地批评道："对于我们这些研究 18 世纪不同领域，同时又很欣赏伯林学术成就的人来说，他只靠三条线索撑起他对一个单调的启蒙运动的描述，这种做法不仅是令人尴尬而已，特别是这种建构似乎会遭到一种普洛克路斯忒斯（Procruste）式的解构，在这之后，就只会为其不同的对立面提供更丰富的解读方式。"见氏著，《伯林的启蒙与反启蒙》，（"Isaiah Berlin's Enlightenment and Counter - Enlightenment"），收于《伯林的反启蒙》（*Isaiah Berlin's Counter - Enlightenment*, ed. Joseph Mali and Robert Wokler, Transactions of the American Philosophical Society, 93 [2003]），页 13-33，引文始自第 18 页。

狂飙突进运动有一段离奇的接受史。一般来说，这个术语指的是一场自18世纪70年代开始在文学戏剧领域发生的运动，最晚延续到了80年代初。虽然只是昙花一现，但这场运动的历史意义主要体现于它同欧洲浪漫主义和德国民族主义之间的联系。与这个术语相关的接受史，通常把狂飙突进运动过分简化为正统启蒙运动臭名昭著的对立面。作为回应，一个世纪后，流行于19世纪末尤其是20世纪初的民粹的（völkisch）德国民族主义思潮，为了公开反对"老生常谈"的西方启蒙运动，才将康德式启蒙的推崇者们所攻击的"非理性主义"吹捧为正统德意志民族精神的来源。[1] 然而，我们绝不能把18世纪德意志地区这种文化民族主义式的自信，曲解为后来德意志第二帝国的沙文主义心态。而令人遗憾的是，英语学术圈在重构18世纪德意志狂飙突进运动、浪漫主义思潮和赫尔德其人时，恰恰就是这么做的。[2] 正因赫尔德是狂飙突进运动的领袖之一，他也就被迫成了启蒙运动的公敌。[3] 为此，过去三十年时间里，对赫尔德研究来说——特别是在国际赫尔德研究协会支持下，最重要的工作也就在于消除这种误解。[4]

---

[1] 贝克尔（Bernhard Becker），《德意志对赫尔德的接受：意识形态批判研究》（*Herder - Rezeption in Deutschland: Eine ideologiekritische Untersuchung*, St. Ingbert: Röhrig, 1987）。

[2] 一个重要的例子可参见帕斯卡（Roy Pascal），《德意志狂飙突进运动》（*The German Sturm und Drang*, New York: Philosophical Library, 1953）。关于更多背景的介绍，见阿伦斯（Katherine Arens），《"时代精神"：同盟国的启蒙运动与德意志文学史》（"Geister der Zeit: The Allies' Enlightenment and German Literary History"），载《英德语文学杂志》（*Journal of English and Germanic Philology*, 102 [2003]），页336-361。

[3] 阿德勒，《赫尔德的"人性"概念》（"Johann Gottfried Herder's Concept of Humanity"），载《18世纪文化研究》（*Studies in Eighteenth - Century Culture*, 23 [1994]），页55-74，引文始自第63页。

[4] 正是如此，莱斯蒂逊（Steven Lestition）和该协会现任会长诺顿（Robert Norton）的论争中折射出诸多针对赫尔德重新流行的误读，吸引了协

伯林过度夸大了狂飙突进运动和启蒙时期（Aufklärung）的格格不入，这使他在对赫尔德的具体重构方面出现了问题。最近的研究则认为，狂飙突进运动理应被视为启蒙运动内部的一段发展过程，而不是完全的背离。① 萨德尔（Gerhard Sauder）简约而有力地阐释过这一延续性，他将狂飙突进运动看作启蒙运动的"动力和内部批判"。② 这"动力"迫使它必须面向更广泛的公众开展启蒙，也促使启蒙者们在运动中进行自我反思。换句话说，狂飙突进运动确实是18世纪70年代德意志启蒙时期风靡一时的"通俗哲学"（Popularphilosophie）的组成部分，但它也是[对启蒙]的"内部批判"，它质疑的是启蒙运动——不只是法国的，可能尤其是德意志境内的——力所不逮或甚至背离自身理念和愿景的那些做法；这种批评主要来自那些有社会地位的青年才俊。③ 歌德在他的感伤主义小说《少年维特之烦恼》里就捕捉到了这一点。歌德及其同侪在1772年《法兰克福学报》（*Frankfurter Gelehrten Anzeigen*）上的那些书评中对此更是直言不讳。④

会众多成员的关注，同时亦促成了本篇论文的写作。见诺顿，《反启蒙的神话》（"The Myth of Counter-Enlightenment"），载《赫尔德年鉴》（*JHI*, 68 [2007]），页635–658；莱斯蒂逊，《对启蒙运动的反对、颠倒或者否定——回应诺顿》（"Countering, Transposing, or Negating the Enlightenment: A Response to Robert Norton"），《赫尔德年鉴》（*JHI*, 68 [2007]），页659–681；诺顿，《伯林的"表现主义"，或："你就是那抱怨鬼！"》（"Isaiah Berlin's 'Expressionism,' or: 'Ha du bist das Blöckende!'"），载《赫尔德年鉴》（*JHI*, 69 [2008]），页339–347。

① 这也是卢塞克（Matthias Luserke）在他的《狂飙突进运动：作者·文本·主题》（*Sturm und Drang: Autoren-Texte – Themen*, Stuttgart: Reclam, 1977）和希尔（David Hill）在他所编的《狂飙突进运动的文学》中体现的立场。

② 萨德尔，《狂飙突进运动和18世纪的分期》（"The Sturm und Drang and the Periodization of the Eighteenth Century"），收于《狂飙突进运动的文学》，前揭，页309–332。

③ 莱德纳（Alan Leidner），《焦急的缪斯》（*The Impatient Muse*, Chapel Hill: University of North Carolina Press, 1994）。

④ 丹科（Hans-Dietrich Dahnke），《1772年创办之〈法兰克福学报〉

最后，将狂飙突进运动仅仅理解为仇法的民族主义，未免太过简单化。对于德意志狂飙突进运动而言，法国启蒙思想至关重要，我们很难想象，缺少了卢梭和狄德罗极具建设性的思想输入，这场运动会是什么样。① 当然，它的目标仍在于建设德意志自身的文学文化，为了实现这一目的，必须从亲法力量的统治中走出。这些亲法力量主要来自弗里德里希二世的柏林宫廷和莱比锡的新古典主义主教戈特舍德（Gottsched）。然而这绝不是说，这场德意志文化运动不愿同法国（还有英国）发生任何联系。赫尔德在确立德意志民族文化自信的来源时，显然也是一个世界主义者，他明确借用了法国和英国的资源，并提出"要充分地将英国文化的节制、法国文化的智慧、意大利文化的明朗和德意志文化的勤勉结合起来"。② 因此，他致力于"使沙夫茨伯里们和洛克们加入我们的莱布尼茨的行列，使斯特恩、福斯特和理查逊们加入我们的斯帕尔丁当中，使布朗和孟德斯鸠们加入我们的门德尔松当中"。③

拜泽尔的观点较为公允：

> 赫尔德已被年轻的康德争取到了启蒙运动的事业里。然而终

的意图与结果》("Intentionen und Resultate des Jahrgangs 1772 der Frankfurter Gelehrten Anzeigen")，收于《狂飙突进运动：从文学之镜看 1770–1790 年间的精神觉醒》(*Sturm und Drang: Geistiger Aufbruch 1770–1790 im Spiegel der Literatur*, ed. Bodo Plachta and Winfried Woesler, Tübingen: Niemeyer, 1997)，页 233–248。

① 巴达（Anne baada），《狄德罗与狂飙突进运动》("Diderot und der Sturm und Drang")，收于《狂飙突进运动：从文学之镜看 1770–1790 年间的精神觉醒》，前揭，页 23–40；伍特诺（Ralph-Reiner Wuthenow），《狂飙突进运动中的卢梭》("Rousseau im 'Sturm und Drang'")，收于《狂飙突进运动》(*Sturm und Drang*, ed. Walter Hinck, Kronberg: Athenäum, 1978)，页 14–54。另见普洛斯编《作品集》卷二"赫尔德与狂飙突进运动"。

② 赫尔德，《论研究诸博雅语言的勤勉》("On diligence in the study of several learned languages")，收于《赫尔德早期著作选》，前揭，页 32。

③ 《文集》卷九，页 33。

其一生,赫尔德都是一个具有深刻自我批判意识的启蒙者,而且他在很大程度上接受了哈曼的影响。

赫尔德同哈曼的关系远比这话所说的复杂,因为"到头来,是康德对他的影响占据了上风"。① 也就是说,

> 如果我们一言以蔽之地概括赫尔德如何吸收哈曼的思想,我们只能说他使之世俗化了。即他用自然主义的术语对它进行阐释,并用理性为其正名。②

这种说法已经准确把握到了他们的关系,也在赫尔德同"反启蒙"之间撕开了一道大口子。沃克勒(Robert Wokler)评论道:

> 虽然阿尔斯莱夫(Hans Aarsleff)批评伯林有关赫尔德的评价时,语气如此严厉,我还是很倾向于同意他的观点,即赫尔德和哈曼在思想上的差异判若云泥。③

的确如此,即便用伯林的"反启蒙"概念,也很难对这一差异进行笼而统之的弥合。

---

① 拜泽尔,《赫尔德的政治理论》("The Political Theory of J. G. Herder"),收于氏著《启蒙、革命与浪漫主义:现代德意志政治思想的起源(1790-1800)》,前揭,页195。
② 拜泽尔,《启蒙、革命与浪漫主义:现代德意志政治思想的起源(1790-1800)》,前揭,页192。
③ 沃克勒,《以赛亚·伯林的启蒙与反启蒙》,前揭,页20。见阿尔斯莱夫,《维柯和柏林》("Vico and Berlin"),载《伦敦书评》(*London Review of Books*, 5-18, November 1981),页6-7。

二 赫尔德的元批评转向与"解释学情境"

认识到赫尔德与启蒙运动的关系所具有的诸种争议,我们就得到了一个全新的史学坐标,从而得以在历史维度内重新梳理理性主义话语,并注重用批判的眼光建构这一哲学谱系。① 正是那批启蒙哲学家的存在,使赫尔德成了狂飙突进运动中的所谓外交大使,他们中最重要的一群人就是"巴黎哲学家"②——这个群体集结了蒙田、培尔、狄德罗、伏尔泰等人,笛卡尔也包括在其中。在赫尔德看来,这群伟大思想家所处的时代,可以定义为"适于怀疑并兴风作浪的伟大世纪"。在这些法国先锋哲学家中,最流行的"风尚"就是"怀疑",但他们同时也被赫尔德斥为彻底的怀疑主义者,"所有的怀疑论者"都在用一种逻各斯中心主义的方法,对"世界历史"③进行普世主义的建构。

在这里,赫尔德批评的是彻底的怀疑主义所必然内含的教条主义。通过质疑一切可疑之物,怀疑论者试图揭露它的反面,即在一切理论探讨中充当前提的这一不可怀疑之物。当然,正是笛卡尔在他的《谈谈方法》(*Discourse on Method*, 1637)中指出,人们必须对所有依赖感觉的经验知识进行怀疑,以利于命题的分析,这种思维方式才无可怀疑,才兼具普适性。这一著名论断预示了后来康德的先验转向,其中有两个要点:首先是有关永恒人性的信念,基于这种信念,历史便不再属于偶然而"非科学"的经验世界;然而,人类也随之从这些偶然性中挣脱出来。这一过程即是启蒙,它包括了从迷信到进步和社

---

① 见赫尔德关于伏尔泰以自然神论为基础的《历史哲学》(*Philosophie de l'histoire*)(1765)的富有争议性的观点,在《另一种人类教化的历史哲学》中,赫尔德提出要建立一种"实用"的史学方法,这一主张重复了他早年"将哲学改造为人类学"的呼吁。《文集》卷一,页132。
② 《文集》卷四,页66。
③ 《文集》卷四,页41。

会完善的转变。很明显,这一纲领,连同它对人类认识必然进步并臻于完善的积极信念,也在伏尔泰的历史哲学中留下了深刻的烙印。①

终其一生,赫尔德都在同这种建构主义和这种以建构体系和自我封闭为取向的哲学取向作斗争。这也使我们不禁反思,人类是否真能通过纯理论的推演来获得确定性?抑或相反,这种脱离了实证经验(Erfahrung)的建构主义,最终指向的是否并非只是"凭空想象"(Figmenta ex nullis ad nulla)而已?②

到这里,赫尔德对现代语言哲学的革命性意义才显现出来。他的思想在特拉班特(Jürgen Trabant)的多篇精彩论文里已得到阐释,这些文章主要关注的焦点是作为认知工具而不仅作为交往工具的人类语言。简言之,人类虽然同动物一样也通过声音交流,③但人与动物的不同,恰恰在于他的认知处理方式涉及接受和应答,这已不是省去了大脑思考的简单应激行为。人类的语言交流过程,实际上是以赫尔德称之为"思虑"(Besonnenheit)的人与人之间的交流方式作为基础的。换言之,听觉在思想中具有了占主导的属性,"听觉在诸感觉中地位最为突出"。④

---

① 关于赫尔德早期的历史哲学和其受伏尔泰影响后的比较,参见莫瑞尔,《启蒙运动中赫尔德的早期历史哲学》("Die Geschichtsphilosophie des jungen Herder in ihrem Verhältnis zur Aufklärung"),收于《赫尔德:1744–1803》(*Johann Gottfried Herder 1744–1803*, ed. Gerhard Sauder, Hamburg: Meiner, 1987),页 141–155。

② 《文集》卷八,页 343。阿德勒认为,在赫尔德那里,触觉优于视觉印象,参见《幽中见微:赫尔德的灵知学、美学和历史哲学》,前揭,页 117–120。

③ 于是就诞生了赫尔德的获奖文《论语言的起源》的开头:"人类优于动物的地方在于他还掌握了语言。"《文集》卷一,页 697。

④ 特拉班特,《赫尔德对听觉的发现》("Herder's Discovery of the Ear"),收于《今日赫尔德:国际赫尔德会议文集》(*Herder Today: Contributions from the International Herder Conference*, ed. Kurt Mueller-Vollmer, Berlin: de Gruyter 1990),页 345–366;另见《赫尔德和语言学》("Herder and Language")收于《赫尔德作品指南》,前揭,页 117–139。

在这种语境下，赫尔德的人类学转向也就不言而明了。他扭转了灵魂对身体的主导地位，从而使感官——尤其是听觉的感知力优先于理智直觉。"存在"（Being）是"一切确定性的核心"，① 这一关键命题无疑与"感官知觉的超验哲学"② 联系在一起。如是，它贯穿着赫尔德的语言哲学，后者对 18 世纪末的"语言转向"起到了决定性的影响。③ 在此，本文将简短回溯赫尔德与先验论的关系，以及他对批判哲学的改造，这对梳理清楚这些哲学源流对解释学和社会学系统论等当代思想的影响，将有诸多裨益。

康德批判哲学的"核心问题"是著名的"先天综合判断"。④ 他认为，人类认识能力发挥了一种对感官印象种类进行梳理的功能，这是因为人事先已具备了由先验理性而非由经验规定的准则。赫尔德强烈反对这一命题，并把它称为脱离此岸世界的谬见。在他看来，哪怕存在先验，那也不是意识（consciousness），而是"存在"。根据他在《论存在》（"Essay on Being"，1763–1764）中的表述，先验就是像斗篷般将我们"包裹"起来的"存在"。⑤ 然而这里被赫尔德作为主题来讨论的，并非是具有了无限广延而空虚的纯粹存在（Sein）。相反，吸引他的其实是"此在"（Dasein，或海德格尔的"在世界中存在"）。⑥ "此在"

---

① 《文集》卷一，页 19。
② 盖尔，《赫尔德的语言哲学与认识论》，前揭，页 35。
③ 见特拉班特，《天堂里的药：语言思想简史》（*Mithridates im Paradies. Kleine Geschichte des Sprachdenkens*, Munich: Beck, 2003），页 218–229。
④ 康德，《未来形而上学导论》（*Prolegomena to Any Future Metaphysics*, ed. G. Hatfield, Cambridge: Cambridge University Press, 2004），页 28–31。
⑤ 《文集》卷一，页 14。
⑥ 赫尔德提出的"真实性"概念，以及他关于"对存在的遗忘"（forgetfulness of Being）和遗失的相关分析，预言了海德格尔"基础本体论"的核心思想。参见曼格斯，《"存在"与"此在"，存在与时间——论赫尔德的主体理论》（"'Seyn' und 'Dasein,' Sein und Zeit. Zu Herders Theorie des Subjekts"），收于《今日赫尔德：国际赫尔德会议文集》，前揭，页 138–157。

比存在者（Seiendes）的概念更明确，它突出的是个体与社会之间源源不断的相互影响。就这点来看，人类任何时候都是在"我们与他人共同存在"①这一事实和重要前提下展开竞争的。而"此在"总随着世界错综复杂的变化而变化这一事实，强调的是持续创造意义（Sinn）的过程。这个过程并非一次就能顺利完成，它需要不断进行自我指涉，这一意义的建构总是指向先在的意义。换言之，就"此在"使个体与社会形成了竞争关系这一作用来看，西方思想中的传统逻各斯中心模型，已让位于一个新的正在显现的秩序，即意义总是在有高度选择性且复杂的情境下发生变化。它不是被给予的，更不是先天的建构，而只作为一种结果出现。②

在这里，赫尔德颠倒了康德"统觉"③的"最高点"，也就是自我意识，将其置于具体语言使用者的共同体内，在大量语言游戏中对其进行审视。赫尔德宣称：

> 在成为哲学家以前，我们已经是人民。因而在掌握哲学以前，我们就已具有思想和语言。④

换言之，就如维特根斯坦后来提出的，⑤语言总是先验地"在那里"，而这一观点大体上出自赫尔德，是他首先形成了这样的观点，

---

① 《文集》卷八，页 350。
② 见卢曼（Niklas Luhmann），《社会系统》（*Social Systems*, Stanford: Stanford University Press, 1995），页 62–63。
③ 康德，《纯粹理性批判》（*Critique of Pure Reason*, tr. Norman Kemp Smith, New York: Palgrave Macmillan, 2007），B 134。
④ 《文集》卷一，页 638。
⑤ 见莫顿（Michael Morton），《主体的转变：赫尔德与哲学的转向》（"Changing the Subject: Herder and the Reorientation of Philosophy"），收于《今日赫尔德》，页 161–162。尽管参考文献很多，有关赫尔德和维特根斯坦的关系的详尽研究仍有待后人完成。

即离开语言，人对世界的根本认识也就无从谈起。① 如持这样的视角，康德的先验主体便是逆推的产物，它只是臆想的幻象或虚构出来的东西，是"语言误用"的结果，它的空虚恰恰也从它声称要避免的抽象性中体现出来。这里赫尔德又一次强调了哲学工作不是要编造新的东西，而是要澄清已有的事物。这种哲学就具备了分析哲学的属性，"因而哲学研究唯一正确的方法，就是分析性的"，② 分析哲学的研究对象，恰恰就是既有的造物多样性（Schöpfungsvielfalt）。

在这一语境内，赫尔德对"哥白尼式革命"的改造，关注的是扭转康德哲学原有的先验性，具体而言就是"将哲学改造为人类学"。③ 这一改造涉及两个层面：其一，存在（Sein）为人类的认识能力划定了界限，并将其规定为存在者；其二，分析哲学的任务就在于明确这些界限，防止思维的演绎堕入虚无缥缈。④ 也因此，分析哲学的工作具有相当大的选择性。就它承认人类认识的有限⑤ 和它本身就内含于认识过程这两点来看，它又称得上是"消极哲学"，或终极意义上的"苏格拉底式科学"。如是，分析哲学成了哲学界姗姗来迟的新宠。与康德"第一哲学"相较而言，分析哲学紧随经验科学，且以澄明经验科学内在而尚未明确的前提为宗旨，进而当之无愧是"最终的哲学"。⑥

不过这说明了什么呢？这首先意味着，这种新的思考方式只是阐释性的，而不涉及根本问题。与它相应的理论推演模式既不创造新的

---

① 见赫尔德对苏斯米希（Süssmilch）语言学理论的评论，"没有语言，人类也就没有理性；没有理性，人类也不会有语言。"见《文集》卷一，页727。
② 《文集》卷一，页424。
③ 《文集》卷一，页132。
④ 《文集》卷八，页343。
⑤ 《文集》卷一，页557。
⑥ 《文集》卷八，页340。

对象，也不为之提供新依据；相反，对象是被给定的，且都由我们的经验构成。更进一步来看，对象本身也经过了很多选择。因为经验也不只涉及感官感受的层面，它本身还包括了在时空连续体内创造意义的能力。① 依据不同存在者，经验保证了一种递归性的"万物的秩序"，② 存在者由此根据千变万化的各种可能，不断做出新的阐释。

赫尔德的观点是从莱布尼茨的力（Kraft）③ 概念而来的，莱布尼茨使存在具有了人的维度，即此在或"在世界中存在"。④ 这种观点的重要性体现在生成的维度，即人类是被抛进（海德格尔意义上的"抛入"）世界的存在，但每个人都必须对存在不断进行重新诠释，赋予它意义，从而在充满危机的选择过程中建立其个体性，由此来创造我们的此在。因此在一个充满竞争者的经验共同体内，只有持久地争取区别于他者的个性，才能建立此在："我们总与他人共同生活"，⑤ 由此才能作为人存在或成为人。这一切的核心基础并不在于什么基本的活动，而在于通过主动的选择以创造意义。我们不得不有所选择，因为实际上我们总是被周遭的各种感觉"淹没"——

> 好比置身于泛滥着各种感官印象的潮水中，这些印象都来源于我们身处的这个丰富而有活力的世界。⑥

---

① 《文集》卷八，页 361。
② 《文集》卷八，页 360。
③ 关于概念史的比较，见诺顿，《赫尔德的"力"概念与语义功能心理学》（"Herder's Concept of 'Kraft' and the Psychology of Semiotic Functions"），收于《赫尔德：学科与知识探索》（*Academic Disciplines and the Pursuit of Knowledge*, ed. Wulf Koepke, Columbia: Camden House, 1996），页 22–31。
④ 《文集》卷八，页 364。
⑤ 《文集》卷八，页 350。
⑥ 《文集》卷八，页 385。

我们不得不去理解在这一极端复杂的环境内发生的各种变化。除此之外，复杂的地方还在于结合了偶然性的开放经验，这让我们意识到各种其他可能性的存在。就这个层面来看，意义的生产过程，靠的是分析性的思维和个体选择二者的相互作用，它使交流的语境充满了各种生机勃勃的可能性。

这里有两个重要且相关的方面：交流绝不只是语言过程，更宽泛地看，它还构成了我们生活世界的符号结构，以及社会制度中相关的再生产部分。此外，这个世界存在无限种重组的可能性，而主动的选择过程在创造意义的环节中是无可或缺的，因为我们不可能跳出自己的世界观来完成这个过程。

这个过程当中包含了本质性的自我生产性，这也常被视作"赫尔德思想的基本内容"①之一。它标志性地出现在《人类历史哲学观念》的段落中：

> 人类是第一个通过创造活动来实现自我解放的物种。他顶天立地。正义与邪恶、是与非的天平悬于心间：他能够探索，但也必须选择。②

而这一选择的过程就涉及创造意义的诠释自由，反过来，被创造的意义又被理解为选择所表现出来的复杂性。这反映的是：

1. 人类心理机制存在一个选择的过程，但就如卢曼提出的，这个过程必然会忽视其他可能性；③
2. 选择是自我指涉的，在这个无休无止的过程中，被选择的

---

① 见依姆舍尔的注释，《文集》卷七，页 818。
② 《文集》卷六，页 145。
③ 卢曼，《社会系统》，前揭，页 60。

意义又不断生产新的意义。

其结果是如赫尔德所言,"人类创造了他自己",[①] 因为他不受限于先天的设计,而能时不时地通过选择来自主行动。人类创造了自己,但这不是先天的心理活动作用的结果;相反,这是人通过在其他人当中进行主动选择,让可能性得以现实化的结果,其基础在于,人类除选择之外,别无选择。

梳理赫尔德对这个观点的论述过程,将对我们很有启发。就如他反对理性先验论那样,在这里,他也向西方理性主义的堡垒,即其偏见化的观念和行动发起了进攻。偏见,这当然代表着受启蒙者的对立面。然而,赫尔德不仅指出了偏见将不可避免地存在于解释学中,还在一种健康认同的日常根基性和稳定性当中看到了偏见的"好处"。比如,在赫尔德的《当代德意志文学断片》(1767)中,民族偏见(Nationalvorurteile)变成了一种可资"民族精神"(Nationalgeist)进化之用的"民族优势"(Nationalvorteile)。[②] 为了证明这一观点,赫尔德提供了一个论据,这也出现在其之后所有以民族文学复兴为主旨的文章中。[③] 正如他在早期的册子《另一种人类教育的历史哲学》中提到的,不要模仿(imitate)古代,而是要通过竞夺(emulate)其形象以创造新意义,他认为:

> 偏见在它流行的时代是好的,它使人类快乐,使民族的成员团结在主心骨的周边,脚踏实地,以自己的方式步步高升,雄风大振,并在既有的倾向和目的中活得更开心。

---

① 《文集》卷七,页 153。
② 赫尔德,《早期著作选》,前揭,页 178-179。
③ 见曼格斯,《特殊的普遍:赫尔德论民族文学、通俗文学和世界文学》("Particular Universais: Herder on National Literature, Popular Literature, and World Literature"),收于《赫尔德作品指南》,前揭,页 189-213。

据此他总结道:

> 这样看来，最无知也最富偏见的民族倒也最强大——一个时代如果流行各种梦幻漫游和希望满满的异国之旅，则会变得恶心、自负和浮夸，满脸死兆。①

这一评价对现代思想发展产生的影响，再怎么肯定都不为过。它不仅启发了尼采，开启了他对柏拉图至叔本华的西方形而上学的批评，还对后来的解释学的争论有所影响——在伽达默尔明确了认知偏见结构的存在以后，解释学争论也发生了根本转向。伽达默尔与启蒙运动反对偏见的典型立场相对，他强调了偏见存在的必然性，认为偏见当中体现着人与过去历史的联系，而理性主义者则一直忽视或有意掩盖这一点。问题的关键在于理解力的问题，若在解释中立化的前提下，这一问题就并不存在，因为我们总处于伽达默尔所说的"效果历史"（Wirkungsgeschichte）的绵延进程里，这一进程总是在影响读者与文本或与他试图要理解的历史事件之间的对话。因而，这些预先存在的倾向和偏见也反映出我们所处的解释情境。传统的历史主义者拥护笛卡尔的观点，认为读者的解释可以做到中立，伽达默尔却由此提出了一种以文化为中介、在每一个理解的环节当中发生作用的前理解结构。这一结构在整个西方思想传统中是被忽视的，但它无法避免地使那种认为读者能够获得"客观"认识的观念彻底作废。

在赫尔德看来，认识不可能离开其构成性要素而存在，与这一论断相呼应，伽达默尔也坚称，诠释的过程也不该"被设想成为主观的行为，而应被当作一个传播过程，在这个过程中，过去和现在得到了

---

① 赫尔德，《另一种人类教育的历史哲学和政治文选》（*Another Philosophy of History and Selected Political Writings*, trans. Ioannis D. Evrigenis and Daniel Pellerin, Indianapolis: Hackett Publishing, 2004），页29-30。

持续不断的调和"。① 我们对一个文本或一个事件的理解,并不属于传统意义上的科学认识,相反,我们总是被卷进伽达默尔提出的不间断的"视域融合"的当下化(Vergegenwärtigung)过程中,此时意义和意义诠释的问题就出现了。前阅读总在影响我们当下的阅读,这意味着"我们的存在,更多是由先入为主的偏见,而非客观判断决定的"。②

这样一来,自我指涉,和个体在利益驱使下而以偏见为基础的身份认同过程,就具有了互补作用。意义(Sinn)通过个体思虑从事选择的"力"而得以产生,这体现的是一种进化过程,它对生活世界的反应不再被预先设定,而是呈现为一种不断对话的诠释活动。对意义的生产和思虑选择的过程,不仅在生存和道德的意义上规定了人类的本质,并且这一过程居先于一切思想和语言对思想的表述过程,因而它也同样在其他领域产生重要影响。赫尔德指出:

> 人是在思虑的状态中建立自己个性的……也是在这个过程中,他发明了语言。

或更确切地说,思虑的过程牵涉到人类独有的意义选择行为,所以"同发明语言一样,思虑也使人类得以区别于其他物种"。③ 意义在思虑过程中被创造,并经过不断的筛选,而卷入一个持续对话性的"视域融合"进程中。赫尔德有一段名言:

> 放弃理解任何不能被理解的东西;但也不要相信事物中可被

---

① 伽达默尔(Hans - Georg Gadamer),《真理与方法》(*Wahrheit und Methode*, Tübingen: Mohr / Siebeck, 1975),页 274–275。
② 伽达默尔,《真理与方法》,前揭,页 261。
③ 《文集》卷一,页 722。

理解的成分是从你的意见和思考中（以确定的方式）生产出来的。④

为了反对后一种教条，赫尔德预设了一种由知觉（Anerkennung）和个体选择组成的交流范式，这一范式意味着意义的择选和诠释的过程将是无限的。这一范式决定了人类的社会性，并表明自我决定是一种特殊的人类能力。人类由此超越了自己的生物学局限，从而在"更明亮"的光照下有了"更广阔的视野"，它指向启蒙的另一种可能的形式，那就是：

> 人类再也不是自然运作的一架精确无误的机器，他就是自身的目的和终点。⑤

人性的终极意义就在于此，思虑则是人性进行诠释和自我指涉的工具。

三 赫尔德与人的自然历史

纵观赫尔德研究史，虽有海姆和祖凡于19世纪末在赫尔德传记和文献整理领域中做出的巨大贡献，赫尔德的思想还是遭遇了从种族主义（Wilhelminian）到法西斯主义和反犹主义等方面的误读和挪用。这一切思想无不选择性地阐释赫尔德，对其原文的引述仅仅是用来支撑各自预设的意识形态立场，这种研究最后注定走向穷途末路。赫尔德研究真正意义上的推陈出新，要靠文献编纂方面的翻新，其中颇具代表性的成果便是前述的十卷本《文集》和由普洛斯编订的版本。这

---

④ 《文集》卷八，页390。
⑤ 《文集》卷一，页717。

些版本为新的研究打开了视野,涉及的方面包括赫尔德在18世纪的学术地位,以及他在今日仍能引起争鸣的思想潜能等问题。如果说十卷本《文集》更类似于一个词典编纂团队的伟大成果,那么,普洛斯所编的选本则采用艰深的知识考古方法,旨在找到作为读者的赫尔德曾广泛涉猎的所有文献,这些文献对他思想的影响有时是直接的,更多时候则是间接的。①

近几年来有关赫尔德和自然科学关系问题的一流研究,均出自普洛斯的文章,以及他为里程碑式的赫尔德《人类历史哲学观念》一书所做的注释。普洛斯本人已用英文发表了一系列政治思想研究的权威论著,然而,他在上世纪最后二十五年里编辑的厚重的赫尔德《作品集》,却在英语学术圈受到冷遇。②这套书的文献经过了普洛斯仔细筛选,不同文章在每卷的位置都得到精心编排,普洛斯的评注也无可挑剔,每卷后还附带了扎实的后记,对那些不太了解赫尔德生平和通信情况的人来说,普洛斯的工作能鞭辟入里地向他们解释赫尔德从诞生逐渐走向人生巅峰的过程。

编订选集的工作往往百密一疏,但有心的读者可以通过普洛斯尽善尽美的评注,尽量避开很多错误。作为编者,普洛斯分享的每一个

---

① 参见阿诺德(Günter Arnold)书评里详细的作者索引,以及他对普洛斯研究方法的归纳:他的"评注不是来源于对一些特殊材料的解释,相反都是取自一些基础性的文本,'赫尔德像使用论据(Unterlagen)一样处理这些文本,而在他的文本和思想中,这些材料得到了相反的演绎(Überschreibung)'"。见阿诺德,《赫尔德的历史哲学及其来源:评普洛斯版〈赫尔德作品集·卷三〉》("Herders Geschichtsphilosophie und ihre Quellen: review of Pross *Vol. III/1&2, 2002*"),载《国际学院图书馆协会在线》(*IASLonline*),2003年4月22日,页2。

② 普洛斯,《自然主义,人类学和文化》("Naturalism, Anthropology, and Culture"),收于《剑桥18世纪政治思想史》(*The Cambridge History of Eighteenth-Century Political Thought*, ed. Mark Goldie and Robert Wokler, Cambridge: Cambridge University Press, 2006),页218–247。

重要而细微的证据，无一不得之于数年艰苦的钻研，经得起最严格的检阅，这一点尤其令人佩服。他的研究不仅挑战了长达两百年的赫尔德学术史，而且视角独特尖锐，因此一开始并未进入主流。而在他的研究成果为赫尔德昔日的研究不断带来复兴和创新之后，普洛斯的学术地位也早已得到长期的广泛公认。当然，这里在综合评价赫尔德研究时，只突出了普洛斯另辟蹊径的成果，但这并不会遮蔽德国或相同时段其他国家同行们的巨大贡献。[①] 更全面地来看，普洛斯所编的赫尔德选集，尤其《人类历史哲学观念》，已荟萃了赫尔德思想的所有精髓，学者若想研究赫尔德在欧洲启蒙或浪漫主义运动中的地位，这些书尤其重要。当然，那些未被普洛斯选入而散见于其他版本的赫尔德早期或晚期著作，也应得到同等重视。

阿诺德为《人类历史哲学观念》撰写了一篇极富洞见的书评，在书评中他肯定了普洛斯的巨大成就。阿诺德本人也做过赫尔德书简的编辑，更被公认为这一领域的权威。他将普洛斯所编的这套书称为"就学术生产和规模而言，是目前赫尔德已出版的诸多文集里最好的版本"。他指出，在编书时普洛斯对材料的掌握很熟稔，他不仅熟悉赫尔德已被证实的文献，还了解其他之前未被发现的文献，阿诺德还高度评价普洛斯的论点，后者在他的版本中特别突出了赫尔德对自然科学的浓烈兴趣。他对普洛斯的后记——《论赫尔德〈人类历史哲学观念〉中的自然与历史概念》——也大加赞赏，把它称为"伟大的文献"，因为普洛斯在其中充分证明了赫尔德历史哲学背后的人类学基础，同时还清晰勾勒出赫尔德在19世纪和20世纪所发挥的影响。[②] 阿诺德的这些评价，对于2002年《人类历史哲学观念》英文版刚问世时遭

[①] 关于最新的参考文献资料以及最近的学者评价，见《赫尔德年鉴》（1992），以及刚刚出版的《赫尔德作品指南》。

[②] 阿诺德，《赫尔德的历史哲学及其来源：评普洛斯版〈赫尔德作品集·卷三〉》，前揭，页2-5。

遇的寥寥反响，无疑是一种有力补充。① 他更敏锐地指出，目前学术界对赫尔德思想所包含的宗教意味，和"这位启蒙运动的伟人在历史哲学方面的地位"等问题，还很欠考量。阿诺德的这些观点反复引述普洛斯版的第一和第二卷《作品集》，目前也被学界广泛接受。

如果说这套由普洛斯编选、排列和注解的作品集确实存在一条主线的话，那就是赫尔德从形而上学和神秘主义樊笼中摆脱后逐渐形成的世界观。普洛斯认为，赫尔德对人类状态的思考视角，是由他很早便认识到的身心一元论所建立的。这一点反映于《作品集》卷二雕塑评论部分涉及的 1769 年赫尔德与门德尔松的争论：

> 灵魂的概念之所以能像这般被思考，正在于它有物理的表现形式。②

普洛斯在这场争论中发现了赫尔德逐渐抬头的人类学倾向，这一倾向始于赫尔德在感官领域的早年的短暂研究《身体美能否彰显灵魂美？》("Is the Beauty of the Body a Messenger of the Beauty of the Soul?")。③

《作品集》卷一收入的文章有《论抒情诗的历史》("Essay on the History of Lyrical Poetry"，1766)、赫尔德著名的未竟之作《断片》("Fragmente"，1768)第二版、《1769 年游记》、《莪相书简》("Ossian

---

① 见科斯尼那（Alexander Kosenina），《永远、永远不只是说说！》（"Niemals, niemals nur Tinte sein!"），收于 2003 年 3 月 11 日的《法兰克福汇报》（*Frankfurter Allgemeine* Zeitung Nr. 59），页 38。

② 《文集》卷二，页 985。

③ 《作品集》卷一，前揭，页 135-148、995-1000；该文 1766 年初版于《里加杂志》，英文版现可见于摩尔（Gregory Moore）编，《赫尔德美学文选》（*Selected Writings on Aesthetics: Johann Gottfried Herder*, Princeton: Princeton University Press, 2006），页 31-40。

Correspondence", 1773), 以及原本收在《论德意志的艺术与文化》(*Von deutscher Art und Kunst*) 中的《莎士比亚》("Shakespeare Essay", 1773)、《论存在》(1763-1764) 和著名的短文《另一种人类教育的历史哲学》(1774), 它们最终被集结在卷一《赫尔德与狂飙突进运动》中。阿诺德认为,

> 从思想源流和影响力来看, 这些文章的分量都远远超过这场被过分高估而其实带有很大局限性的运动。

赫尔德的《断片》写于1768年, 但在生前从未发表。普洛斯把修订过后仍不完整的第二版《断片》, 也收入到文集中, 这一做法很能说明问题。对他来说, "这些修订的内容都是'反哈曼'的, 也最早显露了这一后来贯穿全书的主题"。① 在筛选这些文章时, 普洛斯还频频在关键的地方打乱它们严格的时间顺序, 这是为了呈现他所认为的赫尔德最鲜为人知也最值得被大家欣赏的方面。所以例如在卷一中, 普洛斯把时间上最早的《论存在》, 放到了1773年的《论德意志的艺术与文化》选段之后, 这是为了突出这一赫尔德在1774年所写的有关历史哲学的第一篇广受争议的文献, 并证明其中的主题"统率了本卷其他所有篇章"。②

《作品集》卷一的后记(由普洛斯与佩尼森[Pierre Pénisson]合写)旁征博引,③ 虽然排除了围绕这本书的所有宗教性话题, 但也有力驳斥了早在1927年就被歪曲的结论, 即认为赫尔德和歌德持有"反启蒙"④立场。《作品集》卷二的后记则引领读者进入下一重要阶段, 它

---

① 《作品集》卷一, 前揭, 页730。
② 《作品集》卷一, 前揭, 页846。
③ 《作品集》卷一, 前揭, 页878-882。
④ 见《作品集》卷一, 前揭, 页896, 注91:库克(Franz Koch)在1927年率先提醒道:"有些学者刻意歪曲赫尔德与歌德的作品, 将其归为激进的'反启蒙'立场。"

使读者能更快进入并理解《作品集》卷三上、下册所最终呈现的"人类历史哲学观念"。这一卷的后记在构思上经过很多斟酌,不仅概括了全书的旨要,突出了选集主题,同时编者也解释了这些文章被选入和作如是编排的原因。普洛斯提炼了赫尔德关于人类心理和生理的"双重构造"这一核心表述,这一表述也在他所有作品中出现,包括赫尔德早期的和死前未完成的著作。《作品集》卷二中的文章居于"宇宙中心主义"和"人类中心主义"之间,赫尔德一方面接受了在封闭科学框架内规律自主运行的客观性,一方面又认可"经验的主观性",这两种观点都包含了两个相伴相随的要点,其一是"从神的手中解放",其二是"掌握自然的价值"。[1] 需再次强调的是,从赫尔德富有创见的美学中,可以见出一条"人类学转向"的主线,这在选集的编排中也得到了凸显。赫尔德美学的创新之处还在于,它同一种强调文化与自然科学终极共生性的历史哲学建立了联系。

赫尔德本人的文献浩如烟海(连祖凡版三十三卷的《全集》都未能穷尽他的遗产),而就普洛斯《作品集》卷二的编选工作来看,这本书足以体现"本质的赫尔德"身上的核心要素。卷二的重头戏是赫尔德1772年的获奖文章《论语言的起源》("On the Origins of Language"),这篇文献在普洛斯的早年学术生涯里也扮演了重要角色。[2] 他本人从这篇文献的研究中获益良多,因而也把《论语言的起源》看作联结卷二各部分内容的核心。在这篇论语言的文章的前面,有赫尔德在18世纪60年代围绕三位作者(沃尔夫、鲍姆加登和莱布尼茨)所写的主要选段,这部分文献"体现了赫尔德在'美的艺术'领域的作者身份,以及他对'经院哲学'已丧失兴趣",其中包括不

---

[1] 《作品集》卷二,前揭,页1130–1131。
[2] 见普洛斯编,《赫尔德:论语言的起源:方法、材料和评论》(*Herder: Abhandlung über den Ursprung der Sprache. Text*, Materialien, Kommentar, Munich: Hanser, 1978)。

幸未出版的《批评之林》"第四林"，和他爆炸性的概论《论触觉》("On the Sense of Touch")。而这篇论语言的文章则引出了赫尔德人类学转向历程的四大独立篇章：①《论雕塑》("Sculpture")（1770，1778），《论人类灵魂的知性和感性》("On Cognition and Sensibility")（1774，1775，1778），《人类与生俱来的谎言》("On the Lie attached to Man at Birth")（1777）和《神：对话数篇》("God: Some Conversations")（1787）。这四篇文献使赫尔德不为人知的一面浮出水面，同时也为过去十年的赫尔德研究带来了新的学术生长点。②

普洛斯为《作品集》卷三《人类历史哲学观念》所写的题为"论赫尔德《人类历史哲学的观念》中的自然与历史概念"的结语，理应得到更多注意。这篇长达两百页的文章记录了普洛斯丰富而严谨的论点，也充分体现了他本人对赫尔德的阐释。③这篇后记综合了第一、二卷的原文、评注和解释等材料，起首八节的主题旨在为他自己的新锐解读做铺垫，也为读者全面理解赫尔德这一未完成的巨著提供了方便法门。

在最前面的三节中，普洛斯分别讨论了赫尔德早年将人类学和史学作为历史哲学研究方法的前提，讨论了赫尔德在历史哲学领域首次出版的激进论文《另一种人类教育的历史哲学》，还讨论了他把朝生暮死的人性视为自然的终极目的观念所带来的困境。

在第四节中，为使读者对赫尔德的意义有一个全新的认识，普洛斯介绍了"赫尔德的新路径"。这一路径围绕着一种看待世界历史的新视角，这一视角虽然"看似对天意依然充满信念"，实际已完全背

---

① 英文版的《纪念鲍姆加登》("Monument to Baumgarten")，《批评之林》的"第一林"和"第四林"，见摩尔编，《赫尔德美学文选》，前揭，页 41-50，页 51-290。

② 见阿德勒，《幽中见微：赫尔德的灵知学、美学和历史哲学》，以及布鲁马克（Jürgen Brummack）编，《文集》卷四的评论部分，前揭，页 978-989。

③ 《作品集》卷三上，前揭，页 839-1041。

离了既有的教义信仰,这些信仰包括神对宇宙的引领和对个人生活的恩赐。

普洛斯的第五节"规范的形成:赫尔德与传统的困境"呈现的是赫尔德在贯彻"理想的新自然观"时所面对的传统障碍。赫尔德决心直面这些障碍,但为了支撑自身观点,他也陷入了一种"设立规范的困境"。

第六节和第七节简短地总结并讨论了《人类历史哲学观念》所含的二十章当中内容最精彩的部分。这两节内容要和卷三下册整体的评介和解释的总体语境相结合来阅读。对第一部分起头四章的评注结合并分析了赫尔德从广袤的自然科学和历史领域吸收的有关地球起源的叙述。这些内容既启发了赫尔德,反过来也受到他的影响。虽然普洛斯从赫尔德的书中清楚地看到了它们之间的一致性,但他也认为赫尔德的第五章"存在很大问题",原因在于"这一章所体现的纯粹哲学和思辨的特质,与经验的方法完全背道而驰,它几乎完全放弃了对材料事实的准确呈现"。通过详实的评注可以明显看出,如果第五章不在赫尔德的文集内,他的总体主旨可以得到更好的呈现。这样一来,

> 介绍人类在不同气候带迁移情况的第六章就紧跟在第四章之后。它的内容也就不会出现别人所批评的缺乏哲学思辨力(如康德所批判的)的缺点,更不会出现因一味迷信斯宾诺莎的神学体系而妄加揣测未来世界所造成的荒谬(如雅各比所言)。

虽然普洛斯认为这一章,"……从当代的讨论来看,它远比表面看上去的要理性……",但他仍总结说,目前,"……它实实在在在拖垮了'第一部分',并预先影响了人们对《人类历史哲学观念》之后章节的理解"。[①]普洛斯致力于通过他的评注,阐明《人类历史哲学观念》有关自然史的叙述,这一点对于理解康德攻击赫尔德的哲学思辨能力

---

① 《作品集》卷三下,前揭,页 309-322。

十分重要，同时也为整卷书的评注工作奠定了基础。当康德在1785年的《耶拿文学报》(Jena Allgemeine Literatur - Zeitung)中对赫尔德进行负面批评以后，①赫尔德也把"批判家康德"当成自己的对手，他的文章火药味越来越浓。②

奥托（Regine Otto）和赞米托的会议集（以《人类历史哲学观念》为主题）出现的时间，刚好在2002年《赫尔德作品集》卷三上、下册出版前不久。它呼应了此后普洛斯在该书中提到的诸多问题。如果与会人士在会议召开前就已读过普洛斯研究的丰硕成果，不知他们将作何感想！然而，就如《人类历史哲学观念》已证实的，赫尔德作品的宗教性始终是他思想遗产的重要成分。③

关于《人类历史哲学观念》第三和第四部分的讨论，出现在普洛斯后记的第七节，题目是"斯宾诺莎与康德之争：《人类历史哲学观念》第三、四章中的人类进化史"。这篇文章通过介绍赫尔德附录的计划写作中的第五章大纲，令读者得以读到有关世界历史的最早也是最包罗万象的论述之一。在对第三章的讨论中，普洛斯以他的视角提醒读者去注意，十五章在挽回第五章的内容缺陷方面具有重要性。④

---

① 见康德，《评赫尔德的〈人类历史哲学观念〉》("Recensionen von J.G. Herders Ideen zur Philosophie der Geschichte der Menschheit")注12。

② 见西蒙（Ralf Simon），《赫尔德〈人类历史哲学观念〉中的语言哲学》("Das kurze Kapitel zur Sprachphilosophie in Herders Ideen")，收于《内在反思：赫尔德〈人类历史哲学观念〉中的启蒙和启蒙批判》(*Vom Selbstdenken. Aufklärung und Aufklärungskritik in Herders "Ideen zur Philosophie der Geschichte der Menschheit"*, ed. Regine Otto and John H. Zammito, Heidelberg: Synchron, 2001)，页145-156。

③ 见阿诺德等人的文章，收于凯斯拉（Martin Kessler）与莱平（Volker Leppin）合编，《赫尔德生平著作大观》(*Johann Gottfried Herder. Aspekte seines Lebenswerkes*, Berlin: de Gruyter 2005)，页387-393、397-399、356-362、296-307。最后，奥托和赞米托以及凯斯拉和莱平的版本，对于普洛斯的工作而言无疑是必不可少的补充。

④《作品集》卷三上册，前揭，页1010-1011。

后记第八节讨论的是《对观念的生命延续的一种反思》("The Continued Life of the Ideen: A Retrospect")一文,这为那些对赫尔德思想的接受和影响感兴趣的读者提供了宝贵的视角和参考。关于赫尔德的作品,还有其他现存的或更多在未来有望出现的解读,但这丝毫不能泯灭普洛斯的功绩。相反,这证明了赫尔德的思想在少数有识之士的心中,是"永远说不尽的"。

图书在版编目（CIP）数据

历史主义与民族精神：启蒙语境中的赫尔德 / 冯庆编；姚啸宇等译. —— 北京：华夏出版社有限公司，2021.6
（西方传统：经典与解释）
ISBN 978-7-5222-0118-4

Ⅰ. ①历… Ⅱ. ①冯… ②姚… Ⅲ. ①赫尔德（Herder, Johann Gottfried 1744—1803）－语言哲学－思想评论 Ⅳ. ①B516.39

中国版本图书馆 CIP 数据核字（2021）第 038369 号

书中《当代赫尔德研究综述》一文（页 293-297）由宾夕法尼亚大学出版社（the University of Pennsylvania Press）授权翻译

Translated from UPP Publication: JHI Vol. 71, No. 4, Oct 2010 "Johann Gottfried Herder Revisited" by John H. Zammito, Karl Menges and Ernest A. Menze pp. 661-684, Translated with permission of the University of Pennsylvania Press.

历史主义与民族精神——启蒙语境中的赫尔德

编　　者	冯　庆
译　　者	姚啸宇 等
责任编辑	李安琴
特邀编辑	朱绿和
责任印制	刘　洋
出版发行	华夏出版社有限公司
经　　销	新华书店
印　　装	三河市少明印务有限公司
版　　次	2021 年 6 月北京第 1 版 2021 年 6 月北京第 1 次印刷
开　　本	880×1230　1/32
印　　张	10.625
字　　数	264 千字
定　　价	78.00 元

华夏出版社有限公司　地址：北京市东直门外香河园北里 4 号　邮编：100028
　　　　　　　　　　　网址：www.hxph.com.cn　电话：(010) CACC3331（转）
若发现本版图书有印装质量问题，请与我社营销中心联系调换。

西方传统：经典与解释
Classici et Commentarii
HERMES
刘小枫○主编

古今丛编

克尔凯郭尔　[美]江思图 著
货币哲学　[德]西美尔 著
孟德斯鸠的自由主义哲学　[美]潘戈 著
莫尔及其乌托邦　[德]考茨基 著
试论古今革命　[法]夏多布里昂 著
但丁：皈依的诗学　[美]弗里切罗 著
在西方的目光下　[英]康拉德 著
大学与博雅教育　董成龙 编
探究哲学与信仰　[美]郝岚 著
民主的本性　[法]马南 著
梅尔维尔的政治哲学　李小均 编/译
席勒美学的哲学背景　[美]维塞尔 著
果戈里与鬼　[俄]梅列日科夫斯基 著
自传性反思　[美]沃格林 著
黑格尔与普世秩序　[美]希克斯 等著
新的方式与制度　[美]曼斯菲尔德 著
科耶夫的新拉丁帝国　[法]科耶夫 等著
《利维坦》附录　[英]霍布斯 著
或此或彼（上、下）　[丹麦]基尔克果 著
海德格尔式的现代神学　刘小枫 选编
双重束缚　[法]基拉尔 著
古今之争中的核心问题　[德]迈尔 著
论永恒的智慧　[德]苏索 著
宗教经验种种　[美]詹姆斯 著
尼采反卢梭　[美]凯斯·安塞尔-皮尔逊 著
舍勒思想评述　[美]弗林斯 著
诗与哲学之争　[美]罗森 著
神圣与世俗　[罗]伊利亚德 著
但丁的圣约书　[美]霍金斯 著

古典学丛编

赫西俄德的宇宙　[美]珍妮·施特劳斯·克莱 著
论王政　[古罗马]金嘴狄翁 著
论希罗多德　[古罗马]卢里叶 著
探究希腊人的灵魂　[美]戴维斯 著
尤利安文选　马勇 编/译
论月面　[古罗马]普鲁塔克 著
雅典谐剧与逻各斯　[美]奥里根 著
菜园哲人伊壁鸠鲁　罗晓颖 选编
《劳作与时日》笺释　吴雅凌 撰
希腊古风时期的真理大师　[法]德蒂安 著
古罗马的教育　[英]葛怀恩 著
古典学与现代性　刘小枫 编
表演文化与雅典民主政制
　[英]戈尔德希尔、奥斯本 编
西方古典文献学发凡　刘小枫 编
古典语文学常谈　[德]克拉夫特 著
古希腊文学常谈　[英]多佛 等著
撒路斯特与政治史学　刘小枫 编
希罗多德的王霸之辨　吴小锋 编/译
第二代智术师　[英]安德森 著
英雄诗系笺释　[古希腊]荷马 著
统治的热望　[美]福特 著
论埃及神学与哲学　[古希腊]普鲁塔克 著
凯撒的剑与笔　李世祥 编/译
伊壁鸠鲁主义的政治哲学
　[意]詹姆斯·尼古拉斯 著
修昔底德笔下的人性　[美]欧文 著
修昔底德笔下的演说　[美]斯塔特 著
古希腊政治理论　[美]格雷纳 著
神谱笺释　吴雅凌 撰
赫西俄德：神话之艺
　[法]居代·德·拉孔波 等著
赫拉克勒斯之盾笺释　罗逍然 译笺
《埃涅阿斯纪》章义　王承教 选编
维吉尔的帝国　[美]阿德勒 著
塔西佗的政治史学　曾维术 编

古希腊诗歌丛编
古希腊早期诉歌诗人　[英]鲍勒 著
诗歌与城邦　[美]费拉格、纳吉 主编
阿尔戈英雄纪（上、下）
[古希腊]阿波罗尼俄斯 著
俄耳甫斯教祷歌　吴雅凌 编译
俄耳甫斯教辑语　吴雅凌 编译

古希腊肃剧注疏集
希腊肃剧与政治哲学　[美]阿伦斯多夫 著

古希腊礼法研究
宙斯的正义　[英]劳埃德-琼斯 著
希腊人的正义观　[英]哈夫洛克 著

廊下派集
廊下派的苏格拉底　程志敏 徐健 选编
廊下派的神和宇宙　[墨]里卡多·萨勒斯 编
廊下派的城邦观　[英]斯科菲尔德 著

希伯莱圣经历代注疏
希腊化世界中的犹太人　[英]威廉逊 著
第一亚当和第二亚当　[德]朋霍费尔 著

新约历代经解
属灵的寓意　[古罗马]俄里根 著

基督教与古典传统
保罗与马克安　[德]文森 著
加尔文与现代政治的基础　[美]汉考克 著
无执之道　[德]文森 著
恐惧与战栗　[丹麦]基尔克果 著
托尔斯泰与陀思妥耶夫斯基
[俄]梅列日科夫斯基 著
论宗教大法官的传说　[俄]罗赞诺夫 著
海德格尔与有限性思想（重订版）
刘小枫 选编
上帝国的信息　[德]拉加茨 著
基督教理论与现代　[德]特洛尔奇 著
亚历山大的克雷芒　[意]塞尔瓦托·利拉 著
中世纪的心灵之旅　[意]圣·波纳文图拉 著

德意志古典传统丛编
论荷尔德林　[德]沃尔夫冈·宾德尔 著
彭忒西勒亚　[德]克莱斯特 著
穆佐书简　[奥]里尔克 著
纪念苏格拉底——哈曼文选　刘新利 选编
夜颂中的革命和宗教　[德]诺瓦利斯 著
大革命与诗化小说　[德]诺瓦利斯 著
黑格尔的观念论　[美]皮平 著
浪漫派风格——施勒格尔批评文集　[德]施勒格尔 著

美国宪政与古典传统
美国1787年宪法讲疏　[美]阿纳斯塔普罗 著

启蒙研究丛编
浪漫的律令　[美]拜泽尔 著
现实与理性　[法]科维纲 著
论古人的智慧　[英]培根 著
托兰德与激进启蒙　刘小枫 编
图书馆里的古今之战　[英]斯威夫特 著

政治史学丛编
伊丽莎白时代的世界图景　[英]蒂利亚德 著
西方古代的天下观　刘小枫 编
从普遍历史到历史主义　刘小枫 编
自然科学史与玫瑰　[法]雷比瑟 著

地缘政治学丛编
克劳塞维茨之谜　[英]赫伯格-罗特 著
太平洋地缘政治学　[德]卡尔·豪斯霍弗 著

荷马注疏集
不为人知的奥德修斯　[美]诺特维克 著
模仿荷马　[美]丹尼斯·麦克唐纳 著

品达注疏集
幽暗的诱惑　[美]汉密尔顿 著

欧里庇得斯集
自由与僭越　罗峰 编译

阿里斯托芬集
《阿卡奈人》笺释　[古希腊]阿里斯托芬 著

色诺芬注疏集
居鲁士的教育　[古希腊]色诺芬 著
色诺芬的《会饮》　[古希腊]色诺芬 著

柏拉图注疏集
挑战戈尔戈　李致远 选编
论柏拉图《高尔吉亚》的统一性　[美]斯托弗 著
立法与德性——柏拉图《法义》发微　林志猛 编
柏拉图的灵魂学　[加]罗宾逊 著
柏拉图书简　彭磊 译注
克力同章句　程志敏 郑兴凤 撰
哲学的奥德赛——《王制》引论　[美]郝兰 著
爱欲与启蒙的迷醉　[美]贝尔格 著
为哲学的写作技艺一辩　[美]伯格 著
柏拉图式的迷宫——《斐多》义疏　[美]伯格 著
哲学如何成为苏格拉底式的　[美]朗佩特 著
苏格拉底与希琵阿斯　王江涛 编译
理想国　[古希腊]柏拉图 著
谁来教育老师　刘小枫 编
立法者的神学　林志猛 编
柏拉图对话中的神　[法]薇依 著
厄庇诺米斯　[古希腊]柏拉图 著
智慧与幸福　程志敏 选编
论柏拉图对话　[德]施莱尔马赫 著
柏拉图《美诺》疏证　[美]克莱因 著
政治哲学的悖论　[美]郝岚 著
神话诗人柏拉图　张文涛 选编
阿尔喀比亚德　[古希腊]柏拉图 著
叙拉古的雅典异乡人　彭磊 选编
阿威罗伊论《王制》　[阿拉伯]阿威罗伊 著
《王制》要义　刘小枫 选编
柏拉图的《会饮》　[古希腊]柏拉图 等著
苏格拉底的申辩（修订版）　[古希腊]柏拉图 著
苏格拉底与政治共同体　[美]尼柯尔斯 著
政制与美德——柏拉图《法义》疏解　[美]潘戈 著
《法义》导读　[法]卡斯代尔·布舒奇 著

论真理的本质　[德]海德格尔 著
哲人的无知　[德]费勃 著
米诺斯　[古希腊]柏拉图 著
情敌　[古希腊]柏拉图 著

亚里士多德注疏集
《诗术》译笺与通绎　陈明珠 撰
亚里士多德《政治学》中的教诲　[美]潘戈 著
品格的技艺　[美]加佛 著
亚里士多德哲学的基本概念　[德]海德格尔 著
《政治学》疏证　[意]托马斯·阿奎那 著
尼各马可伦理学义疏　[美]伯格 著
哲学之诗　[美]戴维斯 著
对亚里士多德的现象学解释　[德]海德格尔 著
城邦与自然——亚里士多德与现代性　刘小枫 编
论诗术中篇义疏　[阿拉伯]阿威罗伊 著
哲学的政治　[美]戴维斯 著

普鲁塔克集
普鲁塔克的《对比列传》　[英]达夫 著
普鲁塔克的实践伦理学　[比利时]胡芙 著

阿尔法拉比集
政治制度与政治箴言　阿尔法拉比 著

马基雅维利集
君主及其战争技艺　娄林 选编

莎士比亚绎读
脱节的时代　[匈]阿格尼斯·赫勒 著
莎士比亚的历史剧　[英]蒂利亚德 著
莎士比亚戏剧与政治哲学　彭磊 选编
莎士比亚的政治盛典　[美]阿鲁里斯/苏利文 编
丹麦王子与马基雅维利　罗峰 选编

洛克集
上帝、洛克与平等　[美]沃尔德伦 著

卢梭集
论哲学生活的幸福　[德]迈尔 著
致博蒙书　[法]卢梭 著
政治制度论　[法]卢梭 著

哲学的自传 [美]戴维斯 著
文学与道德杂篇 [法]卢梭 著
设计论证 [美]吉尔丁 著
卢梭的自然状态 [美]普拉特纳 等著
卢梭的榜样人生 [美]凯利 著

莱辛注疏集
汉堡剧评 [德]莱辛 著
关于悲剧的通信 [德]莱辛 著
《智者纳坦》（研究版） [德]莱辛 等著
启蒙运动的内在问题 [美]维塞尔 著
莱辛剧作七种 [德]莱辛 著
历史与启示——莱辛神学文选 [德]莱辛 著
论人类的教育 [德]莱辛 著

尼采注疏集
何为尼采的扎拉图斯特拉 [德]迈尔 著
尼采引论 [德]施特格迈尔 著
尼采与基督教 刘小枫 编
尼采眼中的苏格拉底 [美]丹豪瑟 著
尼采的使命 [美]朗佩特 著
尼采与现时代 [美]朗佩特 著
动物与超人之间的绳索 [德]A.彼珀 著

施特劳斯集
论僭政（重订本） [美]施特劳斯 [法]科耶夫 著
苏格拉底问题与现代性（增订本）
犹太哲人与启蒙（增订本）
霍布斯的宗教批判
斯宾诺莎的宗教批判
门德尔松与莱辛
哲学与律法——论迈蒙尼德及其先驱
迫害与写作艺术
柏拉图式政治哲学研究
论柏拉图的《会饮》
柏拉图《法义》的论辩与情节
什么是政治哲学
古典政治理性主义的重生（重订本）

回归古典政治哲学——施特劳斯通信集
苏格拉底与阿里斯托芬
　　　　***
施特劳斯的持久重要性 [美]朗佩特 著
论源初遗忘 [美]维克利 著
政治哲学与启示宗教的挑战 [德]迈尔 著
阅读施特劳斯 [美]斯密什 著
施特劳斯与流亡政治学 [美]谢帕德 著
隐匿的对话 [德]迈尔 著
驯服欲望 [法]科耶夫 等著

施米特集
宪法专政 [美]罗斯托 著
施米特对自由主义的批判 [美]约翰·麦考米克 著

伯纳德特集
古典诗学之路（第二版） [美]伯格 编
弓与琴（重订本） [美]伯纳德特 著
神圣的罪业 [美]伯纳德特 著

布鲁姆集
巨人与侏儒（1960-1990）
人应该如何生活——柏拉图《王制》释义
爱的设计——卢梭与浪漫派
爱的戏剧——莎士比亚与自然
爱的阶梯——柏拉图的《会饮》
伊索克拉底的政治哲学

沃格林集
自传体反思录 [美]沃格林 著

大学素质教育读本
古典诗文绎读 西学卷·古代编（上、下）
古典诗文绎读 西学卷·现代编（上、下）

柏拉图读本（刘小枫 主编）
吕西斯 贺方婴 译
苏格拉底的申辩 程志敏 译

中国传统：经典与解释
Classici et Commentarii
华夏出版
刘小枫　陈少明 ○ 主编

《孔丛子》训读及研究 / 雷欣翰 撰
论语说义 / [清]宋翔凤 撰
周易古经注解考辨 / 李炳海 著
浮山文集 / [明]方以智 著
药地炮庄 / [明]方以智 著
药地炮庄笺释·总论篇 / [明]方以智 著
青原志略 / [明]方以智 编
冬灰录 / [明]方以智 著
冬炼三时传旧火 / 邢益海 编
《毛诗》郑王比义发微 / 史应勇 著
宋人经筵诗讲义四种 / [宋]张纲 等撰
道德真经藏室纂微篇 / [宋]陈景元 撰
道德真经四子古道集解 / [金]寇才质 撰
皇清经解提要 / [清]沈豫 撰
经学通论 / [清]皮锡瑞 著
松阳讲义 / [清]陆陇其 著
起凤书院答问 / [清]姚永朴 撰
周礼疑义辨证 / 陈衍 撰
《铎书》校注 / 孙尚扬 肖清和 等校注
韩愈志 / 钱基博 著
论语辑释 / 陈大齐 著
《庄子·天下篇》注疏四种 / 张丰乾 编
荀子的辩说 / 陈文洁 著
古学经子 / 王锦民 著
经学以自治 / 刘少虎 著
从公羊学论《春秋》的性质 / 阮芝生 撰

刘小枫集
民主与政治德性
昭告幽微
以美为鉴
古典学与古今之争 [增订本]
这一代人的怕和爱 [第三版]
沉重的肉身 [珍藏版]
圣灵降临的叙事 [增订本]
罪与欠
儒教与民族国家
拣尽寒枝
施特劳斯的路标
重启古典诗学
设计共和
现代人及其敌人
海德格尔与中国
共和与经纶
现代性与现代中国
现代性社会理论绪论
诗化哲学 [重订本]
拯救与逍遥 [修订本]
走向十字架上的真
西学断章

编修 [博雅读本]
凯若斯：古希腊语文读本 [全二册]
古希腊语文学述要
雅努斯：古典拉丁语文读本
古典拉丁语文学述要
危微精一：政治法学原理九讲
琴瑟友之：钢琴与古典乐色十讲

译著
普罗塔戈拉（详注本）
柏拉图四书

经典与解释辑刊

1 柏拉图的哲学戏剧
2 经典与解释的张力
3 康德与启蒙
4 荷尔德林的新神话
5 古典传统与自由教育
6 卢梭的苏格拉底主义
7 赫尔墨斯的计谋
8 苏格拉底问题
9 美德可教吗
10 马基雅维利的喜剧
11 回想托克维尔
12 阅读的德性
13 色诺芬的品味
14 政治哲学中的摩西
15 诗学解诂
16 柏拉图的真伪
17 修昔底德的春秋笔法
18 血气与政治
19 索福克勒斯与雅典启蒙
20 犹太教中的柏拉图门徒
21 莎士比亚笔下的王者
22 政治哲学中的莎士比亚
23 政治生活的限度与满足
24 雅典民主的谐剧
25 维柯与古今之争
26 霍布斯的修辞
27 埃斯库罗斯的神义论
28 施莱尔马赫的柏拉图
29 奥林匹亚的荣耀
30 笛卡尔的精灵
31 柏拉图与天人政治
32 海德格尔的政治时刻
33 荷马笔下的伦理
34 格劳秀斯与国际正义
35 西塞罗的苏格拉底

36 基尔克果的苏格拉底
37 《理想国》的内与外
38 诗艺与政治
39 律法与政治哲学
40 古今之间的但丁
41 拉伯雷与赫尔墨斯秘学
42 柏拉图与古典乐教
43 孟德斯鸠论政制衰败
44 博丹论主权
45 道伯与比较古典学
46 伊索寓言中的伦理
47 斯威夫特与启蒙
48 赫西俄德的世界
49 洛克的自然法辩难
50 斯宾格勒与西方的没落
51 地缘政治学的历史片段
52 施米特论战争与政治
53 普鲁塔克与罗马政治
54 罗马的建国叙述
55 亚历山大与西方的大一统
56 马西利乌斯的帝国
57 全球化在东亚的开端